船舶工匠系列

国家级高技能人才培训基地推荐教材

船舶电气调试

主　编　阎　夏

主　审　吴建高

哈爾濱工程大學出版社

Harbin Engineering University Press

内 容 简 介

本书共六个项目，主要内容包括船舶照明系统、船舶典型控制线路、甲板机械装置、发电机、船内通信系统和船舶航行试验。

本书充分把握教学内容和教学对象的特点，注重教材的系统性和完整性，文字简洁易懂，结合实际工艺流程，力求达到学以致用的目的。

本书既可作为技工学校船电类专业的教材，也可作为船厂职工的自学及其他形式的职业教育用书。

图书在版编目(CIP)数据

船舶电气调试/阎夏主编. —哈尔滨：哈尔滨工程大学出版社，2022.2

ISBN 978-7-5661-3417-2

Ⅰ. ①船… Ⅱ. ①阎… Ⅲ. ①船用电气设备-调试方法-中等专业学校-教材 Ⅳ. ①U665

中国版本图书馆 CIP 数据核字(2022)第 028902 号

船舶电气调试

CHUANBO DIANQI TIAOSHI

选题策划 薛 力
责任编辑 宗盼盼
封面设计 李海波

出版发行 哈尔滨工程大学出版社
社　　址 哈尔滨市南岗区南通大街 145 号
邮政编码 150001
发行电话 0451-82519328
传　　真 0451-82519699
经　　销 新华书店
印　　刷 哈尔滨市石桥印务有限公司
开　　本 787 mm×1 092 mm 1/16
印　　张 11.5
字　　数 269 千字
版　　次 2022 年 2 月第 1 版
印　　次 2022 年 2 月第 1 次印刷
定　　价 38.00 元

http://www.hrbeupress.com
E-mail:heupress@hrbeu.edu.cn

前　言

本书是根据中等职业教育的培养目标，以培养技能型人才为出发点，围绕中职教学需求，参照《上海市中等职业学校船舶机械装置安装与维修（船舶电气）专业教学标准》，结合船舶电气调试课程标准，经过教学实践、总结后编写而成的。

为适应21世纪技能人才培养的需要，满足上海市中等职业技术学校船舶制造类专业教学标准，本书在编写过程中，始终坚持以下几个原则：以造船企业对技能人才的需求为依据，以现代造船流程和工艺为标准，培养高素质技术技能型人才；在专业知识的安排上，紧密联系培养目标的要求，坚持"够用、实用"的原则，摈弃"繁难偏旧"的理论知识，同时，进一步加强技能训练的力度；在考虑学校办学条件的前提下，以现代造船模式的流程和新技术、新工艺、新设备为主，兼顾传统生产管理模式、流程；同时，采用最新的国家技术标准，使教材更加科学和规范。

本书最大的特点是采用项目教学法，即以"实训项目"为核心，重构理论知识和实践知识，让学生在真实的情境中边学边做，在过程中感知、体验和领悟相关知识，从而提高学习兴趣，掌握相关的操作技能和专业知识，充分体现"理实一体"的教学理念。

本书由阎夏担任主编，陈超、李可、陈晓殷在本书的编写过程中提出了宝贵的意见和建议，在此表示衷心的感谢。全书由吴建高主审。

由于编者水平有限，书中内容难以覆盖全国各地的实际情况，希望各教学单位在积极选用和推广本书的同时，及时提出修改意见和建议，以便再版修订时改正。

编　者

2021年10月

目　　录

项目一　船舶照明系统

任务一　船舶照明光源种类和灯具形状识别

【任务描述】

掌握船舶照明灯具形状的识别方法,并且能在不同的安装场合选用合适的船舶照明灯具。

【培养目标】

①能根据外部形状识别各种船舶照明灯具。

②能正确选用合适的船舶照明灯具。

③能根据灯具的形状说出船舶照明灯具的使用要求。

【知识准备】

一、船舶照明的基本要求

1. 船舶照明工作区域

船舶照明包括确保航行安全和人员安全的照明、工作处所照明以及生活区域照明等,是船舶航行、作业和船上人员生活的必要条件。船舶都是采用电气照明。

2. 船舶照明的工作范围

船舶照明除了照亮船内工作舱室、生活舱室和内外走道外,还需提供船外的照明。

①夜间升降救生艇、攀爬舷梯、靠码头系缆、带浮筒系缆,海上搜寻等都需要比一般照明灯亮得多的光,即强光灯。

②夜间航行或能见度低的雾天航行,对外显示本船位置和特征的信号灯和航行灯。

③通过某些特定的水域,该水域特定的信号灯、专用灯、操船灯等。

④电气安装工程把舱室电风扇和小型电热器等生活电器都纳入照明系统。

⑤除了生活、工作和作业必需的照明外,现代船舶的照明系统还包括娱乐处所的灯饰和临时连接的彩灯等。

⑥照明和日用电器是单相负载,电压现在大多采用 220 V。电力系统电压 380 V 或 440 V 通过变压器降压向照明系统供电。

二、船舶照明灯具的种类

1. 白炽灯

白炽灯结构简单,使用可靠,价格低廉,其相应的电路也简单,因而应用较广。其主要缺点是发光效率较低,寿命较短。

白炽灯的规格很多,按其工作电压可分为 6 V、12 V、24 V、36 V、110 V 和 220 V 六种。白炽灯的功率有 25 W、40 W、60 W、100 W、300 W、500 W、1 000 W 等多种,安装使用时,必须注意工作电压与线路电压一致、灯泡功率与灯具功率一致。一般白炽灯的寿命为 1 000 h 以上,但如电压不稳、开关次数频繁、散热不良和剧烈震动都会影响白炽灯的寿命。如电压高于额定电压 5%,则寿命减少 50%;如电压低于额定电压 5%,寿命虽然有所增加,但发光效率就会大为降低。

2. 日光灯

日光灯也叫荧光灯,是应用较普遍的一种照明灯具。日光灯由灯管、启辉器、镇流器、灯架及灯座(脚)等组成。

3. 碘钨灯

碘钨灯是一种发光效率较高的照明灯具,它体积小、光色好(近日光)、寿命长,广泛地用于大面积的照明。

4. 高压水银灯

高压水银灯一般作为舱面装卸作业和机舱照明灯具,利用高压水银蒸气中电弧放电激发管壁内涂的荧光粉而发光,所以也称为高压水银荧光灯。其特点是发光强、省电、耐用。高压水银灯主要由放电管、玻璃外壳及灯头等组成。

5. 高压钠灯

高压钠灯具有发光效率高和透雾能力强的特点,可作为舱面装卸作业和机舱照明灯具。

6. 超高压汞氙灯

超高压汞氙灯的特点是光色好、发光效率高、更接近于太阳光色。其一般用于船舶夜航等强光照明场合。它是在灯泡内充入高压氙气,并加入适量的水银经高电压触发而发光的,使用时必须要有一套专用的触发装置。

三、船舶照明灯具的主要形式

1. 保护式

保护式船舶照明灯具适用于环境条件较好且较干燥的舱室。如起居室、餐厅、驾驶室、海图室、无线电室及内走廊等场所。

2. 防水式

防水式船舶照明灯具适用于有水飞溅、有滴水和凝水的场所,如机舱、冷藏室、厨房、卫生间、露天甲板及外走廊等场所。

3. 防爆式

防爆式船舶照明灯具适用于有易燃、易爆物体或气体的舱室，如储油舱、蓄电池室、油漆间、货油泵舱等。

四、照明属具

照明系统中使用的开关、接插件和连接件称为照明属具。例如，开关、插头、插座和接线盒等。船舶照明属具除生活舱室外，都有一定的防护等级要求。外壳用金属或滞燃绝缘材料制成，有足够的接线与导线容纳空间和电缆进入的填料函。

【任务演示】

一、识别船舶照明灯具的结构

1. 白炽灯

图 1－1 所示为白炽灯外形。

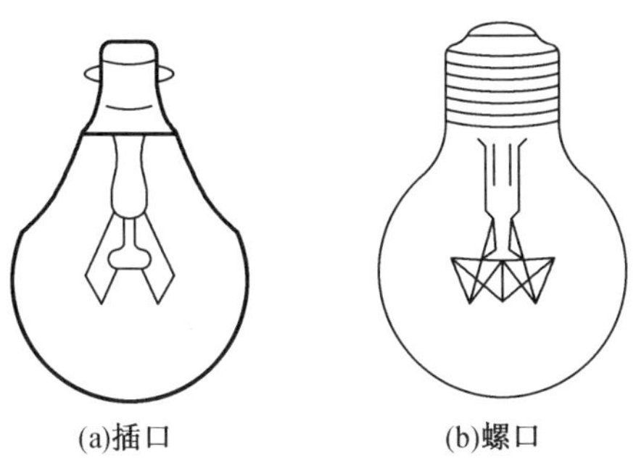

图 1－1　白炽灯外形图

白炽灯由灯丝、玻壳和灯头三部分组成。其灯丝一般都是由钨丝制成的。玻壳由透明或其他颜色的玻璃制成。40 W 以下的灯泡，将玻壳内抽成真空；40 W 及 40 W 以上的灯泡，在玻壳内充有氩气或氮气，使钨丝不易挥发，以延长灯泡寿命。灯头有插（卡）口和螺口两种形式，功率超过 300 W 的灯泡，一般采用螺口灯头。船上除双丝灯采用插口外，其余一般都采用螺口，这样防震性较好。

2. 日光灯

（1）灯管

灯管由玻璃管、灯丝及引出脚（灯脚）等组成，如图 1－2 所示。玻璃管内抽成真空并充入少量的水银和氩气等惰性气体，管壁涂有荧光粉，灯丝涂有电子粉。

（2）启辉器

启辉器由氖泡、纸介电容及外壳等组成，如图 1－3 所示。氖泡内装有 U 形双金属片触头，根据氖泡放电发热情况而通断；纸介电容是为了减少火花，保护触头，消除日光灯对无线电设备的干扰。启辉器的作用是在开灯时能自动通断电路，使镇流器产生高压让灯管启辉。

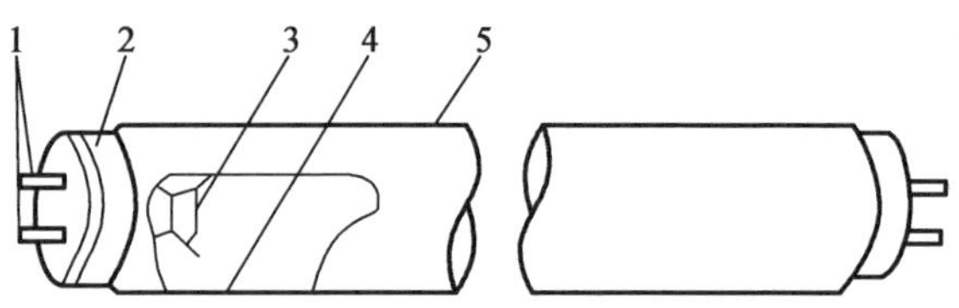

1—灯脚;2—灯头;3—灯丝;4—荧光粉;5—玻璃管。

图 1-2　灯管结构图

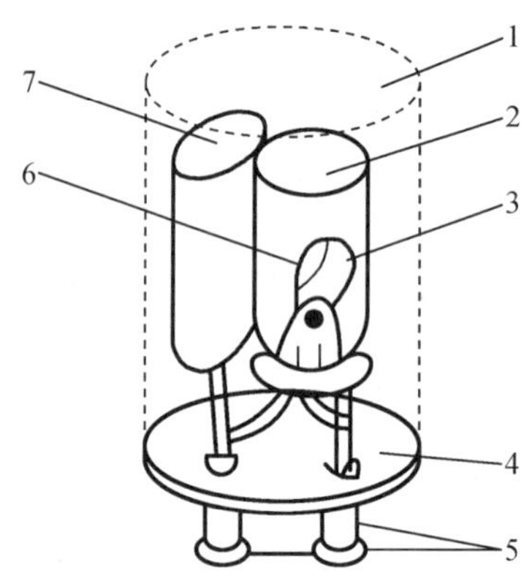

1—外壳;2—氖泡;3—动触头;4—绝缘底座;5—插头;6—静触片;7—纸介电容。

图 1-3　启辉器结构图

(3)镇流器

镇流器(电磁型)主要由铁芯和线圈等组成,如图 1-4 所示。镇流器线圈与灯管串联产生脉动高压,使灯管启辉,工作时限制电流。因为日光灯灯管较长,冷态阻抗较大,所以在启动时必须有一较高的电动势来击穿管内气体,形成冲击电弧,促使灯管内水银蒸气游离,当水银蒸气游离后,灯管阻抗变小,这时必须限制灯管内通过的电流,于是镇流器便起到了上述两个作用。因此,镇流器线圈匝数及铁芯气隙的大小,会直接影响灯管的启辉、亮度和寿命。由于气隙大小与镇流器的功率有关,因此镇流器功率必须与灯管功率相一致。

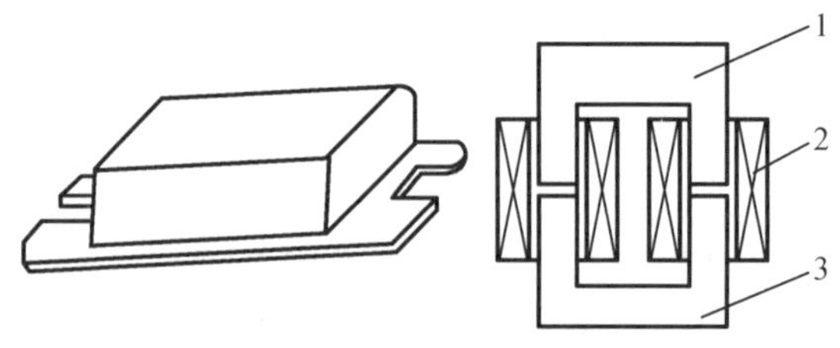

1—上铁芯;2—线圈;3—下铁芯。

图 1-4　镇流器(电磁型)

镇流器(电磁型)可分为单线圈镇流器和双线圈镇流器两种。单线圈镇流器适用于电压波动较小的场合；双线圈镇流器启动性能好，适用于电压波动较大的场合。

还有另一类型的镇流器是电子镇流器，使用也很广泛。

(4)灯架与灯座

灯架用于支撑、安装灯管及启辉器座等，有木质和铁质两种，其规格应与灯管长度相匹配。

灯座用以卡接灯管，有开启式和弹簧式（插入式）两种，其中弹簧式灯座如图 1－5 所示。

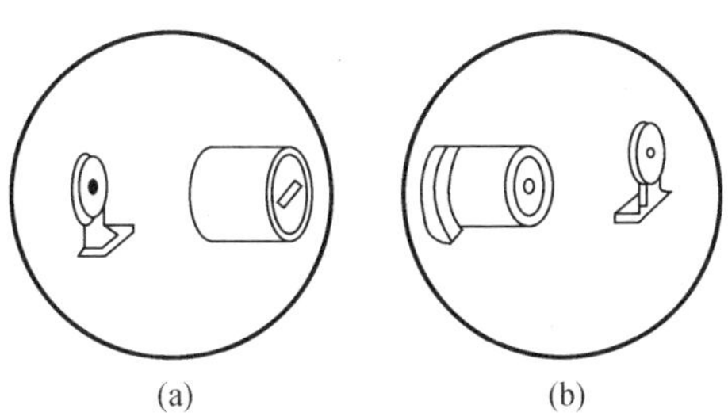

图 1－5　弹簧式灯座

灯座规格有大型的和小型的两种，大型的适用于 15 W 或以上的灯管，小型的适用于 6 W、8 W 及 12 W 的灯管。

(5)电容器

电容器用来提高日光灯线路的功率因数。

3. 碘钨灯

碘钨灯结构如图 1－6 所示。

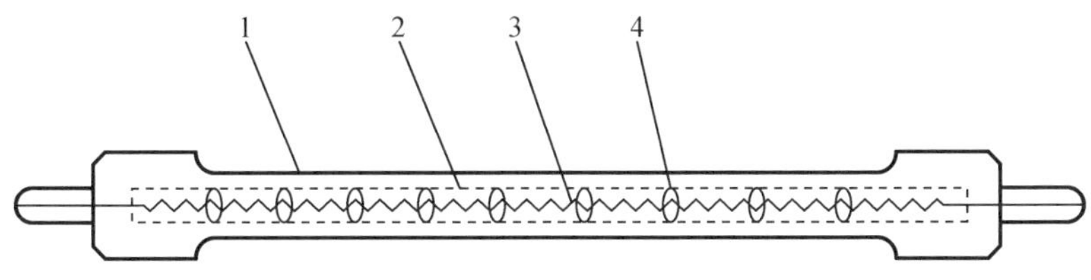

1—灯管；2—碘蒸气；3—灯丝；4—灯丝支架。

图 1－6　碘钨灯结构图

碘钨灯一般制成圆柱状玻璃管，两灯脚为电源接点；管内螺旋状灯丝放置在灯丝支架上。

4. 高压水银灯

高压水银灯结构如图 1－7 所示。

5. 高压钠灯

高压钠灯结构如图 1－8 所示。

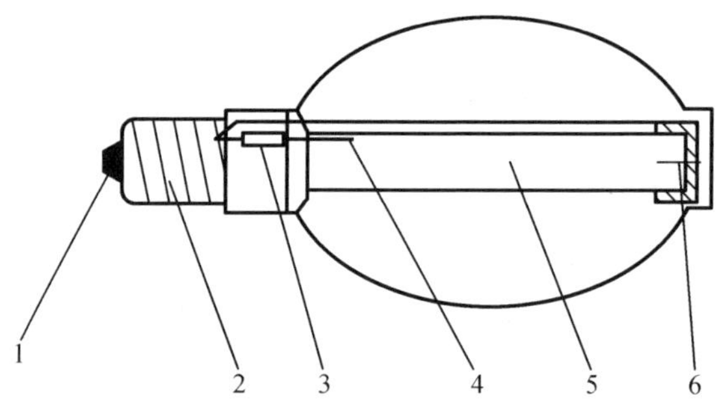

1—下主极;2—灯座;3—电阻;4—辅助极;5—内管;6—上主极。

图 1 –7　高压水银灯结构图

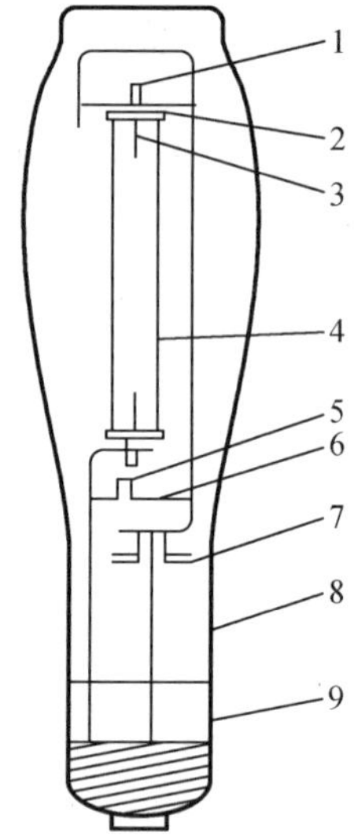

1—铌排气管;2—铌帽;3—钨丝电极;4—放电管;5—双金属片;6—电阻丝;7—钡钛吸气剂;8—玻璃外壳;9—灯帽。

图 1 –8　高压钠灯结构图

6. 超高压汞氙灯

超高压汞氙灯结构如图 1 –9 所示。

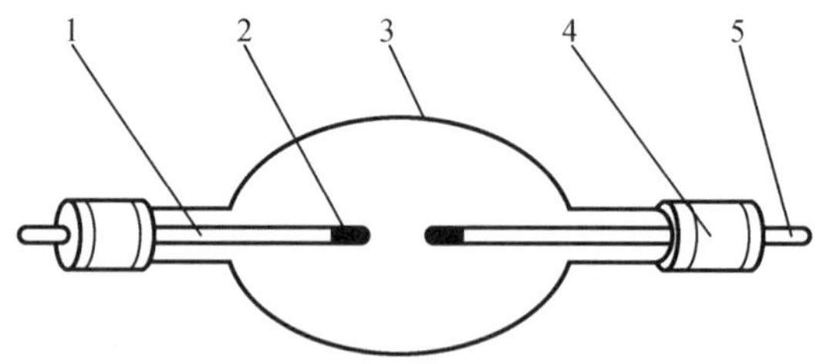

1—导电体;2—电极;3—石英玻璃;4—灯座;5—接触极。

图 1 –9　超高压汞氙灯结构图

二、简述船舶照明灯具的工作原理

1. 白炽灯

白炽灯的工作原理：利用电流把灯泡里的钨丝加热到白炽状态而发光。

2. 日光灯

日光灯的工作原理：接通电源后，电源电压经由镇流器、启辉器、灯丝并引起氖泡辉光放电，氖泡内双金属U形片因辉光放电发热而膨胀伸长，至一定程度后U形片两个触片接通；U形片两个触片接通后，形成电流的回路，灯丝预热并发射电子（此时灯管两端发红光）。电路接通后启辉器分压少，辉光放电无法进行，U形片冷却收缩，至一定程度分断，电流的回路断开；断开瞬间，在镇流器两端产生高压并加至灯管两端，灯管内惰性气体因电离而引起弧光放电，汽化水银，水银蒸气发射出紫外线，紫外线激发管壁的荧光粉，发出近似日光的光线。

日光灯的原理图如图1－10所示。

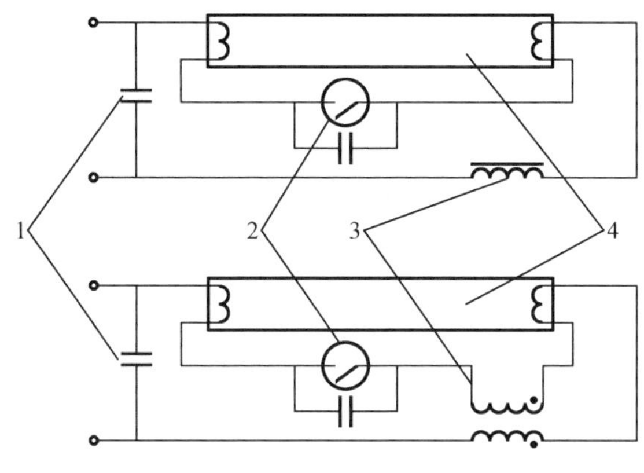

1—电容器；2—启辉器；3—镇流器；4—灯管。

图1－10　日关灯的原理图

3. 碘钨灯

碘钨灯的工作原理：与白炽灯类似，发光体均为灯丝，不同的是在碘钨灯管内充有碘。当管内温度升高后，碘与灯丝上蒸发出来的钨化合成碘化钨，碘化钨在靠近灯丝的高温处又分解为碘和钨，钨积留在灯丝上，而碘又回至温度较低的位置。如此循环，提高了发光效率，延长了灯丝寿命。碘钨灯寿命为1 600～2 000 h，发光效率比白炽灯高30%。

碘钨灯安装时要避免接近易燃物品，且灯管水平倾斜角度不能大于5°，否则会影响碘循环，使灯丝粗细不均，缩短使用寿命。

4. 高压水银灯

高压水银灯的工作原理：接通电源后，电压加在辅助极和相邻的下主极之间的同时，也加在上、下主极之间；辅助极和下主极间产生辉光放电，放电管温度上升，水银蒸发，管内压力升高，接着上、下主极间产生弧光放电，放电管内水银蒸气因电离放电而产生紫外线，紫外线激发管壁内涂的荧光粉，从而发出近似日光的光线。因为辅助极上串有一个阻值很大的电阻，当上、下主极放电后，下主极与辅助极之间便停止放电，所以当灯熄灭后，一般需要等待 5 ~ 10 min 才能再开，以防损坏灯管。高压水银灯需点燃 8 ~ 10 min 才能正常发光。高压水银灯必须和镇流器配套使用。

高压水银灯的原理图如图 1 – 11 所示。

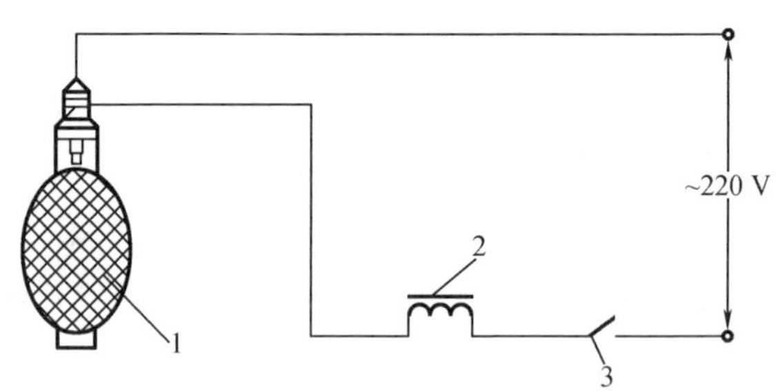

1—高压水银灯；2—镇流器；3—控制开关。

图 1 – 11　高压水银灯的原理图

5. 高压钠灯

高压钠灯的工作原理：接通电源后，电流经镇流器、热电阻及双金属片常闭触头而形成回路（此时放电管内无电流）。经一段时间，热电阻发热，双金属片常闭触头断开，在镇流器内产生高压，促使放电管内氙气因电离而放电，温度升高，继而蒸发水银而放电。当管内温度进一步升高后，钠也因蒸发而放电，产生较强的可见光。

高压钠灯的原理图如图 1 – 12 所示。

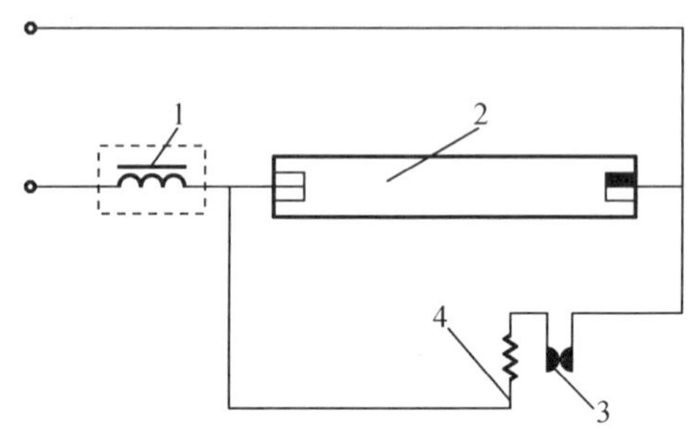

1—镇流器；2—放电管；3—双金属片常闭触头；4—热电阻。

图 1 – 12　高压钠灯的原理图

6. 超高压汞氙灯

(1) 工作原理

超高压汞氙灯的工作原理：合上空气开关 QS，按下启动按钮 SA，则 T1 次级得到近 4 000 V 的高压，使灯泡 EL 的火花间隙被击穿放电，谐振电容 C_3 与脉冲变压器 T2 产生串联谐振，即形成阻尼振荡，在 T2 次级得到 40 ~ 50 kV 的高频电压，经耦合电容 C_4 使灯泡产生弧光放电，持续一定时间，松开启动按钮 SA，加到灯泡 EL 两端的 220 V 交流电压维持其继续发光。

超高压汞氙灯的原理图如图 1－13 所示。

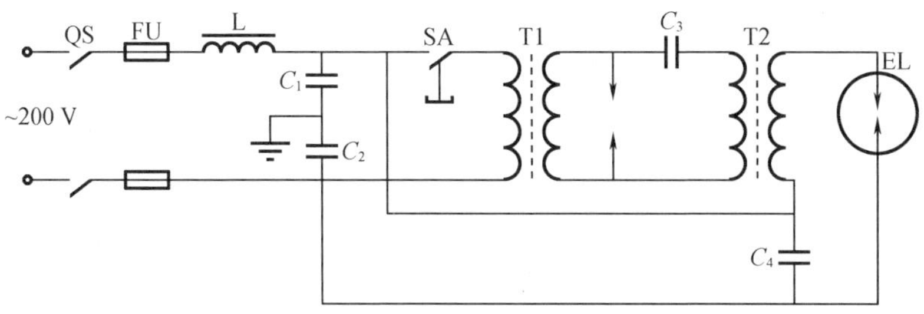

L—镇流器；QS—空气开关；FU—熔断器；SA—启动按钮；T1—升压变压器；T2—脉冲变压器；C_1、C_2—电容器；C_3—谐振电容；C_4—耦合电容；EL—灯泡。

图 1－13　超高压汞氙灯的原理图

（2）使用注意事项

①灯泡应垂直点燃，角度偏差不大于 15°。

②灯泡正常工作时内部压力达十几个大气压，所以必须有安全防护。

③灯泡必须与相应的镇流器配套使用。

④安装灯泡时避免用手直接接触，以免影响灯泡亮度。

三、识别船舶照明灯具的主要形式

船舶照明系统主要有舱室照明、舱面工作强光照明、探照灯、低压行灯、航行灯及信号灯等。对于船舶照明灯具，除要求有较高的可靠性外，还必须有安全的机械防护装置。

1. 保护式

船员居住舱室的灯具主要是顶灯和床灯，另外还可能有台灯和壁灯。会议室主要是顶灯和壁灯，另外还可能有装饰灯。这类灯具属于保护式船舶照明灯具，如图 1－14 所示。

(a)长方形

(b)圆形

图 1－14　保护式船舶照明灯具的外形

2. 防水式

防水式船舶照明灯具的外形如图 1－15 所示。

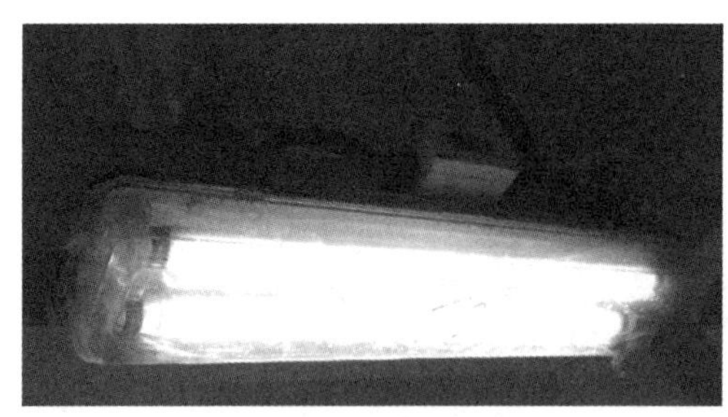
(a)防水式荧光灯

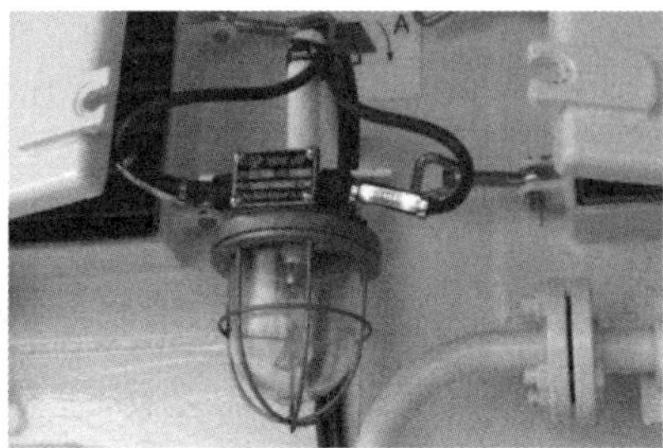
(b)防水式白炽灯

图 1－15　防水式船舶照明灯具的外形

3. 防爆式

防爆式船舶照明灯具的外形如图 1－16 所示。

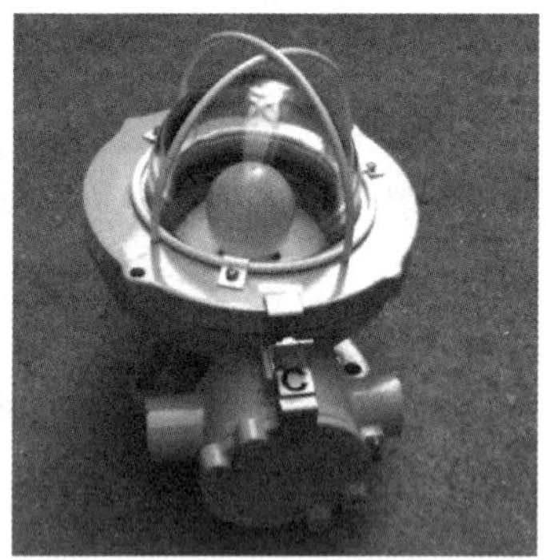

图 1－16　防爆式船舶照明灯具的外形

四、识别几种常见船舶照明属具

船舶照明属具中，除生活舱室外，都采用双极的控制照明的开关。两个进线填料函的水密开关的外形如图 1－17 所示。

机械舱室、工作舱室和露天场所主要用来接插移动灯具、电动工具和检测仪器等。它们采用水密插座。

图 1－18 所示是带开关的插座的外形。不使用时关断电源，拧紧插座防护盖。插入的电器暂时不使用时，可以关断电源，不必拔出插头。负载电流较大的电器，要求在关断电源后插、拔插头，带电流插、拔插头会损伤插头、插座。

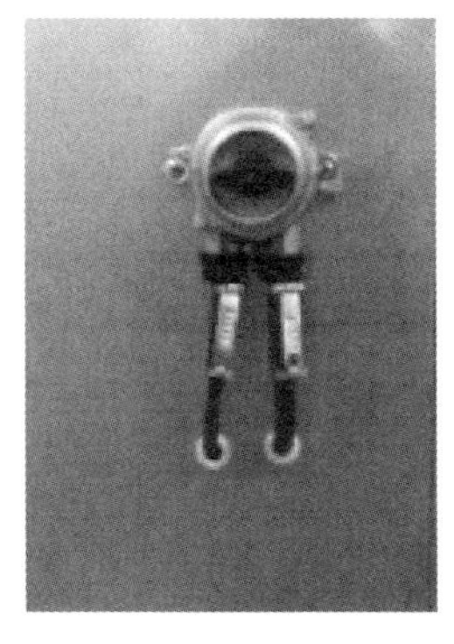

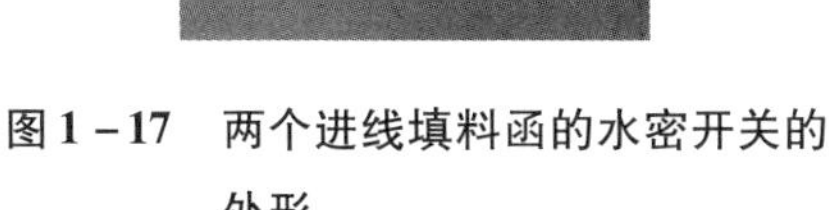
图 1－17　两个进线填料函的水密开关的外形

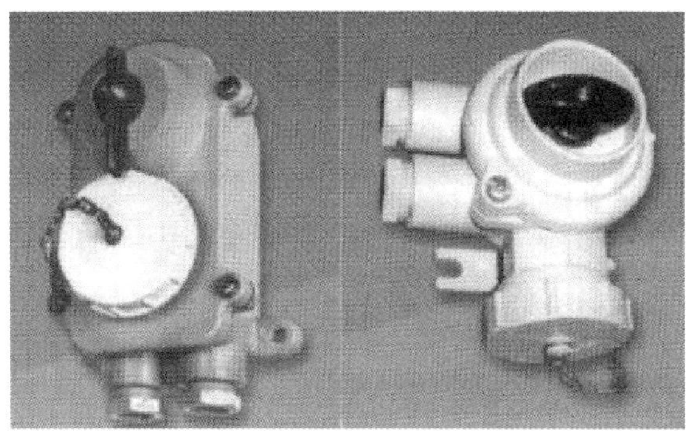

图 1－18　带开关的插座的外形

同一电源的各灯具之间，开关或插座的导线不允许相互缠绕对接，必须通过这些器具的接线柱或接线盒的接线板用螺丝紧固连接，保证接触良好。图 1－19 是有四个进线填料函的接线盒的外形。

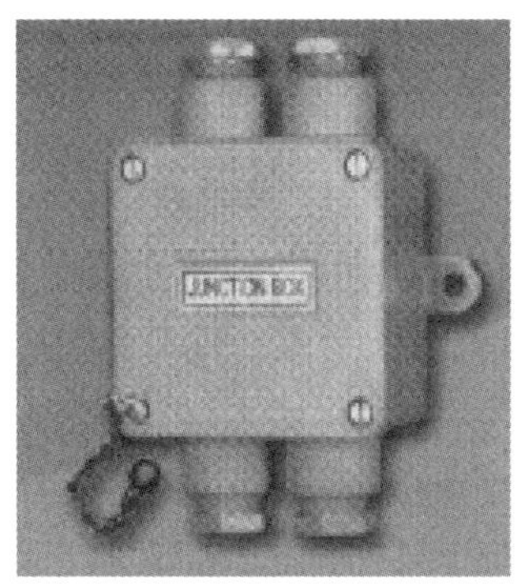

图 1－19　四个进线填料函的接线盒的外形

【任务实施】

①根据灯具外部形状识别各种船舶照明灯具。

②简述不同灯具的工作原理。

③根据现场条件正确选用合适的船舶照明灯具。

④识别船舶照明灯具的主要形式。

任务二　船舶照明系统电路装接

【任务描述】

掌握船舶照明系统的配电方式，熟悉各种线路的安装。

【培养目标】

①能正确选择船舶照明系统的配电方式。

②能说出船舶照明原理图上各种电气符号的含义。

③能掌握船舶照明系统装接的步骤与方法。

【知识准备】

一、船舶照明系统

船舶照明系统按供电方式分为正常照明系统、应急照明系统和临时应急照明系统。

1. 正常照明系统

正常照明系统是全船的主体照明系统，由主配电板通过各层甲板、各区域的正常照明系统分配电板供电。所有生活、工作区域和机械处所都设有正常照明系统。

2. 应急照明系统

应急照明系统是应急情况下必需的照明系统，由应急配电板通过各层甲板、各区域的应急照明系统分配电板供电。各主要工作场所、通道、逃口都须设应急照明系统。

3. 临时应急照明系统

临时应急照明系统是在主电源失电，应急电源还未启动投入供电转换的断电期间，为保证旅客和船员安全，由蓄电池通过各层甲板、各区域的临时应急照明系统分配电板供电。

二、航行灯和信号灯

航行灯和信号灯统称为“号灯”。航行灯是船舶在夜间（日落至日出）或能见度低的情况下航行，向其他船舶和航行观察处所表明自身位置、状况和动向的灯光信号。信号灯是船舶在港口内或运河内夜间航行，表示本身装载和运行状态等的灯光信号。

1. 航行灯

长度大于 50 m 的船舶，设置前桅灯、后桅灯（长度小于 50 m 的船舶，桅灯只设 1 盏）、左舷灯、右舷灯和艉灯。航行灯的设置如图 1－20 所示。

①桅灯。桅灯为白光，装于前桅及后桅的前方。当船长小于 45.75 m 时，只在主桅上设桅灯。当有前、后桅灯时，两具桅灯前后相距不小于 13.71 m，高低相距不小于 4.57 m。最低一盏桅灯必须高出水面 6.1 m。灯光向前照射，水平照射角度从船首向左右各 112.5°。

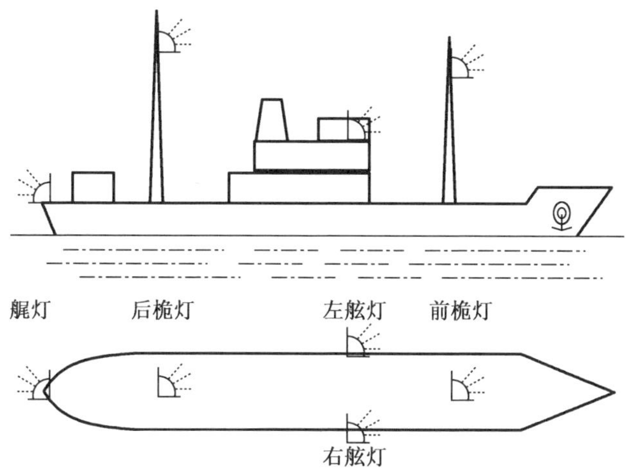

图 1-20　航行灯的设置示意图

②左舷灯。左舷灯为红光，装于左舷舷侧。灯光向左前方照射，照射角度从船首向左舷 112.5°。

③右舷灯。右舷灯为绿光，装于右舷舷侧。灯光向右前方照射，照射角度从船首向右舷 112.5°。红、绿舷灯一般安装在驾驶甲板两侧舷边。舷灯内侧有一道向前伸出 0.91 m 的挡板，挡板为黑色。

④艉灯。艉灯为白光，装于后桅或上层建筑或艉旗杆的后方。灯光向艉照射，照射角度自艉向左右各 67.5°。

在小型船舶上一般是一座灯具一盏灯。现代较大的船舶则采用两盏灯联装的航行灯，一旦一盏灯损坏，另一盏备用灯可以马上启明，驾驶员在航行灯控制箱上选择使用。灯坏航行灯控制箱会发出报警声。双航行灯外形如图 1-21 所示。

图 1-21　双航行灯外形

另外，属于航行灯的还有拖带灯、环照灯、桅顶灯和闪光灯等。

桅顶灯，也称“锚灯”，发白光，装于桅杆顶端，水平照射角度 360°，环照。

航行灯用航行灯控制箱控制。航行灯控制箱安装在驾驶室的隔舱壁上。设置驾驶室控制台的，控制箱则制作成暗式结构，嵌入驾驶室控制台面板内。

航行灯控制箱是夜航的重要设备，用两路电源供电，一路故障转换到另一路。两路电源一般由主配电板和应急配电板分别供电。电源发生故障时，航行灯控制箱会发出报警声，通知值班驾驶员进行转换电源操作。

航行灯控制箱上有与外部灯同时亮的指示灯，外部灯因故熄灭时，指示灯也熄灭，此时航行灯控制箱会发出报警声，通知值班驾驶员进行换灯操作。

2. 信号灯

航行用的信号灯是指船舶向外部（其他船舶或岸上）发出的信号。属于这类信号的有声号、旗号和灯号。

声号用鸣汽笛称为号笛；敲钟称为号钟；敲锣称为号锣。无论白天、黑夜声号都可以听见。号笛在两船相遇时用来发出操纵和警告信号，例如“我正在向右转向”“我正准备从你右舷超越”等。对号声的长短和间隔所组成的信号意义，国际上有规定。

旗号有字母旗和数字旗等，由不同颜色和形状组成。悬挂一面或几面不同字母旗和数字旗，表示各种国际规定的信号意义。船舶在港内或运河航行时，需要用旗号表示自身的运行状态，例如“需要引航员”“需要拖轮”“本船在试航”“本船在船厂码头试车”等。

旗号只能在白天使用，夜间必须使用灯号。

信号灯用有色、无遮挡（360°可见）、无防护的灯具，安装在罗径平台甲板上的信号灯小桅杆上，左右、从上到下排列，如图 1－22 所示（灯的数量和排列仅为示意）。光源采用白炽灯。

按国际规定的信号意义点亮一组灯，表示本船的状态或需求。例如，信号灯颜色从上到下为白、绿、红，表示“本船在船厂码头试车”；白、红、绿，表示“本船需要污水船”；白、绿，表示“本船需要拖轮”等。信号灯外形如图 1－23 所示。

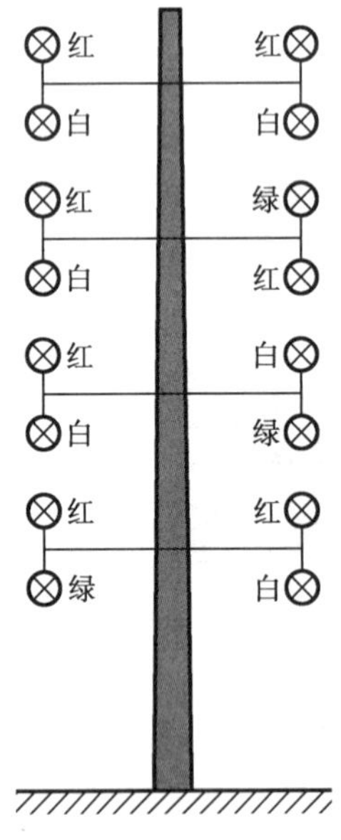

图 1－22　信号灯布置示意图

图 1－23　信号灯外形

【任务演示】

一、船舶常用灯具的安装

1. 舱室照明灯具的安装

①照度均匀，布置合理。舱室照明灯具应参照室内器具的具体位置及舱室结构合理布置，首先应保证操作及工作地点有必要的照明灯具，并尽量保证舱室各处的照度。

②双路供电，交叉布置。具有两个分路供电系统的舱室照明灯具应交叉或间隔布置。

③露天保护，设有应急标志。安装在货舱外走道、露天甲板等其他易受机械损伤的场所的灯具，应有防护罩。应急照明的灯具，其外壳应有红色应急标志，且该标志贴在灯具外壳的位置应统一。

④床头灯。床头灯安装的位置一般为高于床铺板 750 mm，离床头（一般以靠近船首或船中的一端为床头）300 mm 的侧壁上或顶头中间。

⑤镜灯及壁灯。壁灯的一般安装高度为距地板 1 800 mm；镜灯的一般安装高度为镜子上方 100 mm。

2. 投光灯、探照灯及航行信号灯的安装

①便于操纵。投光灯及探照灯的安装应便于操纵，并应保证其可动部分在工作需要的照射范围内转动灵活无阻，光线不受阻碍。探照灯外形如图 1－24 所示。

(a)　(b)

图 1－24　探照灯外形

②配备灯座。投光灯及探照灯应设专用的灯架或灯座，灯架或灯座的高度及形式与灯具的工作要求相适应。

③保证水密。探照灯安装时，应在其底部或底座间垫以厚度不小于 5 mm 的橡皮，以保证水密。对于在室内用连杆控制的探照灯，其连杆的安装亦应保证水密及操纵灵活。

④高压标志。气体放电型投光灯的高压触发装置应安装在带有“高压危险”标记的金

属箱内,金属箱应尽量安装在人员不易触及的地方。

⑤符合规范。航行信号灯的安装位置、高度及要求,应符合有关信号设备规范的规定。

3. 照明附具的安装

①通断一致。暗式照明开关的安装,其扳柄方向应一致,扳柄向上为“接通”,扳柄向下为“断开”。

②双极切断。潮湿和有爆炸危险的场所,其照明开关应能切断所有绝缘极。

③插座安装。防水插座及开关插座的插口不应朝上,并尽量避免向左,壁式安装的非水密插座的电源孔应为水平方向,接地孔在电源孔上方。

④窗口下方电气设备安装。开启式舷窗下方不得安装非水密电气设备。开启式舷窗及固定舷窗如图 1 – 25 所示。

(a) (b)

图 1 – 25 开启式舷窗及固定舷窗

⑤线盒铭牌。分路接线盒外应设有与系统图、布置图代号或名称相一致的耐用铭牌,铭牌的材料应为滞燃材料。

⑥其他。机舱所处花钢板以下及封闭的燃油和滑油分油机室内,不应安装插座。油漆间、蓄电池室、消防控制站、行李舱、粮食舱、冷藏舱等处的照明开关不应设在室内。行李舱、粮食舱、冷藏舱的照明开关应装有接通指示灯。

照明附具的安装高度(高度为地面至设备下沿)见表 1 – 1。

表 1 – 1 照明附具的安装高度

名称	安装高度/mm	设定处	备注
开关	1 300	地板	—
带开关插座	1 450	地板	上安装
带开关插座	250	地板	下安装
插座(一般用)	300	地板	居室
插座(一般用)	500	地板	走道
冰箱插座	500	地板	—

表 1-1(续)

名称	安装高度/mm	设定处	备注
插座	150	台面	—
床灯	750	床底板	床顶部安装
床灯	750 横向(400)	床底板	床侧面安装
壁灯	1 800	地板	—
走道灯	覆顶	—	角型
警铃和蜂鸣器	1 800～2 000	地板	—
时钟	1 900	地板	—
扬声器	1 900	地板	—
电话用插座	150	台面或桌面	器具大小如有差别,使上缘一致
天线引出线	150	台面或桌面	
呼唤用按钮	150	台面或桌面	
火警按钮	1 450	地板	—
氟利昂探头	300	地板	—

4. 日用电器的安装

①壁扇和顶扇的安装,应保证在转动时不受阻碍且不影响人身安全。壁扇安装高度为距地面 1.8 m,顶扇的安装高度一般为其转动时的最低点距地面不小于 2 m。

②电暖器必须固定安装,安装场所不应有可燃物体及尘埃积聚。电暖器若安装在可燃材料附近,则二者应保持适当距离或采取绝垫、隔垫的防护措施。

二、船舶航行灯和信号灯的安装

为了保证船舶夜间航行的安全,航行灯、信号灯应有特定的技术和安装要求:

①应适应的环境温度指标:国际航行船舶的号灯在温度 -30～50 ℃下正常工作;国内航行船舶的号灯在温度 -25～40 ℃下正常工作;极区航行船舶则应特殊考虑。号灯的温度不得超过 50 ℃。

②电气号灯应是防水式的。

③电气号灯的绝缘电阻,在常态时应为 100 MΩ,湿态时应为 5 MΩ。其绝缘强度在电源电压 100 V 以下时,应能承受 50 Hz、500 V 交流电,历时 1 min;在电源电压 100 V 或 100 V 以上时,应能承受 50 Hz、2 000 V 交流电,历时 1 min;其结果均无击穿与闪烁现象。

④号灯应采用耐海水腐蚀的材料制成,若用钢制材料,则应涂以有效的保护层。经常启闭的零件,不得采用铝合金。号灯灯壳内部宜涂以无光黑漆,外部涂以灰漆。

⑤灯壳外部应有铭牌,内容包括灯名、能见距离、灯泡(或灯芯)规格、电源电压、厂名、厂号及出厂日期;条件不许可时,小型号灯可用制造厂标志代替铭牌。

⑥航行灯、信号灯的安装位置、高度及具体要求,应符合相关规范的规定。

⑦信号灯的电键的安装位置,应设在驾驶室两翼的前沿,如果装有三只,另一只应设在驾驶室的前沿。其安装高度应便于操纵,一般为距甲板 1 m 左右。

【任务实施】

①辨认正常照明、应急照明、临时应急照明、航行灯系统组成形式。

②对各种船舶照明系统进行装接。

任务三　船舶照明系统调试

【任务描述】

掌握船舶照明系统的调试方法。

【培养目标】

①能正确使用兆欧表。

②能对船舶照明系统进行调试。

③能掌握船舶照明系统的各种检查方法。

【知识准备】

一、兆欧表

兆欧表又称摇表,是一种专门用来测量绝缘电阻的便携式仪表,应用十分广泛,如图 1-26 所示。

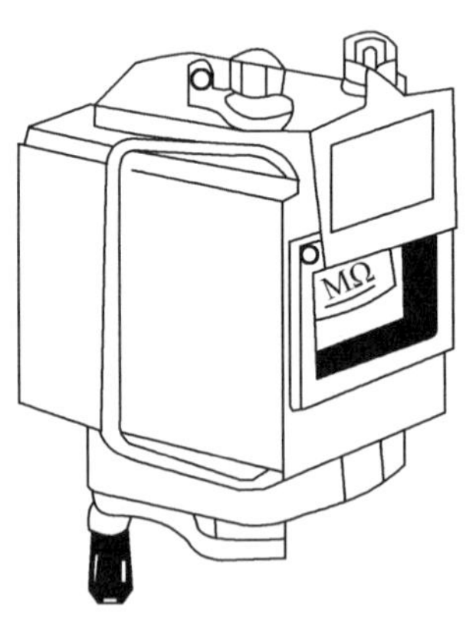

图 1-26　兆欧表的外形

兆欧表的选用主要考虑两个方面:一是电压等级,二是测量范围。

1. 电压等级选用

测量额定电压在 500 V 及以下的设备或线路的绝缘电阻时,可选用 500 ~ 1 000 V 的兆欧表;测量额定电压在 500 V 以上的设备或线路的绝缘电阻时,可选用 1 000 ~ 2 500 V 的兆欧表;测量瓷瓶时,应选用 2 500 ~ 5 000 V 的兆欧表。

2. 测量范围选用

兆欧表测量范围的选择主要考虑两点:

① 测量低压电气设备的绝缘电阻时可选用 0 ~ 200 MΩ 的兆欧表,测量高压电气设备或电缆的绝缘电阻时可选用 0 ~ 2 000 MΩ 的兆欧表。

② 有些兆欧表的起始刻度不是零,而是 1 MΩ 或 2 MΩ,这种仪表不宜用来测量处于潮湿环境中的低压电气设备的绝缘电阻,因其绝缘电阻可能小于 1 MΩ,造成仪表上无法读数或读数不准确。

二、船舶照明系统调试概述

船舶照明系统灯具数量多、分布面广,从调试角度看,主要工作是检查并排除线路上的故障和灯具上的缺陷。

船上的照明系统绝大多数属于二次网络,由照明分配电板供电。每一照明分路上的灯最多时可达到 10 ~ 18 点(插座计于灯点数内)。此外,还有接线盒、开关等电气元件,使得一个分路上的电气元件数可能超过 20 个。所以任何一段电缆、任何一个元件产生故障,都会使该分路发生断路、短路等故障。照明系统调试的目的就是排除这些故障,确保所有灯具、开关、插座正常工作。

1. 绝缘检查

绝缘检查在通电之前,必须首先用兆欧表检查每一电路的绝缘电阻。一般 110 ~ 220 V 的电网选用 500 V/MΩ 的兆欧表测量;24 V 的电网选用 100 V/MΩ 的兆欧表或 250 V/MΩ 的兆欧表测量。每一分路的对地绝缘电阻均应大于 1.5 MΩ 方可通电。若对地绝缘是零,则线路中有碰地故障存在,应予以排除。

2. 断路检查

产生断路的原因主要是熔断、线头松脱、断线、开关没有接通、铝线接头腐蚀等。

如果一个灯泡不亮而其他灯泡都亮,应首先检查是否灯丝烧断。若灯丝未断,则应检查开关和灯头是否接触不良、有无断线等。为了尽快查出故障点可用试电笔测灯座(灯口)的两极是否有电,若两极都不亮说明相线断路;若两极都亮(带灯泡测试),说明中性线(零线)断线;若一极亮一极不亮,说明灯丝未接通。对于日光灯来说,还应对其启辉器进行检查。

如果几盏电灯都不亮,应首先检查总保险是否熔断或总闸是否接通。也可按上述方法用试电笔判断故障点在总相线还是总零线上。

3. 短路检查

线路上如果有短路故障,那么一通电熔丝便熔断,此时可以按检查绝缘故障的办法来排除短路故障。

4. 航行灯系统调试

在航行灯调试之前,首先应检查各航行灯具里的灯泡功率是否符合图纸及控制设备的要求，每一路的绝缘是否合格，然后方能通电，并且应该逐路进行检查，同时做模拟故障试验，以检查其声光报警系统是否正常。

5. 信号灯系统调试

信号灯系统在调试之前，按图纸要求安装灯泡和灯罩，灯罩颜色也要和控制箱面板上的指示灯的颜色一致。在进行绝缘检查后方能逐路进行通电调试，核对其接线是否正确，驾驶室内监视指示灯亮度是否正常，太亮影响夜航驾驶，太暗使信号指示灯模糊不清。

【任务演示】

一、兆欧表的使用

兆欧表上有三个接线柱，两个较大的接线柱上分别标有 E(接地)、L(线路)，另一个较小的接线柱上标有 G(屏蔽)。其中，L 接被测设备或线路的导体部分，E 接被测设备或线路的外壳或大地，G 接被测对象的屏蔽环(如电缆壳芯之间的绝缘层)或不需测量的部分。兆欧表的常见接线方法如图 1－27 所示。

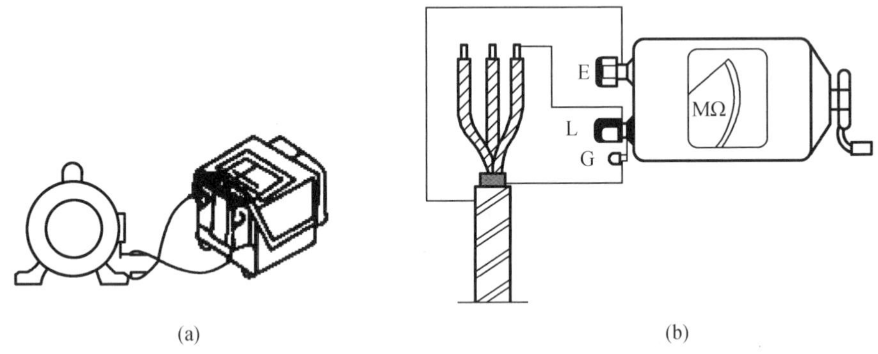

图 1－27　兆欧表的常见接线方法

①切断被测设备或线路的电源，并将其导电部分对地进行充分放电。用兆欧表测量过的电气设备，也须进行接地放电，才可再次测量或使用。

②检查仪表是否完好，将接线柱 L、E 分开，由慢到快摇动手柄约 1 min，使兆欧表内发电机转速稳定(约 120 r/min)，指针应指在“∶”处，再将 L、E 短接，缓慢摇动手柄，指针应指在“0”处。

③测量时，兆欧表应水平放置。测量过程中，不可用手去触及被测物的测量部分，以防触电。

兆欧表的操作方法如图 1－28 所示。

注意事项：

①仪表与被测物间的连接导线应采用绝缘良好的多股铜芯软线，而不应采用双股绝缘线或绞线，且连接线不得绞在一起，以免测量数据不准。

②手摇发电机要保持匀速，不可忽快忽慢地使指针不停地摆动。

③测量过程中,若发现仪表的指针指零,则说明被测绝缘物有短路现象,此时应停止摇动手柄。

④测量具有大电容的设备时,读数后不得立即停止摇动手柄,否则已充电的电容将对兆欧表放电,有可能烧坏仪表。

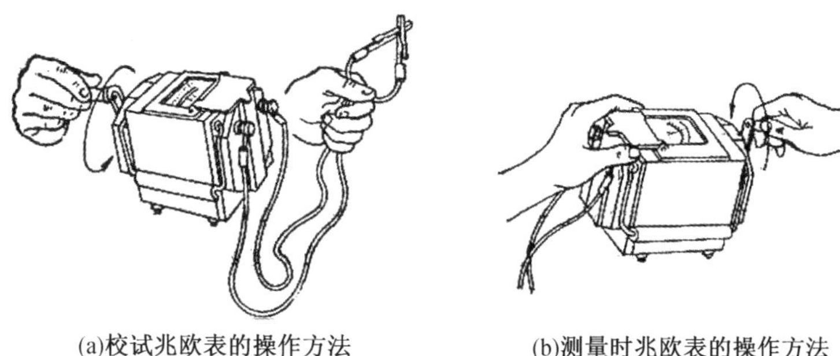

(a)校试兆欧表的操作方法　　(b)测量时兆欧表的操作方法

图 1-28　兆欧表的操作方法

二、对船舶照明系统进行调试

1. 绝缘检查

通常碰地(接地)都是由灯头接线碰壳、电缆破损造成的。如何找到故障呢?常用的检查方法是从中间开始向两边分开检查。

例如,碰地的这一路共有 10 只灯;电源线进灯,开关线从灯中引出,那么可以把第 4 只或第 5 只灯打开,把已接好的电缆芯线拆开,使这一路分成前后两段,分别进行检查。如果是后面一段不好,则再往后用同样方式拆开来检查,直到最终检查出是哪一只灯故障(损坏),或哪一段电缆接触不好为止。若是灯的问题,再详细检查灯头、灯头连接,因为灯头芯线碰壳、接线螺栓碰壳、连接线绝缘破损而碰壳是经常发生的。灯头易碰壳部位如图 1-29 所示。

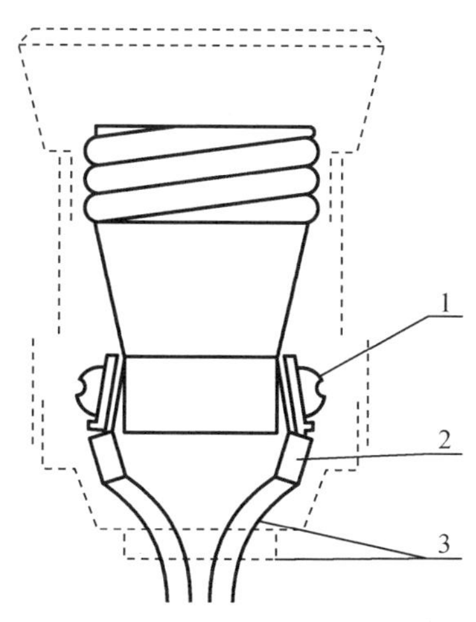

1—接地螺栓;2—接线端头;3—芯线绝缘层易破损部位。

图 1-29　灯头易碰壳部位

如果绝缘不为零，则往往是电气元件受潮引起的。室外灯具、开关、插座的水密不好，很容易渗水受潮，灯头连线上的玻璃丝套管的编织套也容易受潮，若与导电部分接触很容易导致绝缘性降低。

电气元件的绝缘材料本身质量低劣，也会造成绝缘不好，如果无法更换，则应采取二次隔离绝缘的办法，用绝缘性能良好的材料进行再一次隔离，以提高绝缘性。

2. 断路检查

例如发现灯不亮，或只亮了几只等都说明在此电路上还存在断路故障，需根据具体情况进行检查。

例如，第 1 只灯到第 5 只灯是亮的，而从第 6 只灯起往后全都不亮了，则可以到第六只灯处寻找故障，如图 1－30 所示。如果有电再检查接线是否错误。如果没有电，那么再到第 5 只灯那儿去找原因，接线是否接错了，电源根本没送到第 6 只灯那儿去，或者电源线敷设到别的地方去了，或者这根电缆芯线中间断了。若接线错误，则更正一下。若电源线敷设错了，须重新敷设；若电缆断芯，则换一根。若电缆很长无法更换，则根据具体情况加线盒或另做处理。

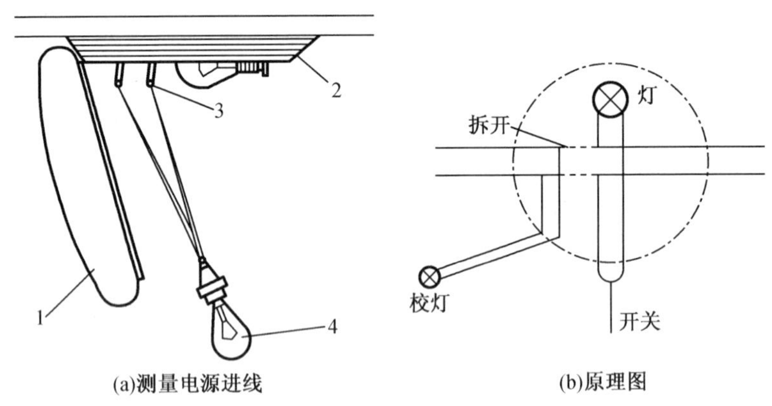

(a)测量电源进线　(b)原理图

1—灯罩；2—灯座；3—电源进线头；4—校灯。

图 1－30　断路故障排除

一路上若仅一只灯不亮，那仅需要在这只灯及其开关上寻找故障。

3. 短路检查

把线路拆成两段，用干电池校灯或万用表欧姆挡检查，直到查出哪一只灯、哪一段电缆短路为止。一般短路发生在灯头上较多，罗口灯头里的舌片很容易歪到一边去造成短路。灯头上的连接线碰在一起，开关接线错误（特别是双连开关），就会短路。

灯头舌片短路如图 1－31 所示。

4. 航行灯系统调试

①在航行灯调试之前，首先应检查各航行灯具里的灯泡功率是否符合图纸及控制设备的要求，每一路的绝缘是否合格，合格后方能通电，并且应该逐路进行检查，同时做模拟故障试验，以检查其声光报警系统是否正常。

②航行灯的灯泡以往大都采用双丝灯泡(低压 24 V 航行灯除外),在安装接线时,要防止接错,不能让两根灯丝串联起来同时通电。航行灯开关均有两个接通位置,以第一路、第二路来区分,通常是以第一路为其正常工作位置,让其接通下面的一根(靠近灯头的)灯丝,用第二路来接通上面的一根灯丝。否则,如果经常使用上面的一根灯丝,当灯丝损坏而掉下来,碰到下面一根尚好的灯丝时,会导致第二路也不能工作。

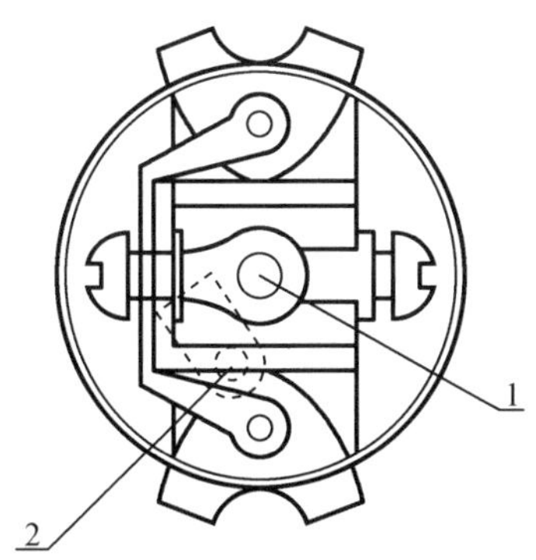

1—正常位置;2—歪到一边后的短路点。

图 1-31　灯头舌片短路

③随着航行灯光照距离要求的提高,目前双丝灯泡正在被单丝灯泡所取代。

④灯泡的功率要符合控制箱的铭牌要求,不能大,也不能小。过大会使球形继电器或电阻损坏;过小,球形继电器不能工作,或使指示灯亮度不够,并且造成声光报警装置误动作。

⑤航行灯通常采用水密插座连接,水密插座均须横装,插头插入时勿漏放橡皮密封圈,插入后要尽量旋紧。

5. 信号灯系统调试

①信号灯系统在调试之前,要按图纸要求安装灯泡和灯罩,灯罩颜色也要和控制箱面板上的指示灯的颜色一致。在进行绝缘检查后方能逐路进行通电调试,核对其界限是否正确,驾驶室内监视指示灯亮度是否正常,太亮影响夜航驾驶,太暗使信号指示灯模糊不清。

②闪光灯在调试时,须检查其闪光间隔时间是否合适,必要时要进行调节。

③航行灯、信号灯系统,在首制船试航期间,有时须进行夜间亮度及方位角度检查。此时,被试船只可停泊不动,关闭其室外照明,并要防止室内灯光外泄,然后检查人员登小艇到离船 2 ~5 n mile 外,围绕着被试船只转圈,用雷达与罗经确定距离和方位角度,用步话机或探照灯进行通话或信号联络。

【任务实施】

①使用兆欧表对线路进行检测。

②对照明线路分别进行绝缘检查、断路检查、短路检查。

任务四　船舶照明系统故障排除

【任务描述】

掌握船舶照明系统的故障排除方法。

【培养目标】

①能对白炽灯线路进行检修。

②能对日光灯线路进行检修。

【知识准备】

船上使用的特殊灯具有探海灯，苏伊士运河灯，长、短弧氙灯，高压水银灯等。这类灯具的灯泡内无灯丝，结构比较简单，因而损坏情况不多，但除了高压水银灯外，全都需要一套触发装置，用高频高压电脉冲方可使灯管点燃。

触发装置不需要长期通电，就近操作的灯具可用按钮控制。但有的灯具处于高处，如桅杆上的氙灯，触发器应装于灯具附近，而操作人员远在驾驶室或桅杆底下的舱室，此时需有一套遥控延时控制装置，在接通电源后，触发装置自动工作，延时几秒后再自动切断。

【任务演示】

一、白炽灯线路的常见故障与检测

白炽灯常见故障有灯泡不亮、灯光闪烁及熔丝立即被熔断等。

1. 灯泡不亮

(1)灯丝断开

可用肉眼直接观察灯丝是否断开，如是有色灯泡，观察不便，则用万用表 $R\times1$ kΩ 电阻挡检查。将两表笔接触灯泡两个触头，指针不动，即可判断灯丝断开，需更换新灯泡。

(2)灯泡与灯座接触不良

对插口灯座，停电后检查灯头中两个弹性触头是否丧失弹性，有的旧灯座因使用时间过长，弹性触头内的弹簧锈断，无法使触头与灯泡良好接触。如果触头弹性正常，那么通电后用手推动灯泡，若发光，说明灯泡与灯座接触不良，再检查接触不良的地方，予以修复。

(3)开关接触不良

开关接触不良的一个原因是开关使用过久，弹簧疲劳或失效，动作后不能复位，可通过调整弹簧挂钩位置增强弹簧弹力，如仍不行，只能换新弹簧或新开关；另一个原因是动、静触头开距增大，动触头到位后，不能与静触头接触，可通过调整静触头位置解决。如果动、静触头被电弧烧蚀，轻则用0#砂纸(布)擦净氧化物和毛刺，重则应更换动、静触头。开关故障中，还有少数情况是复位弹簧脱钩离位而失去控制，只要使复位弹簧复位即可。

(4)线路开路

线路有电,接通开关时,用测电笔检查灯头两接线柱,正常时,一个接线柱带电,另一个接线柱无电。如果两个接线柱都无电,说明是相线开路,应检查开关、熔断器等的进出线柱头是否有电,从而判断它们是否接触不良或熔丝熔断。若开关、熔断器正常,应在线路上检查开路点,首先怀疑的是线路接头处,应从灯头起逆着电流方向逐点解开接头处的绝缘带,若查得第一点无电,第二点有电,则开路点必定在有电点与无电点之间。

2. 灯光闪烁

灯光闪烁现象表现为忽亮忽暗或忽明忽灭。其原因和检查方法如下:

①灯泡与灯头接触松动或接触面氧化层太厚,使电路时通时断。检查时,可推动灯泡,增加它与灯头的接触压力,看是否能恢复正常。若不能恢复正常,应取下灯泡检查,如有氧化层,应除去后再试。

②开关动、静触头之间接触松动或氧化层较厚,使电路时通时断。检修方法同上。

③电源电压波动,这不是电路本身的故障,多因附近有大容量用电设备启动。如条件允许,改变供电网络容量或去除大容量用电设备就能解决。

④熔丝接触松动,造成电路时通时断,如果是插入式和管式熔断器,通常是夹头部分松动,应调紧夹头;也可能因固定熔丝的压接螺丝松动,造成熔丝似接触非接触,将其旋紧即可。

若是旋入式熔断器,有可能是盖子未旋到位,未将熔体压紧。

⑤导线接头接触松动或氧化层太厚。检查时,对怀疑的接头进行轻微扭动,并观察灯光变化,如灯光随接头扭动发生变化,则是该接头接触松动或氧化层太厚,应拆开绝缘带进行检查。

3. 加上熔丝立即被熔断

(1)线路或灯具内部相线与零线间短路

照明电路多用并联供电,只要有任一点短路,在发生短路的相关线路上将有大电流通过,使熔丝熔断,造成熔丝后面的电路断电。这种故障检查比较麻烦,下面介绍短路故障的两种检查方法:

①逐路通电法

将烧断熔丝的那只熔断器保护范围内全部用电设备断开,然后将已换上同规格新熔丝的熔断器接通,如果熔丝不再熔断,说明故障在支路熔断器后面的用电设备本身或该熔断器以后的支路上。这时可以对用电设备或支路逐个(逐条)送电,每接通一个设备或一条支路,若工作正常,则该设备或该支路无短路故障。如果送电到某一个设备或某一条支路,熔丝熔毁,那么短路点就在该设备或该支路上,然后在这个小范围内查找。通常短路故障多发生在距离相线、中线较近的地方,如灯头内、挂线盒内、接线盒内等线路接头处或电线管道的进出口处。

②校火灯法

校火灯是一种检查线路或设备短路故障的装置,其用法是:拔下所有用电设备插头,关断熔断器后面的全部用电设备,将校火灯串联在待查电路的电源供电部位,如串联在胶盖闸刀熔丝的两接线柱上(熔丝已经去掉)。接通电源,若校火灯正常发光,说明主电路或各开关以前的支路有短路或漏电故障。这时可在线路上仔细查找短路点或漏电点,特别要注意导线接头处及绝缘破损处。如果校火灯不发红,说明主电路和各开关以前的支路没有短路和漏电故障。这时将各支路或用电设备逐个接通,校火灯将逐渐发红,但远达不到正常发光程度。如果接通某条支路或某个用电设备,校火灯突然达到正常发光程度,则说明该支路或该用电设备内部有短路故障。这时可切断电源,仔细检查。

(2)负载过大或熔丝过细

线路负载过大或所用熔丝过细均可能造成熔丝非正常熔断,使该线路停电。检查负载是否过大,可用钳形电流表或其他电流表检查干路电流,并与该电路额定工作电流相比较,若实测电流远大于额定电流,则负载过大,若实测电流不远大于额定电流,熔丝又容易熔断,则应检查熔丝规格是否偏小。

(3)胶木灯座两触头之间的胶木碳化漏电

往往由于灯泡功率偏大,灯泡与灯头接触不良,使灯座触头过热,导致两触头之间的胶水碳化,降低绝缘性能,造成严重漏电或短路。在用逐路通电法或校火灯法查出某一支路短路或漏电后,可直接用肉眼检查胶木灯座两触头之间的胶木是否碳化。

二、日光灯的常见故障与检测

1. 日光灯不能发光

①灯座接触不良。日光灯灯座接触不良,会使电路处于断路状态。可用手将两端灯脚推紧。

②启辉器或灯管损坏。如果日光灯与灯座接触良好还不能正常发光,应检查启辉器。可采用比较法,将该日光灯的启辉器装入能正常发光的日光灯中,重新接通电源,观察能否点亮日光灯。如果不能,则应更换启辉器。如果能,说明启辉器正常,应检查灯管,将灯管拆下,用万用表电阻挡分别测量灯管两端的灯丝引脚。正常的阻值为十几欧姆,若测出电阻无穷大,则说明灯丝已烧断,应更换灯管。

③镇流器故障。当灯管正常时,日光灯出现闪烁一下即熄灭然后再也无法启动的现象,往往是镇流器内部线圈短路等原因造成的。这时可用万用表电阻挡测量确定。若测出的电阻基本为零或无穷大,则应更换镇流器。

2. 灯管一直闪烁

造成灯管一直闪烁的主要原因是启辉器损坏了,如启辉器中电容器短路或双金属片无法断开,这种情况应更换启辉器。另外,线路出现接触不良(如灯座接触不良)使电路时断时通,也会出现上述现象,此时应检查线路的各个连接点,方法是用万用表按原理图逐点测量,找出故障点,重新连接该点。

3. 日光灯在工作时有杂声

日光灯在工作时有杂声一般是因为镇流器铁芯松动了,应更换镇流器,更换时应注意镇流器的功率应与日光灯功率匹配。

三、高压水银灯的常见故障与排除

1. 高压水银灯不亮

①高压水银灯不亮，一般是灯泡出现故障，可用兆欧表来测量检查。将兆欧表的两端分别接触灯泡，摇动兆欧表的摇柄后观察，正常情况应看到灯泡发微微红光，否则说明灯泡已坏应更换。高压水银灯有 60 W、185 W、250 W 等多种规格，更换时应注意新更换的灯泡与原灯泡的额定功率要一致。

②如果灯泡正常，应检查镇流器，方法是用万用表电阻挡测量镇流器的直流电阻，正常应为几十欧姆，如果测出的结果是电阻值无穷大，则证明镇流器开路，应更换镇流器。镇流器的规格有 80 W、125 W、250 W 等多种，更换时同样应注意新更换的镇流器与原镇流器的额定功率要一致。

③检查电源，测量高压水银灯电源进线，用万用表交流电压 250 V 挡测量。正常电压为 220 V，如果有问题应检查电源部分电路。

2. 忽亮忽灭

造成高压水银灯忽亮忽灭的主要原因是线路中的接点、灯泡与灯座、断路器等接触不良，处理时一般先顺时针旋紧灯泡，如果仍旧忽亮忽灭，则应检查其他接点，特别是检查断路器是否接触良好。可测量断路器触头间的接触电阻，正常情况下，接触电阻应接近于零。

3. 不能启辉

高压水银灯不能启辉的原因一般是电压偏低或镇流器选配不当，造成电流过小。可用万用表交流电压 250 V 挡检测电源电压，若电压偏低，则应检修供电线路，若镇流器与高压水银灯的功率数不匹配，则应更换镇流器使之配套。

4. 不能启辉只亮灯芯

高压水银灯不能启辉只亮灯芯的原因一般是水银灯灯泡的玻璃破碎而引起漏气，可更换水银灯灯泡。

四、碘钨灯的检修（表 1-2）

表 1-2　碘钨灯的检修

故障现象	产生故障的可能原因	检修方法
通电后不亮	(1)保险丝熔断； (2)供电线路开路； (3)灯脚与导线接触不良； (4)开关失灵或动、静触头松脱； (5)灯管损坏	(1)更换同规格保险丝； (2)对线路进行检修； (3)重新接线； (4)检修或更换开关； (5)更换灯管
灯管寿命短	(1)安装水平倾斜度过大； (2)电源电压波动较大	(1)调整水平倾斜度在 4°以下； (2)加交流稳压器

【任务实施】

①对常用白炽灯线路进行检修。

②对日光灯线路进行检修。

习　题

一、填空题

1. 船舶照明灯具的种类：________、________、________、________、________、________。

2. 照明和日用电器是单相负载，电压现在大多采用________。电力系统电压 380 V 或 440 V 通过________降压向照明系统供电。

3. 白炽灯的规格很多，按其工作电压可分为________、________、________、________、________和________六种。

4. 一般白炽灯的寿命为________以上，但如________、________、________和________都会影响白炽灯的寿命。

5. 日光灯也叫荧光灯，是应用较普遍的一种照明灯具。日光灯由________、________、________、________及________等组成。

6. 镇流器________及________的大小，会直接影响到灯管的启辉、亮度和寿命。由于气隙大小与镇流器的________有关，因此镇流器________必须与灯管________相一致。

7. 镇流器（电磁型）主要由________和________等组成。镇流器线圈与灯管________产生脉动高压，使灯管启辉，工作时________。

8. 镇流器（电磁型）可分为________镇流器和________镇流器两种。

9. 白炽灯的工作原理：________。

10. 船舶照明灯具主要形式有________、________、________。

11. 照明系统中使用的________、________和________称为照明属具。

12. 船舶照明系统主要有________、________、________、________、________及________等。

13. 国际航行船舶的号灯在温度________下正常工作；国内航行船舶的号灯在温度________下正常工作；极区航行船舶则应特殊考虑。号灯的温度不得超过________。

14. 航行用的信号灯是指________的信号。属于这类信号的有________、________和________。

15. 壁灯的一般安装高度为距地板________；镜灯的一般安装高度为镜子上方________。

16. 壁扇的安装高度为距地面________ m，顶扇的安装高度一般为其转动时的最低点距地面不小于________ m。

17. 兆欧表又称________，是一种专门用来________的便携式仪表，应用十分广泛。

18. 电气号灯的绝缘电阻，在常态时应为________ MΩ，湿态时应为________ MΩ。

19. 白炽灯常见故障有________、________、________等。

二、判断题

1. 保护式船舶照明灯具适用于环境条件较好且较干燥的舱室，如起居室、餐厅、驾驶

室、海图室、无线电室及内走廊等场所。 (　　)

2. 白炽灯由灯丝、玻壳和灯头三部分组成。其灯丝一般都是由钨丝制成的。玻壳由透明或不同颜色的玻璃制成。40 W 及 40 W 以上的灯泡,将玻壳内抽成真空。 (　　)

3. 白炽灯灯头有插(卡)口和螺口两种形式,功率超过 300 W 的灯泡,一般采用螺口灯头。船上除双丝灯采用插口外,其余一般都采用螺口,这样防震性较好。 (　　)

4. 船舶照明属具除生活舱室外,都有一定防护等级要求。外壳用金属或滞燃绝缘材料制成,有足够的接线与导线容纳空间和电缆进入的填料函。 (　　)

5. 镇流器功率允许与灯管功率不相一致。 (　　)

6. 单线圈镇流器适用于电压波动较小的场合;双线圈镇流器启动性能好,适用于电压波动较大的场合。 (　　)

7. 启辉器用来提高日光灯线路的功率因数。 (　　)

8. 碘钨灯安装时要避免接近易燃物品,且灯管水平倾斜角度不能大于 5°,否则会破坏碘循环,使灯丝粗细不均,降低寿命。 (　　)

9. 高压水银灯必须和镇流器配套使用。 (　　)

10. 同一电源的各灯具之间、开关或插座的导线允许相互缠绕对接。 (　　)

11. 船舶照明系统按供电方式分为正常照明系统、应急照明系统和临时应急照明系统。 (　　)

12. 应急照明是应急情况下必需的照明,由应急配电板通过各层甲板、各区域的应急照明分配电板供电。所有生活、工作区域和机械处所都需设应急照明。 (　　)

13. 航行灯是船舶在夜间(日落至日出)或能见度低的情况下航行,向其他船舶和航行观察处所表明自身位置、状况和动向的灯光信号。 (　　)

14. 左舷灯为红光,装于左舷舷侧。灯光向左前方照射,照射角度从船首向左舷 90°。 (　　)

15. 航行灯控制箱是夜航的重要设备,用两路电源供电,一路故障转换到另一路。 (　　)

16. 旗号只能在白天使用。夜间必须使用灯号即信号灯。 (　　)

17. 应急照明的灯具,其外壳应有红色应急标志,且该标志贴在灯具外壳的位置应统一。 (　　)

18. 电气号灯应是防爆式的。 (　　)

19. 兆欧表的选用主要考虑两个方面:一是电压等级,二是测量范围。 (　　)

三、选择题

1. 以下哪种形式不是照明灯具的主要形式? (　　)

A. 防爆式　　B. 防水式　　C. 保护式　　D. 密封式

2. 以下哪种不属于照明属具? (　　)

A. 开关　　B. 插头　　C. 导线　　D. 接线盒

3. 白炽灯由灯丝、玻壳和灯头三部分组成。其灯丝一般都是由________制成的。 (　　)

A. 钨丝　　B. 铜丝　　C. 铁丝　　D. 铅丝

4. 碘钨灯的使用寿命为________。 (　　)

A. 1 000 ~ 1 200 h　B. 1 200 ~ 1 400 h　C. 1 600 ~ 2 000 h　D. 2 200 ~ 2 400 h

5. 高压水银灯需点燃________才能正常发光。 (　　)

A. 1 ~ 2 min　B. 8 ~ 10 min　C. 4 ~ 5 min　D. 12 ~ 15 min

6. 信号灯光源采用________。 (　　)

A. 荧光灯　B. 碘钨灯　C. 白炽灯　D. 高压钠灯

7. 兆欧表又称摇表,是一种专门用来测量________的便携式仪表。 (　　)

A. 电压　B. 电流　C. 绝缘电阻　D. 功率

8. 使用兆欧表测量绝缘电阻时,要使得表内发电机转速稳定在________。 (　　)

A. 120 r/min　B. 100 r/min　C. 80 r/min　D. 60 r/min

9. 电气号灯应是________的。 (　　)

A. 防爆式　B. 防水式　C. 保护式　D. 密封式

10. 应急照明的灯具,其外壳应有________应急标志,且该标志贴在灯具外壳的位置应统一。 (　　)

A. 黄色　B. 蓝色　C. 绿色　D. 红色

四、问答题

1. 船舶照明的工作范围是什么?
2. 日光灯的工作原理是什么?
3. 碘钨灯的工作原理是什么?
4. 高压水银灯的工作原理是什么?
5. 高压钠灯的工作原理是什么?
6. 船舶照明灯具主要形式有哪些?
7. 船舶照明系统的分类及其配电方式是什么?
8. 航行灯的种类有哪些? 它们的位置设置和照射要求分别是什么?
9. 舱室照明灯具的安装要求有哪些?
10. 船舶投光灯、探照灯及航行灯、信号灯的安装要求有哪些?
11. 照明附具的安装要求有哪些?
12. 船舶航行灯、信号灯的安装要求有哪些?
13. 如何根据兆欧表的电压等级选择兆欧表?
14. 兆欧表使用时有哪些注意事项?
15. 白炽灯灯泡不亮,可能是哪些方面的原因,如何检查?

答案

项目二　船舶典型控制线路

任务一　船舶典型控制线路安装

【任务描述】

掌握船舶典型控制线路启动箱的安装,能按照图纸对启动箱外部进行接线以及能按照星/三角形(Y/△)降压启动电路图在电气安装线路板上进行内部接线。

【培养目标】

①能简述星/三角形(Y/△)降压启动电路、船舶双位自动控制电路、船舶备用泵自动转换控制电路的工作原理。

②能辨认星/三角形(Y/△)降压启动电路、船舶双位自动控制电路、船舶备用泵自动转换控制电路的内部布置元件。

③能概述星/三角形(Y/△)降压启动电路、船舶双位自动控制电路、船舶备用泵自动转换控制电路的安装工艺。

④能说出星/三角形(Y/△)降压启动电路、船舶双位自动控制电路、船舶备用泵自动转换控制电路接线工艺要求。

【知识准备】

一、星/三角形(Y/△)降压启动电路

电源电压为 380 V(或 440 V)做 Y/△启动的电动机必须是标有 Y/△,电压为 660/380 V(或 760/440 V)的电动机。

Y/△降压启动的主电路如图 2 - 1 所示。启动时接触器 K1、K3 接通,电动机接成星形(Y),流过 K3 的电流是(△接法)全压启动电流的 1/3,且是短时工作,因此这两个接触器是按 $I/3$ 选用的。正常运行时接触器 K1、K2 接通,电动机接成三角形(△),流过接触器的是相电流,是线电流的 $1/\sqrt{3}$,这两个接触器和热继电器 FR 是按 $I/\sqrt{3}$ 选用的。例如,75 kW、135 A 的电动机,相电流为 $135/\sqrt{3}\approx 79$ A,应选用 80 A 的接触器。

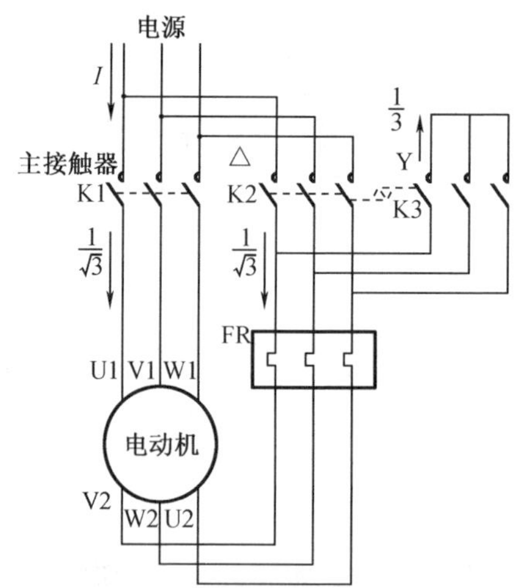

图 2－1　Y/△降压启动的主电路

Y/△启动时，主接触器 K1 和 Y 启动接触器 K3 动作，K3 用来短接电动机三相绕组的中点，完成降压启动任务后断开。△运行接触器 K2 吸合，执行全压运行。其间 K3 带着启动电流断开，触头之间会出现电弧，电弧未熄灭说明触头还未完全分断电路，如果在电弧未熄灭时 K2 触头闭合，那么 K3 触头的电弧通路使电源短路，会引起电源开关保护分断。

Y 启动接触器 K3 与△运行接触器 K2 不允许同时闭合，而且 K2 必须在 K3 断开后才能吸合。为了防止 Y 启动（K3 吸合）过渡到△运行（K3 断开、K2 吸合）不产生电弧短路，K2 和 K3 除了采取电气连锁外，一般还要加机械连锁。

二、船舶双位自动控制电路

1. 日用水系统简介

日常生活用的淡水和海水是通过压力水柜提供使用的。日用水系统如图 2－2 所示。

2. 日用水系统的工作流程

电动机带动水泵运转，将水从进口处吸入，通过止回阀排入压力水柜。随着水柜水位升高，水柜上部的空气被压缩，水位越高产生的压力越大，在压力的作用下，水被送到船的各个部位。水柜内压力的大小反映了水位的高低。压力开关测量出水柜的压力，向启动器提供信号，压力设定上限，即高水位，输出使电动机停止；压力设定下限，即低水位，输出则启动电动机。

三、船舶备用泵自动转换控制电路

为主机服务的重要机械，例如海水泵、淡水泵、油头冷却泵和滑油泵等，一般都设有两个互为备用的电动泵。运行泵出现异常情况时，备用泵自动替换运行。

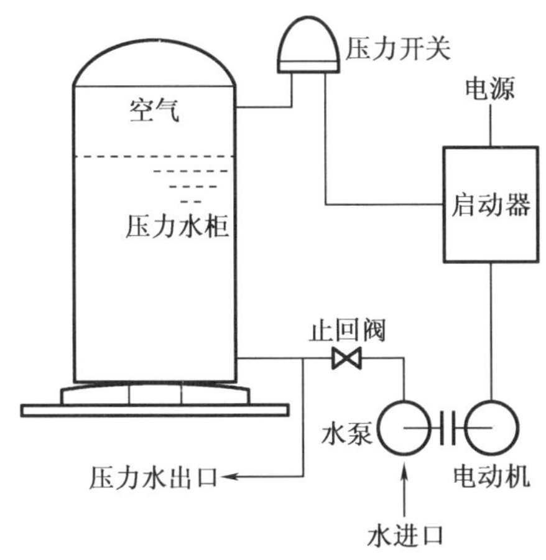

图2－2　日用水系统

1. 备用泵异常情况

备用泵异常情况有：

①电动机过载。

②电源故障。

③运行参数（压力）越限。

前两个是电气故障，后一个是机械故障。

为主机服务的重要机械，一般还要求在恢复供电时能自动按程序启动。

2. 启动器控制方式

启动器具有两种控制方式：手动控制和自动控制。

手动控制是按人工指令控制设备启动和停止的；自动控制是设备在接到运行机发生异常信号时自动启动，而停止仍需人工指令控制。

一般把手动投入运行的设备称为先行机，在先行机异常时自动启动的设备称为备用机。

3. 备用机设置的方式

备用机设置的方式有两种：

①手动设置备用。

②自动建立备用。

（1）“手动设置备用”运行方式

“手动设置备用”一般有两种运行方式：

①设1只公用的运行方式选择开关，设3个位置：“1号用2号备”“手动”和“2号用1号备”。先行机的启动、停止用按钮操作，先行机故障时自动启动备用机。

②各设1只运行方式选择开关，设2个位置：“手动（先行）”和“自动（备用）”，运行时，先行机置手动、备用机置自动，先行机的启动、停止用按钮操作，先行机故障时自动启动备用机。

(2)“自动建立备用”运行方式

“自动建立备用”一般是各设 1 只运行方式选择开关。它有两种运行方式:

①先行机置手动、备用机置自动,先行机的启动和停止用按钮操作,先行机启动时备用机自动建立备用状态,故障时自动启动备用机,手动停止先行机时备用机的备用状态被撤销。

②两台机都置自动。先手动启动运行的为先行机,另一台机自动建立备用状态,故障时自动启动备用机,故障机的故障被排除后,自动进入备用状态,转为备用机,手动停止运行机时备用机的备用状态被撤销。

启动器已建立起备用状态,是指启动器能够接受先行机发生异常时发来的启动信号启动的状态。这种提法的意思是,启动器的运行方式开关置于“自动(备用)”位时,并不一定建立起备用状态。手动设置备用和自动建立备用的区别就是,开关置自动位时,如果是手动设置备用,则已建立起备用状态;如果是自动建立备用,则在先行机运行时才建立备用状态。

【任务演示】

一、星/三角形(Y/△)降压启动电路

1. 工作原理(图 2 - 3)

①一般接触器无附加延时触头组,需要另加延时继电器。

一般延时继电器的工作电压:电子式的在 220 V 以下,气囊式的为 380 V。延时继电器的线圈 K12 有设在主接触器电路的,也有设在中继电路的,由线圈的电压决定:380 V 设在主接触器电路,220 V 设在中继电路。如图 2 - 3(a)所示中继电路的启动信号经延时继电器 K12 常闭触头使 Y 接触器 K3 先动作,K3 输出信号使 K1 动作并自保,电动机进入 Y 接法启动状态。经设定的启动时间,K12 动作,断开 K3、接通△接触器 K2,电动机进入△接法,全压运行。

②制造厂的电路设计通常考虑延时继电器不长期通电。如图 2 - 3(b)所示,Y 接触器 K3 和延时继电器 K12 受 K2 常闭触头控制,K2 动作进入全压运行状态,延时继电器 K12 断开。考虑到 K12 的释放会断开 K2,K2 需要自保。而 K12 的释放又会接通 K3,因此 K3 与 K12 同时受 K2 常闭控制。

2. 安装工艺

①检验元件质量应在不通电情况下进行,若有损坏的元件要立即向指导老师报告。

②安装控制板上的走线槽及电气元件时,必须根据电气元件布置图画线后进行安装,并做到安装牢固、排列整齐、匀称、合理和便于走线及更换元件。

③紧固各元件时,要受力均匀,紧固程度适当,以防止损坏元件。

④控制板内部布线采用控制板正面线槽内配线方法。布线时,在线槽外的导线也应做到横平竖直、整齐、走线合理。进入线槽的导线要完全置于走线槽内,并能盖上线槽盖。各接点不能松动。

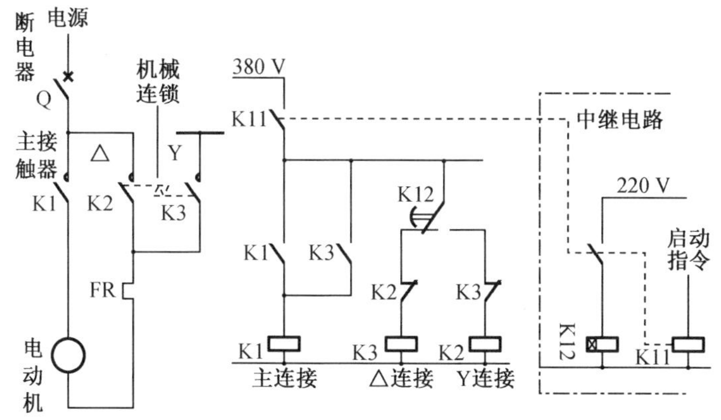

(a)用延时继电器控制的Y/△降压启动电路1

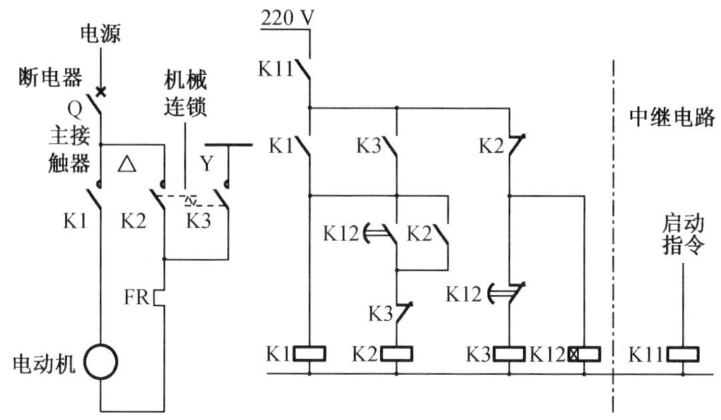

(b)用延时继电器控制的Y/△降压启动电路2

图 2－3　Y/△降压启动电路

⑤检验控制板内部布线的正确性,不允许通电时进行检验。

⑥控制板外部配线时,全部配线必须一律装在导线通道内,使导线有适当的机械保护,能防止液体、铁屑和灰尘的进入。在实习时可适当降低要求,但必须以能确保安全为条件。

3. 接线工艺

①进行 Y－△启动控制的电动机,必须是有 6 个出线端子且定子绕组在△接法时的额定电压等于三相电源线电压的电动机。

②实习时,可以优先选用 Y 系列电动机,其最小容量:6 极为 0.75 kW;2, 4, 8 极为 4 kW。若采用灯箱替代电动机,则在通电校验后,必须复验主电路的接线是否正确。

③接线时要注意电动机的△接法不能接错,应将电动机定子绕组的 U1、V1、W1 通过 K2 接触器分别与 W2、U2、V2 连接,否则,会使电动机在△接法时造成三相绕组各接同一相电源或其中一相绕组接入同一相电源而无法工作等故障。

④K3 接触器的进线必须从三相绕组的末端引入,若误从首端引入,则在 K3 接触器吸合时,会造成三相电源短路事故。

⑤在操作中,若没有条件在导线端头采用针形或叉形轧头,也要做到线头与接线端子的连接紧密,不得松动。

⑥通电校验前要检查一下熔体规格及各整定值是否符合原理图的要求。

⑦电动机、时间继电器、接线端子板的不带电金属外壳或底板应接地。

二、船舶双位自动控制电路

1. 元件组成

日用水泵电动机的容盈相对电网是很小的,电动机是采用直接启动的方式。

船舶双位自动控制电路如图 2－4 所示。

①断路器 Q 为电源开关,作短路保护。

②接触器 K11,控制电动机 M 的运行。

③热继电器 FR1 作过载保护。

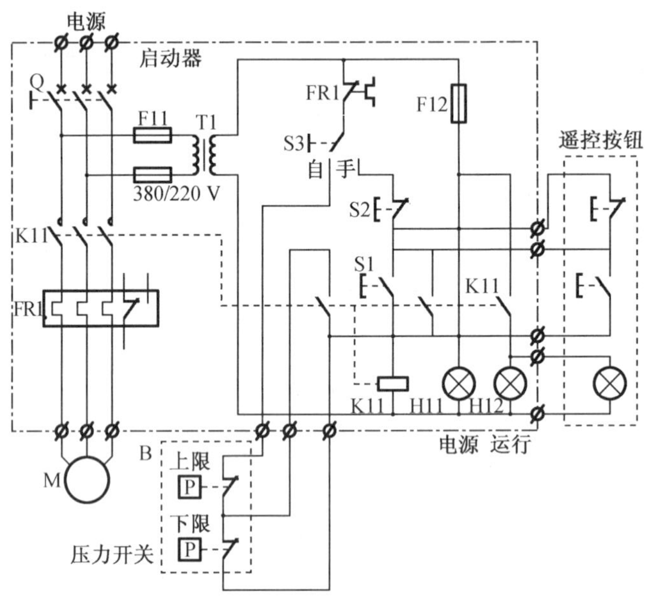

图 2－4 船舶双位自动控制电路

2. 工作原理

控制电路通过变压器 T1 提供 220 V 电源。面板上设手、自动选择开关 S3,启动按钮 S1,停止按钮 S2,电源指示灯 H11 和运行指示灯 H12。为了避免指示灯电路短路故障影响控制电路工作,故熔断器 F12 供电。机旁设遥控按钮盒,盒上设启动按钮、停止按钮和运行指示灯。采用压力开关自动控制压力水柜的压力。

选择开关 S3 置自动位,接入压力开关 B 控制电动机运行;置手动位,接入面板按钮和遥控按钮操作。

三、船舶备用泵自动转换控制电路

1. 船舶备用泵自动转换电路功能

图 2－5 所示为船舶备用泵自动转换控制电路。该电路的功能是：

①先行机在手动位置启动运行，备用机在自动位置自动建立备用状态。

②先行机因故接触器脱落或机械系统出现低压，备用机自动启动。

③备用机启动运行，停止先行机，解除备用机的备用状态。

④备用机运行时，人工操作把运行方式开关置于手动，转为先行机运行。

⑤原来的先行机清除故障后，人工操作把运行方式开关置于自动，转为备用机。

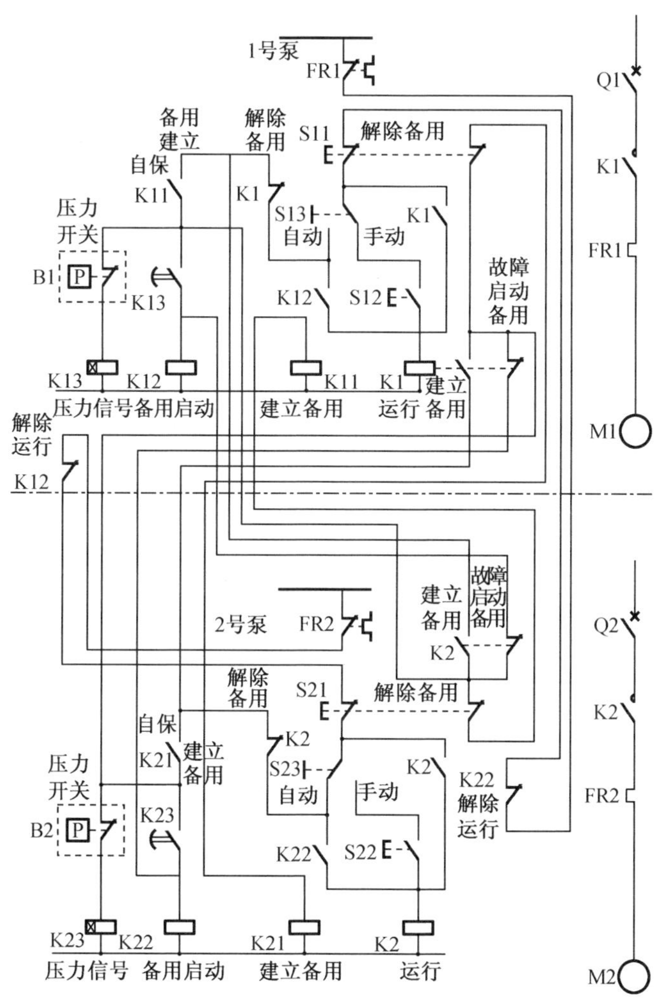

图 2－5　船舶备用泵自动转换控制电路

2. 工作原理

①K1 和 K2 是各启动器的主接触器。

机械系统设置两只压力开关，各启动器独立使用。压力低于设定值时，压力信号通过延时继电器(K13、K23)输出。

②假设1号泵运行选择开关S13置手动,2号泵S23置自动。1号泵操作S12启动,接触器K1动作,泵作为先行机运行。K1常开辅触头接通建立备用继电器K21,K21动作、自保,2号泵备用状态建立。

③2号泵压力开关B2接入工作,由于“压力信号”继电器K23延时动作,“备用启动”继电器K22不会立即动作。1号泵运行建立压力,B2动作,K23常闭触头断开,K22不会动作。如果1号机产生机械故障,压力下降或无,B2触头闭合,接通K23,经设定的时间(例如4 s)确认,K23动作,接通“备用启动”继电器K22,K22动作,接通接触器K2,2号泵启动运行。

④如果1号泵运行时因电源故障或过载,使接触器K1脱落,K1的常闭辅触头接通“备用启动”继电器K22,K2动作,2号泵运行。

⑤这种启动器电路不具有恢复供电后的程序启动的功能。无论先行机是什么故障引起备用机启动,只要备用机启动,先行机就自动停止。

【任务实施】

①简述星/三角形(Y/△)降压启动电路、船舶双位自动控制电路、船舶备用泵自动转换控制电路的工作原理。

②概述星/三角形(Y/△)降压启动电路、船舶双位自动控制电路、船舶备用泵自动转换控制电路的安装工艺。

③说出星/三角形(Y/△)降压启动电路、船舶双位自动控制电路、船舶备用泵自动转换控制电路接线工艺要求。

任务二　船舶典型控制线路调试

【任务描述】

能根据通电前的准备工作对星/三角形(Y/△)降压启动电路、船舶双位自动控制电路、船舶备用泵自动转换控制电路进行检查,掌握按工艺要求进行通电调试的方法。

【培养目标】

①能熟悉图纸,说出接线的正确方法。

②能说出系统绝缘电阻测量方法。

③能说出设备内部的清洁步骤。

④能掌握星/三角形(Y/△)降压启动电路、船舶双位自动控制电路、船舶备用泵自动转换控制电路的通电调试方法。

【知识准备】

一、星/三角形(Y/△)降压启动电路

Y/△降压启动电路工艺要求是:

①走线槽内的导线要尽可能避免交叉,装线不要超过其容量的70%,以便装配和维修。

②各电气元件与走线槽之间的外露导线要尽可能做到横平竖直,变换走向要垂直。同一元件位置一致的端子和相同型号电气元件中位置一致的端子上引出或引入的导线,要敷设在同一平面上,并应做到高低一致或前后一致,不得交叉。

③各电气元件接线端子上引出或引入的导线,除时间继电器 JS7 - A 型同一只微动开关的同一侧常开触头与常闭触头的连接导线允许直接架空敷设外,其他导线必须经过走线槽进行连接。

④各电气元件接线端子引出导线的走向,以元件的水平中心线为界限,水平中心线以上接线端子引出的导线,必须进入元件上面的走线槽;水平中心线以下接线端子引出的导线,必须进入元件下面的走线槽。任何导线都不允许从水平方向进入走线槽。

⑤所有导线与接线端子的连接,必须牢靠,不得松动。接线端子必须与导线截面积和材料性质相匹配,并在所有接线端子、导线线头上套有与原理图上相应接点一致线号的编码套管。

⑥所有导线的截面积在大于或等于 0.5 mm^2 时,必须采用软线。考虑机械强度,所用导线的最小截面积:在控制箱外为 1 mm^2;在控制箱内为 0.755 mm^2;但对控制箱内很小电流的电路连线,如电子逻辑电路和类似低电平(信号)电路,可为 0.2 mm^2,并且可以采用硬线,但是必须使用在不能移动又无震动的场合。

⑦当接线端子不适合连接软线或较小截面积的软线时,可以在导线端头穿上针形或叉形轧头并压紧。

⑧一般一个接线端子只能连接一根导线,如果采用专门设计的端子,可以连接两根或多根导线,但导线的连接方式必须是公认的、工艺上成熟的,如夹紧、压接、焊接、绕接等,且连接工艺应严格按照工序要求进行。

⑨布线时,严禁损伤线芯。

二、船舶双位自动控制电路

调试应与轮机人员相互配合进行。S3 置手动位置,启动电动机,确认电动机的转向。轮机人员操作阀门,水泵向水柜泵水,确认压力建立、上升,正常运行后可按轮机提出的高、低压数据进行压力开关数值整定。

三、船舶备用泵自动转换控制电路

①图 2 -6(a)表示船舶备用泵手动设置备用的控制方式。备用机的运行方式开关 S3 置于自动,先行机出现异常运行,接通备用机的 K11 启动运行。

②图 2－6(b)表示船舶备用泵自动建立备用的控制方式。先行机运行的情况下，备用机才建立备用状态。先行机出现异常运行才接通 K11 启动运行备用机。

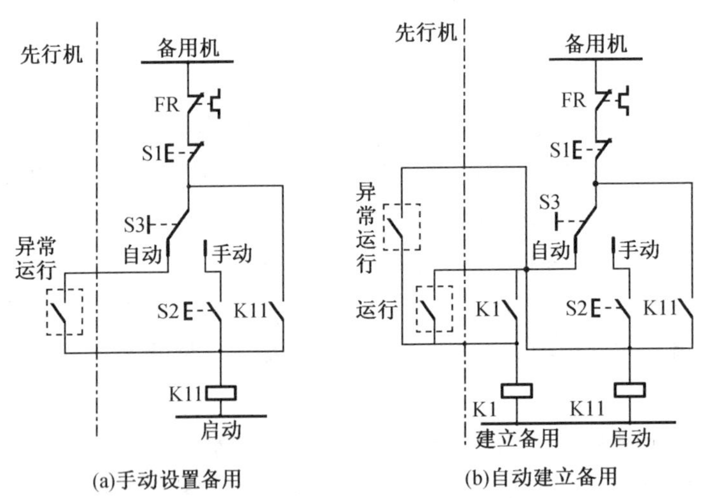

图 2－6　备用泵备用状态建立的控制方式示意图

③手动设置备用的控制方式比较简单，但对某些异常运行无法处理。例如，运行中启动器的电源开关跳闸，接触器脱落，与不运行时接触器不动作是一样的，无法区别。

④自动建立备用的控制方式考虑到有先行机运行，备用机才能建立备用，在这种情况下接触器脱落，作为异常运行启动备用机。因此，这种控制方式更合理。

⑤备用机在先行机运行的情况下自动建立备用状态，需要考虑手动停止先行机和备用机启动后取消备用状态。

【任务演示】

一、接线检查

通电试验前应按图纸检查控制电路、电动机和控制箱的接线。

二、绝缘电阻测量

用 500 V 高阻表测量电动机各绕组和控制电路对地绝缘，一般应不低于 1 MΩ，如有电子器件，必须断开，以避免损坏。

三、设备的清洁

通电前必须保证各相导体之间、各相导体与地之间绝缘良好，清除所有散落其间的尘垢、杂物等，擦净附着的潮气。

四、星/三角形(Y/△)降压启动调试要求

①为保证人身安全，在通电试车时，要认真执行安全操作规程的有关规定，一人监护，

一人操作。试车前,应检查与通电试车有关的电气设备是否有不安全的因素存在,若查出应立即整改,然后方能试车。

②通电试车前,必须征得指导教师的同意,并由指导教师接通三相电源,同时在现场监护。学生合上电源开关后,用测电笔检查熔断器出线端,氖管亮说明电源接通。按下按钮,观察接触器情况是否正常,是否符合线路功能要求,电气元件的动作是否灵活,有无卡阻及噪声过大等现象,电动机运行情况是否正常等。但不得对线路接线是否正确进行带电检查。观察过程中,若发现有异常现象,应立即停车。当电动机运转平稳后,用钳形电流表测量三相电流是否平衡。

③试车成功率从通电后第一次按下按钮时计算。

④出现故障后,学生应独立进行检修。若需带电检查,指导教师必须在现场监护。检修完毕后,如需要再次试车,教师也应该在现场监护,并做好时间记录。

⑤通电试车完毕,电动机停转,切断电源。先拆除三相电源线,再拆除电动机线。

注意事项:

①电动机及按钮的金属外壳必须可靠接地。按钮内接线时,用力不可过猛,以防螺钉打滑。接至电动机的导线,必须穿在导线通道内加以保护,或采用四芯橡皮线或塑料护套线进行临时通电校验。

②电源进线应接在螺旋式熔断器的下接线座上,出线应接在螺旋式熔断器的上接线座上。

③安装完毕的控制线路板,必须经过认真检查后,才允许通电试车,以防止错接、漏接,造成不能正常运转或短路事故。

④训练应在规定的定额时间内完成。训练结束后,安装的控制板留用。

五、船舶双位自动控制电路调试

①调试前,压力一般都在高压值以下,上限开关触头闭合。S3 置自动位置,如果电动机启动运行说明下限开关触头也闭合;如果不自动启动说明下限开关触头断开,可以短按触头接线端子使电动机启动。

②上限整定:在电动机运行的情况下观察压力表读数,如果压力未达到高压值,电动机停止,说明整定值低,向升高整定值方向(拧紧)整定,再短接低压触头端子使电动机再启动。当压力接近或等于高压值时,向降低整定值方向(拧松)整定,使电动机停止,高压整定结束。

③下限整定:轮机操作使压力下降,如果压力未达到低压值,电动机启动,说明整定值高,应向降低整定值方向(拧松)整定。为了确定低压值,应使电动机停止,可以把 S3 置手动,按停止按钮,电动机停止。再使压力下降,如果接近或等于低压值时电动机不自动启动,应向升高整定值方向(拧紧)整定,使电动机自动启动,低压整定结束。

④整定结束,再进行泵水、放水复验动作。

⑤调试前最好把水柜中的水放掉,确认压力水柜密封后再调试。

六、船舶备用泵自动转换控制电路调试

图 2－7 是自动建立备用状态的典型电路。

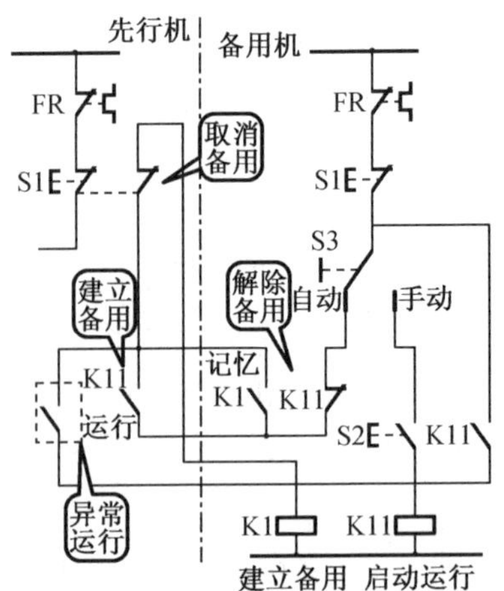

图 2－7　自动建立备用状态的典型电路

①备用机的备用继电器 K1 在先行机启动运行 K11 的作用下动作，考虑到在异常的情况下先行机的 K11 会脱落，备用机的 K1 需记忆（自保）。K1 的记忆（触头）同时提供了先行机异常运行信号的输入通道。

②先行机手动停止按钮 S1 用一副常闭触头串入 K1 回路中，操作时常闭触头断开 K1，取消备用机的备用状态，备用机运行后也需要解除备用状态，备用机的 K11 也串入 K1 的回路。

③启动运行接触器（或中间继电器）K11 的自保线接在 S3 前面，这样在备用状态下被启动后，S3 转到手动位置时，K11 不会脱落，仍然运行。

【任务实施】

①熟悉图纸，说出接线的正确方法。

②说出系统绝缘电阻的测量方法。

③说明设备内部的清洁步骤。

④掌握星/三角形（Y/△）降压启动电路、船舶双位自动控制电路、船舶备用泵自动转换控制电路的通电调试方法。

任务三　船舶典型控制线路故障排除

【任务描述】

会检测和判断星/三角形(Y/△)降压启动电路、船舶双位自动控制电路、船舶备用泵自动转换控制电路的常见故障,并能正确排除故障。

【培养目标】

①掌握船舶典型控制线路故障排除方法。

②熟悉船舶电工(电气调试部分)技能等级鉴定四级考核要求。

【知识准备】

一、检修前的调查

电路出现故障,切忌盲目乱动,在检修前,应对故障发生情况做尽可能详细的调查:

①问:询问操作人员故障发生前后电路和设备的运行状况,发生时的迹象,如有无异响、冒烟、火花等;故障发生前有无频繁启动,制动,正、反转,过载等。

②听:在电路和设备还能勉强运转而又不致扩大故障的前提下,可通电启动运行,听一听有无异响,如有,应尽快判断出异响的部位并迅速断电。

③看:触头是否烧蚀、熔毁;线头是否松动、松脱;线圈是否高热、烧焦;熔体是否熔断;脱扣器是否脱扣;等等。

④摸:刚切断电源后,尽快触摸线圈、触头等容易发热的部分,看温升是否正常。

⑤闻:用嗅觉器官检查有无电气元件高热和烧焦的异味等情况。

二、根据电路、设备的结构及工作原理查找故障范围

①弄清楚被检修电路、设备的结构和工作原理,是避免盲目检修的前提。

②检查故障时,先从主电路入手,看拖动该设备的几个电动机是否正常。

③逆着电流方向检查主电路的触头系统、热元件、熔断器、隔离开关及线路本身是否有故障。

④根据主电路与二次电路之间的控制关系,检查控制回路的线路接头、自锁或连锁触头、电磁线圈是否正常,检查制动装置、传动机构中工作不正常的范围,从而找出故障部位。

⑤若能通过直观检查发现故障点,如线头脱落、线圈烧毁等,则检修速度更快。

三、从控制电路动作程序检查故障范围

①通过直接观察无法找到故障点时,在不会造成损失的前提下,最好切断主电路,让电动机停转。

②通电检查控制电路的动作顺序，观察各元件的动作情况，如某元件该动作不动作，不该动作乱动作，动作不正常，行程不到位，虽能吸合但接触电阻大或过大，有异响等现象，则说明故障点很可能就在该元件中。

③控制电路检查认定工作正常后，再接通主电路，检查控制电路对主电路的控制效果，最后检查主电路的供电环节是否有问题。

四、利用仪表检查

①线路的通断、电动机绕组、电磁线圈的直流电阻、触头的接触电阻等是否正常，可用万用表相应的电阻挡检查。

②电动机三相空载电流、负载电流是否平衡、大小是否正常，可用钳形电流表或其他电流表检查。

③三相电源电压是否正常、是否一致，电器的有关工作电压、线路部分电压等可用万用表检查。

④线路、绕组有关的绝缘电阻，可用兆欧表检查。

利用仪表检查电路或电器的故障有速度快、判断准确、故障参数可量化等优点，所以电气维修中，应充分发挥仪表检查故障的作用。

五、机械故障的检查

在电力拖动和机床电路中，有些动作是由电信号发出指令，机械机构执行驱动的。如果机械部分的连锁机构、传动装置及其他动作部分发生故障，即使电路完全正常，设备也不能正常运行。在检修中，应注意机械故障的特征和表象，探索故障发生的规律，找出故障点，并排除故障。

在电力拖动和机床电路中，可能发生故障的线路和电器较多，有的明显，有的隐蔽，有的简单，易于排除，有的复杂，难于检查，在检修故障时，应灵活应用上述方法，及时排除故障，确保生产的正常进行。检修中注意做好书面记录，积累有关资料，不断总结经验，提高修理能力。

【任务演示】

一、实习步骤和要求

①学生应先用通电试验法来发现故障现象。

②根据故障现象进行分析，并在原理图上用虚线标出故障电路的最小范围。

③用逻辑分析及测量等检查方法迅速缩小故障范围，准确地找出故障点。

④采用正确方法迅速排除故障。

⑤通电校验。

二、船舶电工（电气调试部分）技能等级鉴定四级考核及“评价要素”得分

船舶电工技能等级鉴定的项目评分细则表见表 2－1。

表 2－1　船舶电工技能等级鉴定的项目评分细则表

职业(工种)	船舶电工			等级	四级
项目名称	电气控制排故	鉴定内容	船舶电气降压启动电路故障检查及排除	鉴定时限	30 min
细则号	鉴定要求	配分	等级	评分细则	考评记录
1	根据考件中的故障，以书面形式写出故障现象	20	A	三道题判别故障现象完全正确	
			B	三道题判别故障现象基本正确	
			C	两道题判别故障现象基本正确，另一道题判别故障现象错误	
			D	三道题判别故障现象全部错误或不能判别	
2	根据考件中的故障，以书面形式做简要分析	30	A	三道题故障分析完全正确，思路清晰	
			B	三道题故障分析基本正确	
			C	两道题故障分析基本正确，另一道题故障分析错误	
			D	三道题故障分析全部错误或不能分析	
3	排除故障，写出实际故障点	40	A	三道题故障排除完全正确，思路清晰	
			B	两道题故障排除正确，另一道题错误	
			C	经提示后能排除一道题的故障	
			D	三道题排除故障全部错误或不能排除故障	
4	安全生产无事故发生	10	A	安全文明生产，操作规范，穿电工鞋	
			B	操作规范，未穿电工鞋	
			C	未经允许擅自通电，未造成设备损坏	
			D	不能文明生产，不符合操作规程，带电接、拆线	

“评价要素”得分 = 配分 × 等级比值。等级比值见表 2－2。

表 2－2　等级比值

等级	A(优)	B(良)	C(及格)	D(较差)
比值	1.0	0.8	0.6	0.2

三、注意事项

①要掌握电气原理图中各个控制环节的作用和原理，并熟悉电动机的接线方法。

②在检修过程中严禁扩大和产生新的故障，否则，要立即停止检修。

③检修必须在定额时间内完成。

④在带电检查、检修故障时,必须有指导老师在现场监护,并确保安全。

【任务实施】

检测和判断船舶典型控制线路的故障并排除。

习　　题

一、填空题

1. 做 Y/△启动的电源电压为 380 V(或 440 V)的电动机必须是标________、________规格的电动机。

2. 一般把手动投入运行的设备称为________,在先行机异常时自动启动的设备称为________。

3. 备用泵运行控制方式有________、________两种控制方式。

4. 备用机设置的方式有________和________。

5. 备用泵的异常情况有________、________、________。

6. 一般延时继电器的工作电压:电子式的在________,气囊式的为________。

7. 日用水泵电动机的容盈相对电网是很小的,电动机是采用________的方式。

8. 走线槽内的导线要尽可能避免交叉,装线不要超过其容量的________,以便装配和维修。

9. 用 500 V 高阻表测量电动机各绕组和控制电路对地绝缘,一般应不低于________ MΩ,如有电子器件,必须断开,以避免损坏。

10. 通过直接观察无法找到故障点时,在不会造成损失的前提下,最好________。

11. 星/三角形(Y/△)降压启动,K3 接触器的进线必须从三相绕组的________引入,若误从________引入,则在 K3 接触器吸合时,会造成三相电源短路事故。

12. 电源进线应接在螺旋式熔断器的________上,出线应接在螺旋式熔断器的________上。

13. 线路的通断、电动机绕组、电磁线圈的直流电阻、触头的接触电阻等是否正常,可用________检查。

14. 电动机三相空载电流、负载电流是否平衡、大小是否正常,可用________检查。

15. 三相电源电压是否正常、是否一致,电器的有关工作电压、线路部分电压等可用________检查。

二、判断题

1. 进行 Y－△启动控制的电动机,必须是有 6 个出线端子且定子绕组在△接法时的额定电压等于三相电源线电压的电动机。　　(　　)

2. 接线时要注意电动机的△接法不能接错,应将电动机定子绕组的 U1、V1、W1 通过 K2 接触器分别与 W2、U2、V2 连接,否则,会使电动机在△接法时造成三相绕组各接同一相

电源或其中一相绕组接入同一相电源而无法工作等故障。（　　）

3. 通电前必须保证各相导体之间、各相导体与地之间绝缘良好，清除所有散落其间的尘垢、杂物等，擦净附着的潮气。（　　）

4. 船舶双位自动控制电路调试前，压力一般都在低压值以下，上限开关触头闭合。S3置自动位置，如果电动机启动运行说明下限开关触头也闭合；如果不自动启动说明下限开关触头断开，可以短按触头接线端子使电动机启动。（　　）

5. 根据电路、设备的结构及工作原理查找故障范围。顺着电流方向检查主电路的触头系统、热元件、熔断器、隔离开关及线路本身是否有故障。（　　）

6. 通过直接观察无法找到故障点时，在不会造成损失的前提下，最好切断主电路，让电动机停转。（　　）

7. 线路、绕组的有关绝缘电阻，可用万用表检查。（　　）

8. 船舶双位自动控制电路调试前最好把压力水柜中的水放掉，确认压力水柜密封后进行。（　　）

9. 通电试验前应按图纸检查控制电路、电动机和控制箱的接线。（　　）

10. 在星/三角形（Y/△）降压启动控制电路的接线时，K3 接触器的进线可以从三相绕组的末端引入，也可以从三相绕组的首端引入。（　　）

三、选择题

1. 在星/三角形（Y/△）降压启动控制电路中，正常运行时电动机接成△形，流过接触器的是相电流，是线电流的（　　）

A. $1/\sqrt{3}$　　B. 1/2　　C. 1/3　　D. 1/4

2. 75 kW，135 A 的电动机，相电流为 79 A，应选用________ A 的接触器。（　　）

A. 60　　B. 70　　C. 75　　D. 80

3. Y 启动接触器 K3 与△运行接触器 K2 不允许同时闭合，而且 K2 必须在 K3 完全断开后才能吸合。为了防止 Y 启动（K3 吸合）过渡到△运行（K3 断开、K2 吸合）不产生电弧短路，K2 和 K3 除了采取电气连锁外，一般还要加（　　）

A. 双重连锁　　B. 互锁　　C. 机械连锁　　D. 自锁

4. 下列哪一种情况不属于备用泵异常情况。（　　）

A. 电动机过载　　B. 电源故障

C. 运行参数（压力）越限　　D. 温度过高

5. 所有导线的截面积在大于或等于 0.5 mm^2，时，必须采用（　　）

A. 软线　　B. 电缆　　C. 硬线　　D. 绞线

6. 对控制箱内很小电流的电路连线，如电子逻辑电路和类似低电平（信号）电路，可用最小截面积为 0.2 mm^2 的导线，并且可以采用________，但是必须使用在不能移动又无震动的场合。（　　）

A. 软线　　B. 电缆　　C. 硬线　　D. 绞线

7. 船舶双位自动控制电路调试前，压力一般都在________以下，上限开关触头闭合。（　　）

A. 零　　　　B. 高压值　　　　C. 低压值

8. 线路的通断、电动机绕组、电磁线圈的直流电阻、触头的接触电阻等是否正常，可用________检查。（　　）

A. 电压表　　　　B. 兆欧表　　　　C. 电流表　　　　D. 万用表相应的电阻挡

9. 切断电源后，尽快触摸检查线圈、触头等容易发热的部分，看________是否正常。（　　）

A. 电压　　　　B. 电流　　　　C. 温升　　　　D. 电阻

10. 用 500 V 高阻表测量电动机各绕组和控制电路对地绝缘，一般应不低于________ MΩ，如有电子器件，必须断开，以避免损坏。（　　）

A. 1　　　　B. 2　　　　C. 3　　　　D. 4

四、问答题

1. 日用水系统的工作流程是怎么样的？
2. 星/三角形（Y/△）降压启动电路的工作原理是什么？
3. 星/三角形（Y/△）降压启动电路的安装工艺是什么？
4. 星/三角形（Y/△）降压启动电路的接线是什么？
5. 船舶双位自动控制电路的工作原理是什么？
6. 船舶备用泵自动转换控制电路的功能是什么？
7. 如何对双位自动控制电路进行调试？
8. 船舶典型控制线路故障排除，在排故前，应该如何操作？
9. 如何利用仪表检查电路故障？
10. 如何排除电气线路中的机械故障？

答案

项目三　甲板机械装置

任务一　甲板机械装置调试

【任务描述】

能根据通电前的准备工作对电动起锚系绞机、起货机、舵机电路装置进行检查，会正确对起锚系绞机装置进行试验和按照调试的注意事项对起货机电路进行调试。

【培养目标】

①能简述电动起锚系绞机、起货机、舵机电路装置的工作原理。

②能辨认电动起锚系绞机、起货机、舵机电路装置的内部布置元件。

③能熟悉通电前的准备工作。

【知识准备】

一般商船的甲板机械主要是起艇机、锚机、系缆机和起重机（起货机）。舰船、特种船舶、工程船舶等还有各种专用的作业机械。就动力拖动而言，甲板机械以电动机为动力，在机械运行过程中，主要依靠电动机的启动，进行正、反转，调速，制动和停止方面的控制。现在许多大功率机械设备以液压为动力，对机械运行控制都在液压系统中进行。电动机仅仅驱动液压泵运行，液压泵向液压机械系统提供液压能。就像柴油机驱动发电机运行，发电机向电力系统提供电能一样。不同的是，发电站是集中的，通过电网向所有用户供电；液压泵站一般是各自独力地向机械供液。

一、锚机

锚机是船舶必备的甲板机械，是用来抛锚和起锚的机械设备。

系缆机也称为绞盘。船首不设系缆机的船舶，锚机可以作为系缆机收放缆绳。对电力拖动来说，锚机与系缆机的控制功能和电路是相似的，锚机与系缆机的电气控制设备是通用的。

船舶在无依靠的水面停泊，是靠抛入水中的锚和锚链定位的。船舶靠、离码头或浮筒有时也需要借助锚对船的定位作用。

船舶停靠码头是用缆绳拴系在码头的带缆桩上。缆绳需要根据涨潮、落潮水位变化收、放。靠、离码头也需要借助缆绳的拖、放。

锚设备包括锚、锚链、锚链筒、止锚器、锚机和锚链舱等。锚机是锚设备中的动力部分，由独立的原动机驱动。用电动机驱动的锚机称为电动锚机,用油马达驱动的锚机称为液压锚机。过去一般船舶多采用电动锚机,现在多采用液压锚机,特别是大型船舶。

1. 电动锚机

电动锚机的起、抛锚运行主要是对电动机的运行控制,从电气控制来看是对电动机可逆和变速控制。电动锚机系统如图 3-1 所示。

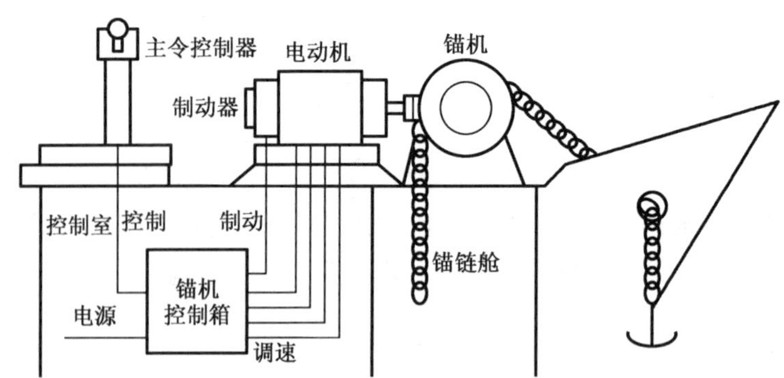

图 3-1　电动锚机系统示意图

电动机可以以不同转速运行。电动起锚是电动机拖动锚运行;抛锚是锚拖动电动机运行,电动机处于再生(反馈)制动状态,落锚的速度被电动机所限制,不会做自由落体运动。

交流感应(鼠笼)电动机的正、反转控制很容易实现,但调速控制较为困难。采用变极调速,速度变化是跳跃的,一般只有二速或三速;采用变频变压调速,可以平滑调速,但设备复杂,价格昂贵。

交流三速电动锚机的电动机有三个连接绕组,分别连接三个绕组得到低、中、高三个速度;一个制动器线圈,通电吸动制动(刹车)盘、松闸,允许电动机运转,断电释放制动(刹车)盘、紧闸,刹车。

图 3-2 是三速电动锚机的主令控制器外形及控制箱接线示意图。主令控制器置 0 位,不运转;置起锚 1,低速绕组工作,同时制动线圈通电松闸,电动机低速运转、起锚;置起锚 2,电动机中速运转;置起锚 3,电动机高速运转,抛锚也一样。

2. 液压锚机

电动锚机的动力是电动机,液压锚机的动力是液压马达。液压马达是"液"动机的意思。

液压马达简称油马达,是把油液的压力能(简称液压能)转换为机械能的动力器件。液压能由液压泵提供。液压泵由电动机驱动,电动机把电能转换成机械能,液压泵把驱动电动机的机械能转换成输入到系统中去的油液的压力能。

液压锚机系统如图 3-3 所示。电动机启动,拖动液压泵运转,输出压力油,压力油经操纵控制阀控制,操纵油马达正、反转和转速。

操纵控制阀的输出方向和开度大小可以改变旋转方向和调节转速。电气控制只有启动器控制油泵电动机,其他操纵控制都由液压系统执行。

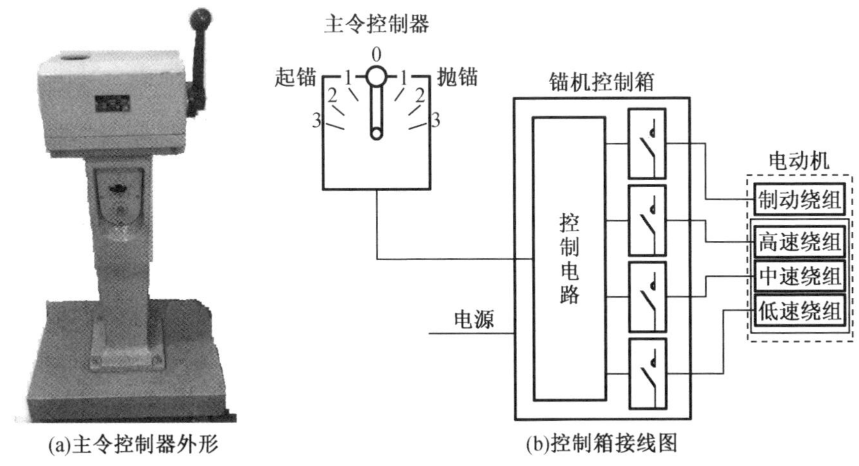

图 3－2　三速电动锚机的主令控制器外形及控制箱接线示意图

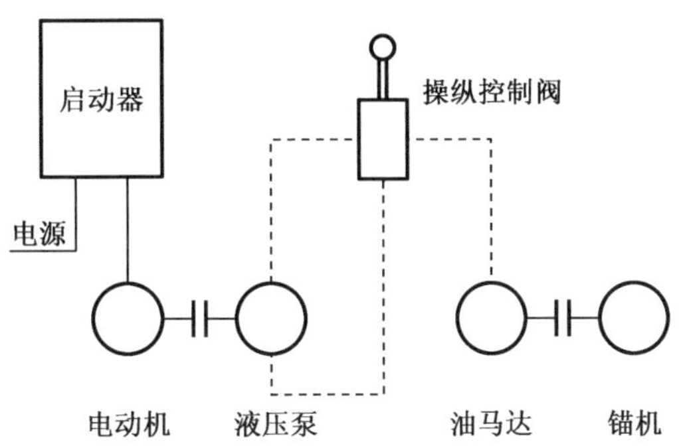

图 3－3　液压锚机系统示意图

3. 正常起锚过程及其负载特性

船舶自锚泊状态启航前，收起锚机和锚链的作业过程称为正常起锚。其起锚过程可分五个阶段，如图 3－4 所示。

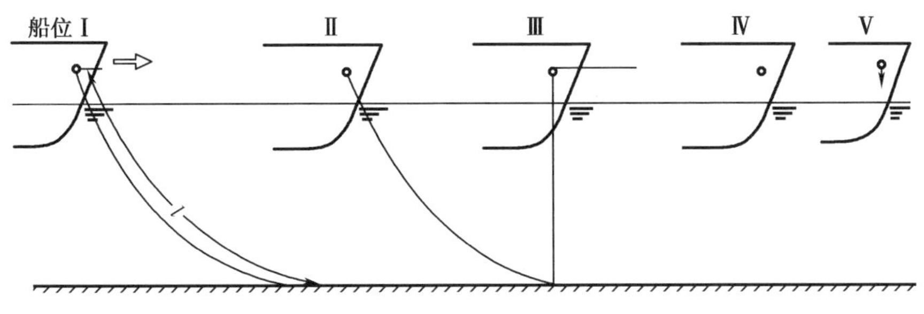

图 3－4　正常起锚过程

(1) 第一阶段：收起海底的余链

这一阶段船舶可以高速运行，电动机以全速运转，必要时开动主机来协助。这一阶段船舶在锚机收链时产生的拉力作用下，逐渐向抛锚点靠拢，而锚链悬垂部分的形状不变，它只做平行移动。所以这一阶段锚链上的拉力不变,电动机轴上的负载力矩不变,转速不变。

(2)第二阶段:收紧锚链

锚机将锚链逐渐拉紧,锚链上拉力逐渐增强,锚链悬垂部分的形状发生变化,最后锚杆竖起,欲脱离海底。

锚机电动机轴上的负载力矩与收起的锚链长度成正比,转速下降。当船位接近位置Ⅱ时,锚边上的拉力即为锚破土离开海底瞬间的拉力。

(3)第三阶段:拔锚出土

拔锚出土主要依靠船舶前进的惯性作用。如不能拔出,则电动机将“堵转”运行,即在很大堵转电流的瞬间电动机仍紧紧将锚链拉住,依靠推进器的推力拔锚出土。为防止电动机因堵转而烧坏,要求电动机有软的机械特性。堵转力矩一般为额定力矩的两倍,堵转时间一般不超过 1 min。

(4)第四阶段:拉锚出水

锚机拉起已经破土离底的锚,直到拉出水面为止,随着锚链长度的不断缩短,其拉力也在不断减小。这一阶段的平均速度就是通常所说的起锚速度,一般在 6 ~ 120 m/min。提高这个速度可以缩短起锚时间。

(5)第五阶段:收锚进孔

将锚收到锚链孔的目的,在于防止悬垂的锚与船体发生撞击。这个阶段电动机以很低的速度运转,一般控制在 3 ~ 4.5 m/min。在锚入孔时,由于锚与锚链孔的钢板摩擦,电动机的负载力矩有所增强。

二、起货机

起货机起、放货物从一处到另一处,要做起吊、回转和变幅三个动作。

电动起货机可采用交流电动机也可采用三速电动机,装卸货操作频繁,调速要求平滑。三速电动机转速变换成倍突跳,因设备费用低被广泛使用。单台起货机作业需要配备三台起吊机械。吊杆式起货机的每台起货机只需配备一台起吊机械,如图 3 - 5 所示,同时操作主令控制器 1 和 2,操纵两台起吊机械起、落,可以将货物从一处移到另一处。

液压起货机的动力是液压马达。由于液压传动操纵和调速的优越性,在交流电制的船舶上,液压起货机已逐步替代电动起货机。

悬臂回转式起货机有起重、回转和变幅三台绞车。三台绞车的油马达分别由三台油泵控制驱动,三台油泵通过齿轮由同一台电动机驱动。所有液压机件(包括油箱)集中在同一个回转起重平台上的机舱内,驾驶室在机舱上部,置于同一壳体内。驾驶室、吊杆和所有液压机件随平台一起旋转。

壳转式油马达将起重和变幅的绞车与油马达制成一体。绞车卷筒作为油马达的壳体,旁边设置制动器。起重绞车卷筒旋转,收放钢索,升降吊钩,起放货物。变幅绞车卷筒旋转,收放钢索,改变吊杆的幅(角)度,从而改变吊钩的纵向位置。回转油马达通过小齿轮与平台底座的大齿圈啮合,驱动平台带动起货机整体旋转,改变吊钩的横向位置。制动器由液压控制松闸,不动作为“抱闸”的制动状态。图 3 - 6 是悬臂回转式液压起货机设置示意图。

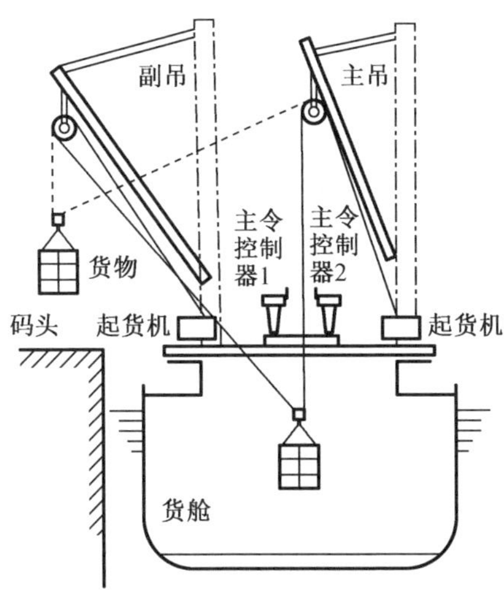

图3－5　吊杆式起货机示意图

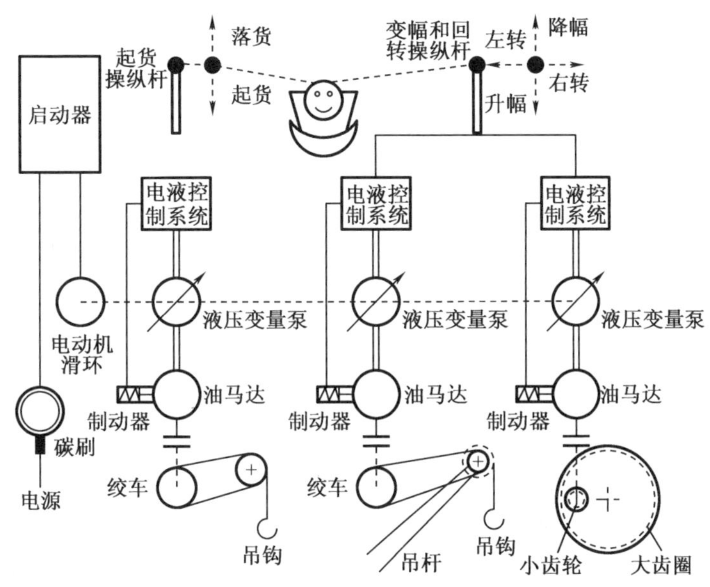

图3－6　悬臂回转式液压起货机设置示意图

驾驶室的驾驶座位两侧设两个操纵杆,左操纵杆为起货操纵杆,右操纵杆为变幅和回转操纵杆,一个人可以同时操纵三台绞车的运转。操纵杆的动作指令通过电液控制系统控制液压变量泵的排油方向和大小,从而控制油马达的转向和转速。油马达转动时制动器动作、松闸,停转时不动作、抱闸制动。起货操纵杆向前推,吊钩向下落货;起货操纵杆向后拉,吊钩向上起货。变幅和回转操纵杆前、后操纵为吊杆变幅;左、右操纵为回转。操纵角度越大,速度越快。

起货机平台是旋转的,电源导线不能直接进入电动机启动器,而是接在碳刷上的,碳刷与随平台旋转的电动机滑环接触导电。电动机启动，驱动三台油泵持续旋转。悬臂回转式起货机的外形如图 3 –7 所示。

图 3 –7　悬臂回转式起货机的外形图

三、船舶舵机

1. 船舶舵机的基本概况

①舵机是与主机同样重要的电力拖动机械。

船舶航行依靠主机的动力推进，依靠舵保持和改变航向。用于操纵舵叶偏转的机械设备称为舵机。

舵机安装在船尾舵机舱内，一般是在驾驶室的操舵台上进行远距离操纵。操舵台外形如图 3 –8 所示。

②应急情况下也可以在舵机舱内进行本地操舵。舰船也可以在罗经平台或艉桥楼操舵。远距离操舵时，驾驶员需要了解舵的偏转角度。

③舵机动力机械有电动机械舵机和电动液压舵机两大类。

电动机械舵机是电动机通过机械传动来带动舵叶偏转的。电动液压舵机是用电动机驱动液压泵工作，用油液作为传递能量的介质，利用油液的不可压缩性，以及油液的流量、压力和流向的可控性来驱动舵叶转动的。

④船舶按既定的航向直线航行，舵叶保持正舵。由于某种原因使船偏离航向时，驾驶员根据偏航角度的大小，操作舵叶偏转一个相应的、适当的反向角度，纠正偏航，随着偏航角度的减小，操作舵叶相应返回，直至消除偏航，舵叶回到正舵。改变航行，按同样的方法操舵。

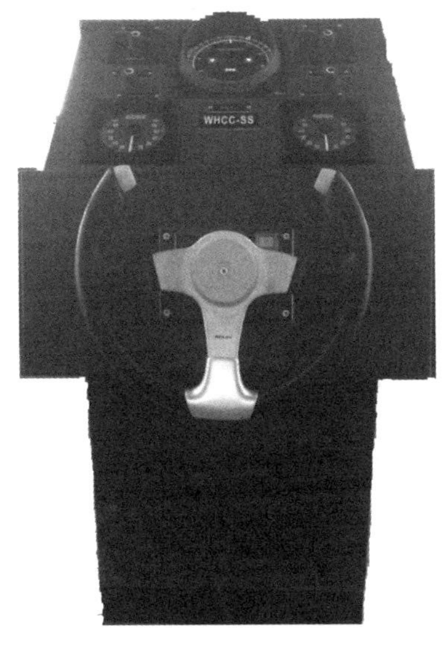

图 3-8　操舵台外形

2. 操舵的基本方式

操舵的基本方式有两种:非随动操舵和随动操舵。

①非随动操舵是操舵者直接操纵舵角。

②随动操舵是操舵者给出舵角指令,舵叶自动跟随指令的舵角。在随动操舵的基础上,操舵者给出航向指令,罗经测出实际航向,自动装置计算得出偏航角度,给出舵角指令,舵叶自动跟随指令的舵角,随着偏航角减小,指令的舵角相应减小、消除,舵叶自动跟随返回正舵。

3. 舵机控制系统

舵机控制系统一般设置三种操舵方式:非随动操舵、随动操舵和自动操舵。如图 3-9 所示,用三个选择开关 S1、S2 和 S3 来示意这三种操舵方式。

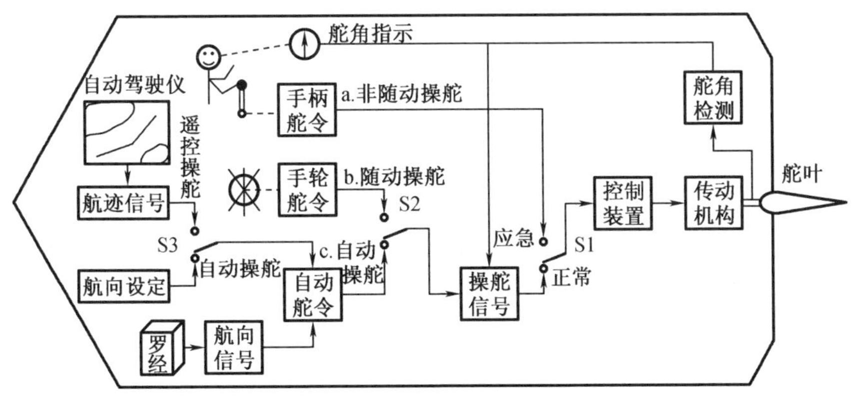

图 3-9　操舵方式框图

(1)非随动操舵

非随动操舵也称为手柄操舵。将选择开关S1置于“应急”位,操舵者根据舵角指示器指示的舵角操作操舵手柄,传动机构驱动舵叶转到所需要的位置,停止操舵,舵叶停留在该位置上。

(2)随动操舵

随动操舵也称为手轮操舵。将选择开关S1置于“正常”位、S2置于“随动操作”位,操舵者根据航向要求将手轮转到所需要的方向和舵角上,传动机构驱动舵叶转到所需要的位置,停止操舵。舵叶跟随手轮的位置转动。

(3)自动操舵

自动操舵是用自动装置模拟人工操舵。人工只参与初始给定航向,之后的操舵由系统自动进行。

将选择开关S1置于“正常”位、S2置于“自动操舵”位、S3置于“自动操舵”位,驾驶员设定航向,罗经给出实际的航向,两个信号在自动控制装置中比较,不一致时产生误差信号,得出纠正偏航的舵角指令,舵叶转动到给出的舵角停止,随着偏航减小,纠偏指令舵角相应减小,偏航消除,舵叶回到正舵。

船舶在给定的航向上航行,如果外界因素(例如水流、风向、风浪等)使航向偏离,自动操舵就会自动纠正偏航。改变航向由驾驶员再设定。

在自动操舵的基础上,用各种测量设备实时向自动操舵系统提供操舵性能所需的数据,例如航速、吃水、风向、水深以及流速等,系统得到所需的操舵性能数据,发出自动纠偏舵角指令。这种自动操舵称为“自适应操舵”。

另外,将S3置于“遥控操舵”位,可以在自动操舵的基础上由外部“自动驾驶仪”按既定的航线自动驾驶船舶。这种由外部仪器操舵的方式称为“遥控操舵”。自动驾驶仪由人工给出一条航线,根据各点航迹的航向,实时地提供给自动操舵系统作为给定航向,再与实际航向比较后发出自动纠偏舵角指令。

【任务演示】

一、交流三速锚机工作原理

1. 交流三速电动机

用于锚机的电动机需要带制动器,一般都采用与电动机制作成一体的圆盘式制动器(刹车)。交流三速电动机外形如图3-10所示,电磁刹车在端盖内。变极调速一般只限于鼠笼式电动机。变极是改变定子绕组的极对数。由于鼠笼式转子有自动产生与定子同样极对数的特点,因此变极只需改变定子绕组的极对数。

①改变定子绕组极对数的方法有三种:

a. 单一绕组,改变其不同的接线组合,得到不同的极对数。

b. 在定子槽中安放两种不同极对数的独立的绕组。

c. 在定子槽中安放两种不同极对数的独立的绕组,而且每种绕组又有不同的接线组合,得到不同的极对数。

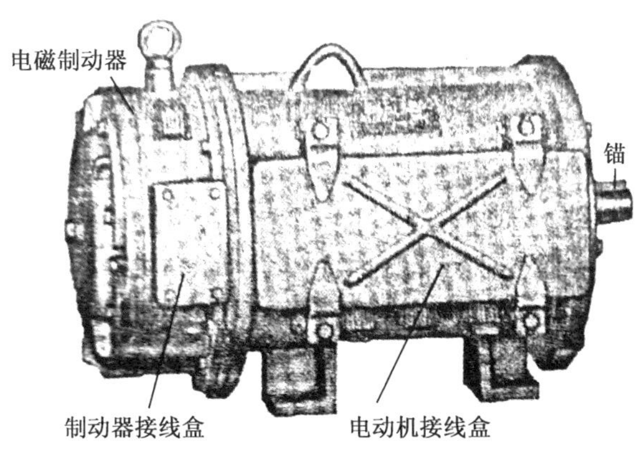

图 3－10　交流三速电动机外形图

②小功率锚机采用双速电动机。这种电动机的定子槽中设置两个不同极对数的、各自独立的绕组,例如高速绕组为 4 极,低速绕组为 12 极。

③大功率锚机采用三速电动机。下面介绍的交流三速电动机,极对数为 16、8、4,对应的转速为 330 r/min、720 r/min、1 420 r/min。有两套绕组,其中 4 极为一套,8 极和 16 极合用一套。交流三速电动机绕组连接如图 3－11 所示。

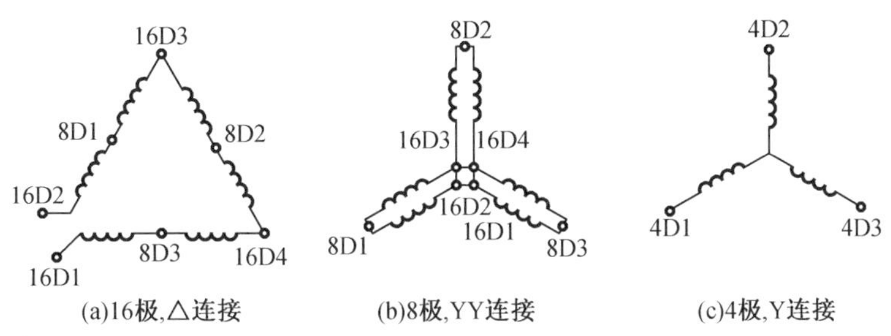

图 3－11　交流三速电动机绕组连接图

a. 16 极接法是每相两个绕组串联,三相绕组接成△,如图 3－11(a)所示。三相绕组出线 16D1、16D2、16D3、16D4。16D1 和 16D2 是同一个端子,两个端子接在一起,三角形闭合;两个端子分开,三角形开口。

当 4 极绕组通电运行时,闭合的三角形的各相绕组会感应到电势,三相电势之向量和应为零,不会产生环流。但是,由于三相绕组工艺制作上的差异,三相电势之向量和可能不为零,就会产生环流。

提供两个端子,在 16 极和 8 极运行时,两个端子(用接触器)连接,三角形闭合,4 极运行时,两个端子分开,三角形开口。现在的制作工艺已经可以使环流降至最小,4 极运行时两个端子可以不必分开,在接线盒内做固定连接。

b. 8 极接法是每相两个绕组并联,两个三相绕组接成双 Y(YY),如图 3－11(b)所示。

16 极端子连接成中点,8D1、8D2、8D3 三相端子出线。

c.4 极为独立绕组,接成 Y 形,4D1、4D2、4D3 三相端子出线,如图 3 - 11(c)所示。

2. 电动机调速主电路

交流三速电动机调速的主电路如图 3 - 12 所示。

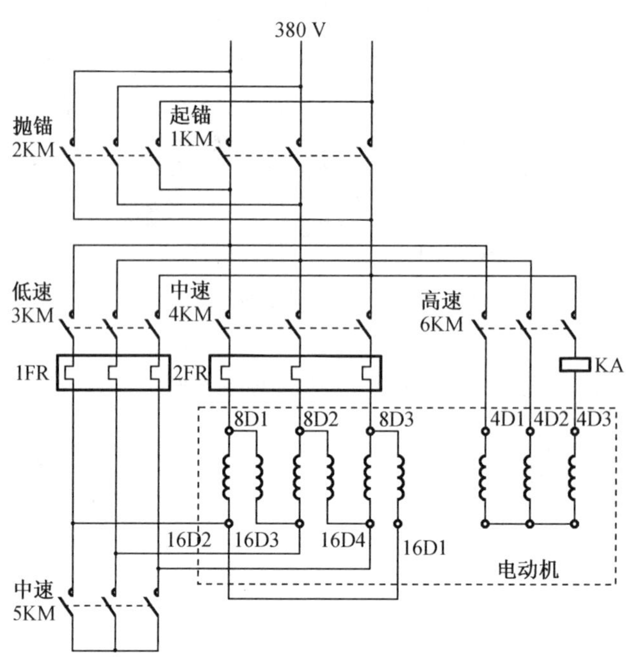

图 3 - 12　交流三速电动机调速的主电路

①正、反转运行——正、反转的接触器 1KM 和 2KM 操作锚机起锚和抛锚。正、反转运行都有三种速度,3KM 控制低速,4KM 和 5KM 控制中速,6KM 控制高速。

②低速运行——电动机动作,电源通过热(保护)继电器 1FR 接入 16 极端子,16D1 和 16D2 在外部固定连接,三相绕组按△连接。

③中速运行——电动机和 5KM 动作,电源通过热继电器 2FR 接入 8 极端子,每相两个绕组并联,5KM 把绕组另一端连接在一起作为中点,两个三相绕组按 Y 连接。

④高速运行——电动机动作,电源接入 4 极绕组,其中一相绕组串入电流继电器 KA,运行电流大于额定电流时 KA 动作。

3. 电动机调速控制电路

电动机低速和中速可以直接启动,高速必须在中速启动后才能启动。各挡转速的主接触器动作,相互连锁。

控制电路如图 3 - 13 所示。调速控制指令由指令控制器发出。起锚、抛锚的三挡调速动作要求一样。

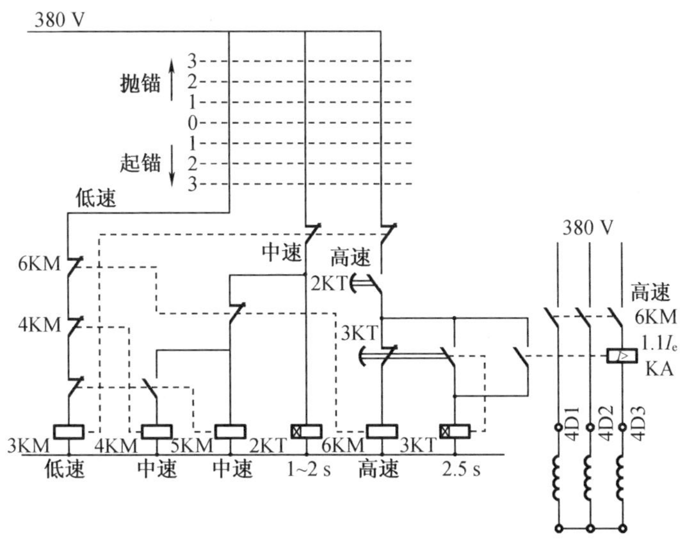

图 3-13 交流三速电动机调速控制电路图

①第 1 挡低速。接通低速控制电路，接触器 3KM 动作，接通 16 极端子，电动机低速运行。动作连锁条件是中速、高速接触器 4KM、5KM、6KM 都不动作，3KM 动作，同时切断中速和高速的控制电路。

②第 2 挡中速。断开低速控制电路，接通中速控制电路，在低速 3KM 和高速 6KM 不动作的条件下接触器 5KM 动作，接通 8 极端子，同时接触器 4KM 动作，接通 16 极端子，电动机双 Y 连接，中速运行。高速启动限制延时继电器 2KT 接通，经设定的时间(1 ~2 s)动作，允许电动机高速启动。

③第 3 挡高速。断开低速控制电路，接通高速控制电路，并保持中速控制电路接通。如果从“0”位直接扳到“高速”挡，延时继电器 2KT 的延时动作，保证高速在中速启动后才能启动。2KT 的延时动作输出，在低速 3KM 不动作条件下，接触器 6KM 动作，接通 4 极绕组，电动机高速运行，同时断开中速控制电路，4KM、5KM 释放。

④低速和中速运行有热继电器作过载保护。高速运行过载则返回到中速运行。高速运行由串联在一相电路中的电流继电器 KA 监视，当电流超过额定电流 I_e 的 1.1 倍时，KA 动作，接通延时继电器 3KT，延时动作，切断 6KM，返回到中速运行。

⑤高速启动电流肯定超过额定电流好几倍，因此 KA 动作的输出作用必须通过 3KT 延时时间(2.5 ~3 s)，以躲过启动所需的时间。也就是说，启动过程在 2.5 ~3 s 结束，超过这个时间电流仍保持在额定值以上就是过载。3KT 动作，切断 6KM，同时自保，因为手柄在高速挡，返回中速运行，高速电流消失，若 3KT 动作不自保，则高速运行。

4. 零位保护和强迫运行

零位保护是锚机在任何方向、任何速度下运行，因故停止，必须把操作手柄返回到“零”位后，控制电路才能再次工作的操作保护。

交流三速电动机零位保护和刹车控制原理如图 3-14 所示。

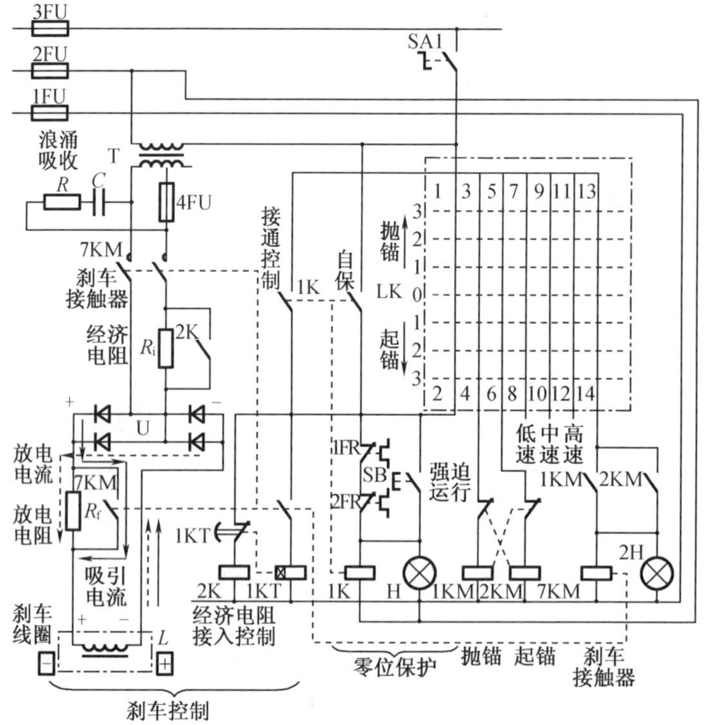

图 3－14　交流三速电动机零位保护和刹车控制原理图

①控制器 LK 的端子 1、2 触头在"0"位接通，控制开关 SA1 接通时，零位保护继电器 1K 动作，输出一副常开触头自保、一副常开向主令调速控制触头和刹车控制供电。

②操作手柄离开零位，端子 1、2 触头断开，1K 靠自保保持吸合，因电源故障或热继电器 1FR、2FR 动作使 1K 释放，即使电源恢复或热继电器复位，手柄必须返回零位，1K 才能动作。

③低速或中速运行过载，1FR 或 2FR 动作，触头断开，电动机停止运行，但操作者又需要电动机短时运转。在这种情况下越过热继电器的保护，使电动机运行，即"强迫运行"。手柄回到零位，按住按钮 SB，再操作手柄使电动机运行。

5. 制动器控制

制动器即刹车。为安全起见，制动器的电磁线圈不通电时，电动机处于制动状态，通电后电动机才能运转。一般都采用与电动机制作成一体的圆盘式电磁制动器。

电磁线圈不通电时，弹簧顶开定片，摩擦片压紧动片，使电动机轴制动，通电时，弹簧压紧，松开定片，电动机轴可以自由转动。

定片被弹簧顶开，气隙较大，电磁线圈吸动定片需要较大的电流，定片移动到位，气隙很小，维持吸持所需的电流较小。电磁线圈都采用直流电流，考虑到经济性，线圈的设计只允许短时间通较大的电流，保证吸引，长时间则用较小的电流，维持吸引。

(1) 制动器接入工作

参看图 3－14，制动器电磁线圈 L 由变压器 T 和整流桥 U 提供直流电源。变压器次级 220 V 提供电动机空间烘潮加热电阻电源，抽头电压 127 V 提供刹车电源。刹车电源接入电磁线圈由接触器 7KM 进行开、关控制。

电磁线圈 L 通电电动机才能运转。主令控制器 LK 的刹车接触器 7KM 的控制触头(端子 13,14)在零位断开,起锚和抛锚各挡位置都接通。7KM 的动作还必须满足起锚和抛锚方向接触器 1KM、2KM 任何一个动作的条件。这个条件是必须的。

7KM 的主触头在整流桥的交流侧控制刹车线圈的通、断。

(2)经济电阻接入

制动器吸动时经济电阻短路,吸持时经济电阻接入。经济电阻 R_i 的短路和接入是由继电器 2K 控制的。零位继电器 1K 动作,2K 就被接通动作,常开触头闭合,R_i 短路。7KM 动作,主触头闭合,辅触头闭合,放电电阻 R_f 短路,制动器电源电压全部加在电磁线圈 L 上,通过较大的电流吸动刹车片。7KM 辅触头同时接通延时继电器 1KT 工作,经设定的时间(1 s)动作,断开 2K,2K 释放,R_i 被串入电路,电磁线圈 L 的电压下降,电流减小,制动器维持吸持状态。

(3)电磁线圈放电控制

电磁线圈是一个具有大电感的储能器件。电感线圈两端施加直流电压,流过电流,电能储存在电感线圈内。电源断开,储存的电能会释放出来,根据电工原理,线圈两端将产生反电势,维持线圈中的电流不变。如果接触器 7KM 的主触头设在直流侧,那么主触头断开时,放电回路开路,电阻无穷大,要维持原来的电流,将产生很高的反电势。7KM 的主触头断开会拉弧烧蚀,甚至熔融无法分断,储存的电能消耗在电弧发热上。因此,线路中采取两个措施:一是刹车接触器 7KM 的主触头设在交流侧,二是设置放电电路。通电的直流线圈断开时,必须设置放电电路来消耗储存的能量。放电回路的电阻大,反电势高,能量消耗快,刹车释放快;电阻小,反电势低,能量消耗慢,刹车释放慢。

由图 3－14 可以看出,7KM 闭合时,放电电阻 R_f 被短路,施加在线圈两端的电压极性为左“＋”右“－”,电流方向如实线箭头所示。7KM 断开时,放电电阻 R_f 被串入,线圈两端的反电势极性为右“＋”左“－”,放电电流方向如虚线箭头所示。储存的电能通过整流桥的正向,流过放电电阻,能量消耗在放电电阻和线圈的内阻上。如果不设放电电阻,即放电电阻为零(仅有线圈内阻),能量只消耗在线圈的内阻上,刹车会明显延时释放。

(4)浪涌吸收

电网中电感性负载的通、断经常会产生浪涌电压,尽管持续时间很短,但幅值可能很高,会击穿硅整流器。一般采用电阻和电容串联(阻容保护)的方式来吸收浪涌电压。如图 3－15 中变压器次级的电阻器 R 和电容器 C。产生的浪涌电压对电容进行充电,充电电流流过电阻,浪涌的能量被消耗。

二、交流三速起货机工作原理

1. 交流三速电动机

①典型的船用起货机电动机为强迫风冷、防水式,外形如图 3－16 所示。

它由电动机本体、通风箱和圆盘制动器组成。使用时需打开通风箱上的风门,启动风机电动机进行强迫风冷。

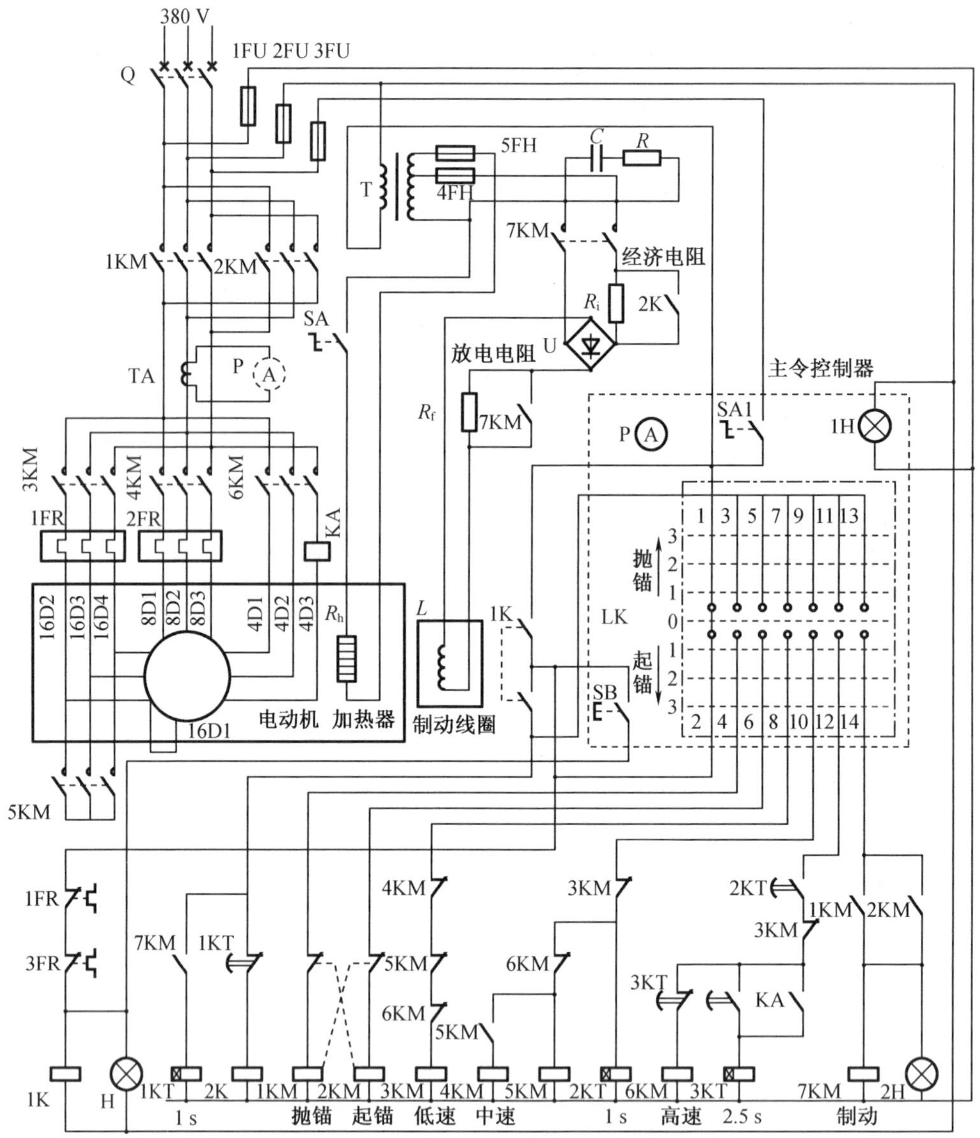

图 3－15　交流三速电动锚机控制原理图

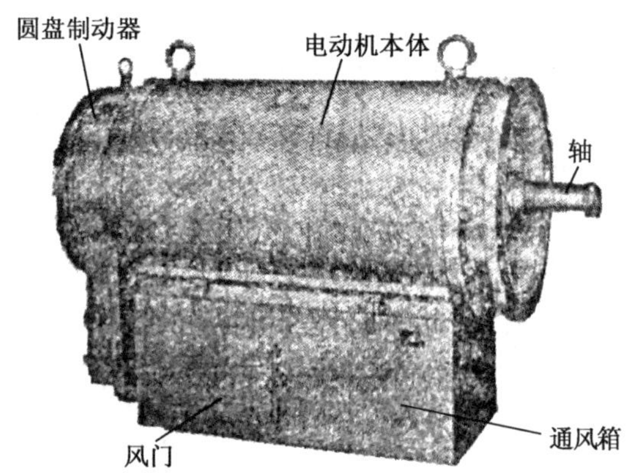

图 3－16　交流三速电动机外形

②电动机有两组定子和转子，如图 3－17 所示。一组定子和转子是按 4 极和 8 极制作的，定子上有两套绕组（4 极和 8 极），转子为双鼠笼；另一组定子和转子是按低速 28 极制作的，定子上有一套绕组（28 极），转子为单鼠笼。每套绕组的端部都设置热敏电阻，当绕组温度达到一定值时，热敏电阻阻值发生突变，通过控制装置上的温度继电器检测动作，保护电动机。

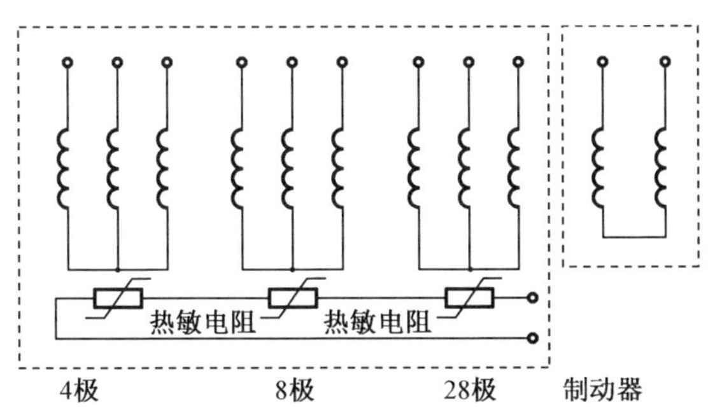

图 3－17　交流三速电动机绕组

③电动机的功率与转速（对应旋转角速度）和负载转矩有关。电动机的三套绕组的极对数对应三种转速，4 极的同步转速为 1 500 r/min；8 极为 750 r/min；28 极为 214 r/min。同样的负载转矩，转速高所需的功率也高。转速升高而功率不变，则负载转矩减小。起货电动机有恒功率电动机和恒转矩电动机两种。

④本节列举的控制电路是控制 4 极、8 极为恒功率的电动机。

a. 对应 4、8、28 极的功率分别为 26 kW、26 kW、4. 5 kW，额定转速分别为 1 440 r/min、690 r/min、140 r/min。

b. 4 极、8 极的功率都是 26 kW、4 极的转速是 8 极的 2 倍，吊重则只能是 8 极的一半。如果 8 极的吊重为 5 t，则 4 极只能吊 2. 5 t。

c. 货物质量超过 2. 5 t 时，禁止 4 极绕组运行。

d. 起货机操作频繁，圆盘制动器的吸动电压和维持电压都是 110 V，吸动后无须串联经济电阻。电磁线圈是储能元件，通电时储能，断电时须提供消耗储存能量的放电电路，能量消耗越快，松闸（释放）越快。

2. 转向和调速控制

（1）基本电路

交流三速电动机的转向和调速控制需要 5 台接触器，如图 3－18 所示。

①1KM 和 2KM 为转向接触器，控制电动机的正、反转；3KM 为低速（28 极）调速接触器；4KM 为中速（8 极）调速接触器；5KM 为高速（4 极）调速接触器。另外，制动器（刹车）用接触器 BK 控制。

②主令控制器（以下简称主令）有 7 个（挡）位置，中间为零位；往后拉为 1、2、3 挡上升；向前推为 1、2、3 挡下降。1、2、3 挡分别对应低速、中速、高速。

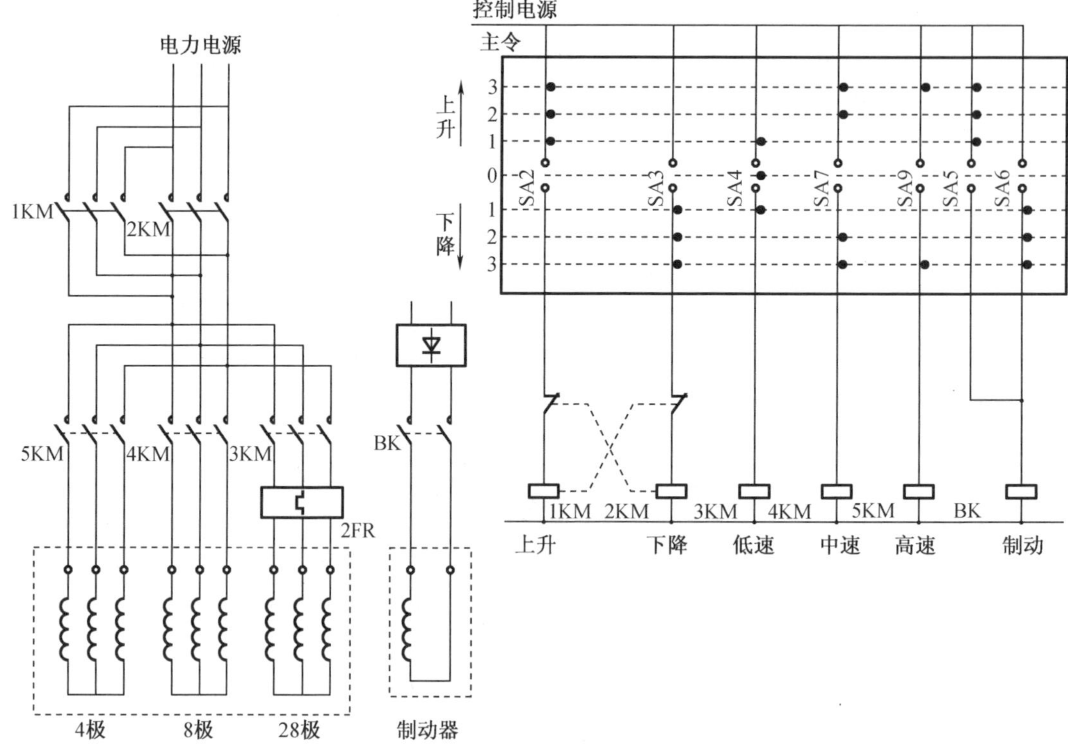

图 3-18　交流三速电动机的转向和调速控制电路

③2 台转向接触器各用一副触头控制，SA2 上升时，1、2、3 挡接通 1KM，SA3 下降时 1、2、3 挡接通 2KM；3 台调速接触器各用一副触头控制，在 SA4、SA7、SA8 上升和下降时，1 挡接通 3KM，2 挡接通 4KM，3 挡接通 5KM。

④制动接触器 BK 只需要用一副触头控制，在上升和下降时 1、2、3 挡都接通。由于其他功能的需要，实际用两副触头控制，SA5 和 SA6 在上升和下降时 1、2、3 挡都接通。

⑤操作手柄离开零位，至少各有一个转向和调速接触器接通绕组，同时制动器接触器接通松闸，电动机运转。

⑥操作者按照观察到的电动机启动和制动过程，逐一推、拉主令手柄改变转速或转向，这种控制电路是可以应付的。但是，装卸工操作是随意的，主令手柄可能从零位突然拉到 3 挡高速上升，又可能突然推到 3 挡高速下降。另外，这种电路不能保证在改变转速的过程中，至少有一个绕组通电。

(2)绕组连续通电的措施

在调速过程中要保证至少有一个绕组通电，控制电路所采取的措施是接通下一个绕组才能断开前一个绕组。如图 3-19 所示，低速接触器 3KM 在主令零位接通并通过中速接触器 4KM 不动作自保。手柄扳到：

①1 挡——3KM 已先于转向接触器(1KM 或 2KM)接通；

②2 挡——3KM 要等到中速接触器 4KM 动作才释放；

③3 挡——4KM 要等到高速接触器 5KM 动作才释放。

反过来，从3挡回到2挡，4KM要等到5KM释放才动作，并经3KM不动作自保，回到1挡，3KM动作，4KM要等3KM动作才释放。

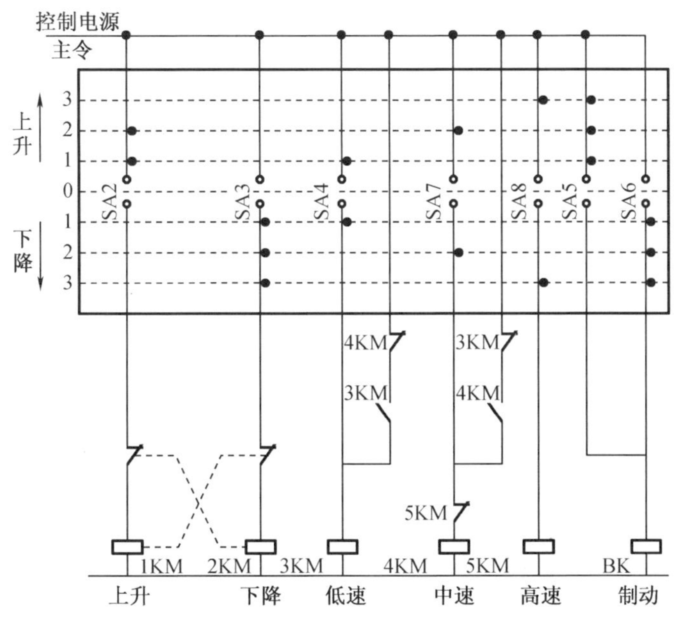

图3-19　调速保证至少有一个绕组通电的电路

(3)按时间方式加速的措施

当主令手柄快速从零位操作到2挡(中速)或3挡(高速)运行时，要保证不是直接中速或高速启动，而是经低速启动后再中速启动，然后再高速启动。各挡加速需要引入启动所需的时间，经历了这段时间才允许进入高一级的转速启动。

调速保证按时间方式加速的电路如图3-20所示。

①低速进入中速受断电延时继电器3KT的限制，转速进入高速受断电延时继电器5KT的限制。3只工作在直流电源下的断电延时继电器，3KT在BK不动作时吸合；4KT在4KM不动作时吸合；4KT动作使5KT吸合，3KT和5KT的常闭输出断开，主令手柄从零位直接扳到中速挡或高速挡，4KM、5KM不动作。而3KM在零位已吸合，这时按主令操作的转向电动机低速启动，BK动作，断开3KT，3KT延时设定的时间(例如0.6 s)释放，4KM接通动作，电动机中速绕组通电启动。

②4KM输出断开4KT，4KT延时设定的时间(例如1.8 s)释放，断开5KT，5KT延时设定的时间(例如0.3 s)释放，如果主令手柄在3挡则5KM接通动作，电动机高速绕组通电启动。

③由此看出，控制电路采取的措施保证了，无论主令手柄扳动的速度多快，电动机必须在低速启动0.6 s后才能中速启动，必须在中速启动1.1 s后才允许高速启动。

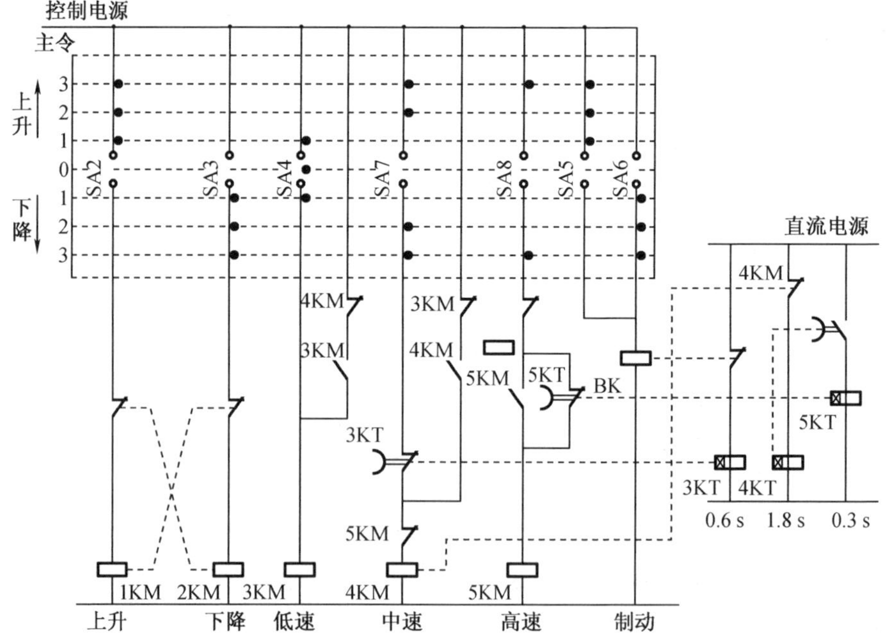

图 3 – 20　调速保证按时间方式加速的电路

④电路措施虽然解决了从低速到高速启动的时间限制。但从高速挡或中速挡直接扳到零位,如果 BK 释放,制动器会立即制动,电动机转动着的能量要全部消耗在制动器摩擦片的发热上,降低了制动器的使用寿命。主令操作的随意性还经常会从高速挡或中速挡直接扳到反向的高速挡或中速挡,电动机通过反接制动再启动,对电网产生很大的电流冲击和电压波动。

⑤电路还需要采取措施,把在高速或中速转动的电动机,强制在低速产生再生制动,把能量反馈给电网,然后再进行机械制动。

(4)制动措施

①先低速启动再松闸。

为了防止重物自由跌落,电动机绕组在通电的情况下才能松闸,电路如图 3 – 21 所示。在制动接触器 BK 电路中串入断电延时继电器 IKT 常开触头。3 台调速接触器 3KM、4KM、5KM 任一台动作,1KT 就动作,接通 BK 动作,制动器松闸。

前面提到,无论主令手柄怎样操作,电路总能保证按时间方式从低速逐步启动到高速。首先接入启动的是低速绕组。绕组先通电、后松闸,因此低速启动有短时的制动即堵转,然后再松闸转动。

1KT 的引入还具有保护作用。电动机运行中如果因故调速接触器脱落,则绕组断电,1KT 断电释放,常开触头经短暂(0.3 s)延时断开,BK 释放,制动器断电制动(刹车)。

②先电气制动再机械制动。

主令手柄从高速挡或中速挡回到零位,电动机从高速或中速运转到制动,需要先电气制动再机械制动。

控制电路需要取得高速和中速的运行信号。如图 3 -21 所示,主令的触头 SA9 在 2、3 挡接通,断电延时继电器 2KT 动作,表示电动机在高速或中速运转。

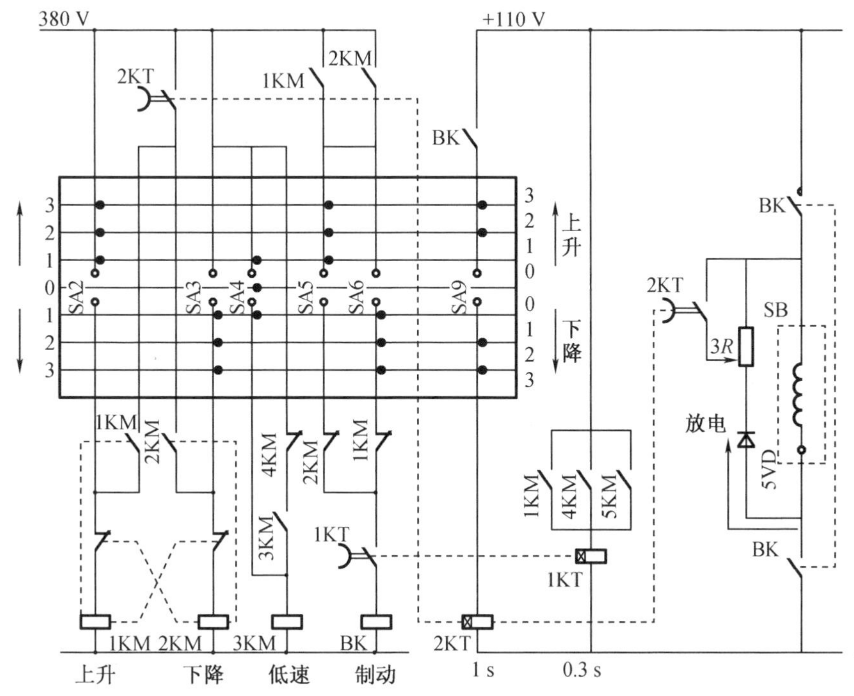

图 3 -21 电气制动和机械制动配合电路

a. 电气制动。

电气制动是利用转子转速高于绕组产生的同步转速,电动机转动动能转换成电能,绕组发电反馈给电网,产生再生制动。高速或中速运转的转速高于低速的同步转速。要在低速产生再生制动,低速绕组必须仍接在电网上。

手柄回到零位,低速接触器 3KM 接通,还需要原来运行的转向接触器接通,才能使低速绕组接在电网上。只允许转向接触器在再生制动时接通,再生制动结束立即断开。

原来运行的转向接触器在零位采用自保(记忆)保持接通,自保的解除用 2KT 的常开触头。电动机在高速或中速运转时 2KT 动作,输出常开触头接通自保电路,手柄回到零位,2KT 断电,输出常开触头延时(1 s)断开,解除自保。即手柄回到零位,原来运行的转向接触器延时 1 s 断开,向低速绕组提供 1 s 的再生制动时间。

b. 机械制动。

机械制动是在电气制动快结束时进行的。机械制动时间是控制电磁线圈放电时间。

手柄回到零位,主令触头 SA5、SA6 断开,BK 释放,制动器线圈 SB 断电。线圈断电,线圈储存的能量要释放出来,释放越快,吸持制动片(松闸)的电磁力消失越快,制动越快。能量是通过二极管 5VD 向电阻 3R 放电。3R 阻值越大,消耗能量越快,制动越快。2KT 吸合时,输出常开短路 3R 部分电阻,阻值减小,制动作用延时。如果整定的阻值使制动延时 0.75 s,那么在电气制动(1 s)快结束时,机械制动进行制动。

③快速反向操作的制动作用。

主令手柄从高速挡或中速挡直接扳到反向高速挡或中速挡，电动机应以原来的高速或中速运转，先电气制动再机械制动，然后再反向启动。

由图 3－18 看出，控制制动接触器 BK 的主令触头 SA5、SA6 只在零位断开，其他位置都闭合。主令手柄从高速挡或中速挡直接扳到反向高速挡或中速挡，BK 不会释放，制动器不参与制动。

图 3－19 在 BK 电路中引入转向条件，即任一转向接触器 1KM 或 2KM 动作才允许 BK 动作。

3. 重载保护

本例交流三速电动机的中速和高速是恒功率，高速的吊重只有中速的一半。实际使用中有两种情况：一种是中速的吊重已超过额定的一半，不允许进入高速；另一种是深舱拖吊，货物未吊起时，电动机在 3 挡以高速运转，货物吊起时，质量超过额定的一半，应退回 2 挡以中速运转。

电动机的电流由电流互感器 TA 取样，检测继电器 3KA 接入检测。如图 3－22 所示，中速运行由 4KT 接入检测；高速运行由 6KT 接入检测；低速运行，不检测。

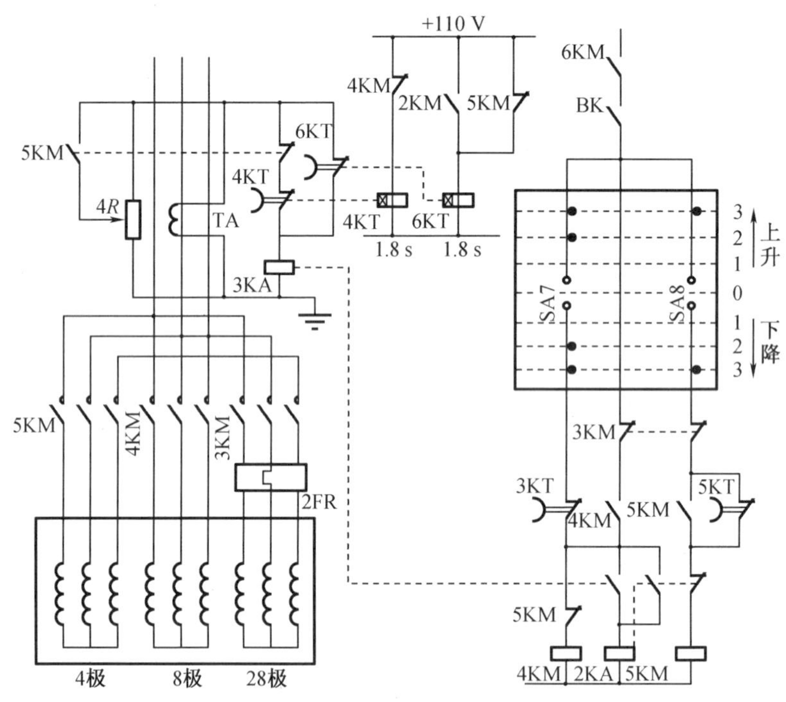

图 3－22　重载保护电路

(1)检测躲过启动电流

中速绕组的启动电流约为额定电流的 2 倍，高速约为 4 倍。检测继电器 3KA 的检测需要躲过启动电流。启动结束，电动机正常运转后，检测继电器 3KA 接入检测。

中速接触器 4KM 不动作，常闭触头接通断电延时继电器 4KT。高速接触器 5KM 不动作，常闭触头接通断电延时继电器6KT。4KT动作，常闭触头断开；6KT动作，常闭触头断开，检测继电器3KA与TA断开，不参与检测，即低速允许时，3KA不参与检测。

操作上升2挡，中速接触器4KM吸合，8极绕组接通启动，常闭触头断开4KT，常闭触头经设定的延时（如1.8 s）闭合，接入3KA检测，即用1.8 s躲过启动电流。

操作上升3挡，高速接触器5KM吸合，4极绕组接通启动，常闭触头断开6KT，常闭触头经设定的延时（如1.8 s）闭合，接入3KA检测，即用1.8 s躲过启动电流。

重载保护只在上升起吊货物时需要，高速下降不需要。下降接触器2KM动作，常开辅触头接通6KT，6KT动作输出断开3KA，不参与检测。

（2）中速和高速电流的检测区别

如图3－23所示，电流互感器TA是电流源，运行时不允许开路。检测继电器3KA接入电路闭合，断开则开路。因此，在TA两端并联电阻4*R*，始终使TA端子通过电阻闭合。当3KA接入时，TA输出电流分两路，一路流经4*R*；另一路流入3KA检测。改变4*R*的阻值，可改变流入3KA的检测电流。电阻大则流过的电流小，流入3KA的检测电流大；电阻小则流过的电流大，流入3KA的检测电流小。

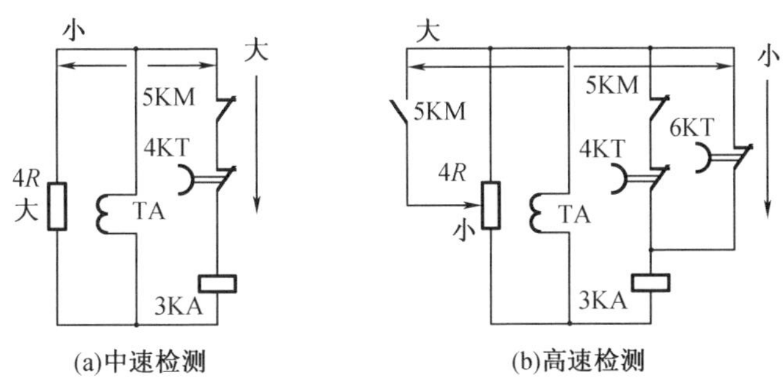

图3－23　重载保护电流检测原理图

同样吊重，中速和高速的电流不同，中速电流低于高速。为了区别中速和高速的电流，常常采用改变分流电阻4*R*的阻值的方法。如图3－23（a）所示为中速运行，TA的次级取样电流一部分流入3KA检测，一部分流向4*R*。高速运行如图3－23（b）所示，5KM短路4*R*部分电阻，电阻减小，分流增加，流入3KA的检测电流不变。

（3）检测动作输出

参看图3－22，3KA动作，接通2KA动作自保，断开5KM。若原来是中速运行，则手柄扳到3挡，5KM不会动作，仍中速运行；若原来是高速运行，则返回到中速运行，即使手柄停留在3挡。

另外，中、高速运行还必须满足风机正常和制动器已松闸的条件。

4.零位保护和强迫运行

（1）零位保护

零位保护是起货机在任何方向、任何速度下运行时，因故停止，必须把操作手柄返回到零位后，控制电路才能再次工作的保护。

主令置零位是电动机的不运行位置，其他位置都是运行位置。例如，起货机高速运行时，突然电源中断，而操作者未拉回手柄就离开，如果没有零位保护，那么电源恢复，电动机会立即启动。电动机在无准备的情况下启动运转，可能引起事故。因此也把零位保护称为失压保护或零压保护。

零位保护要求主令起始操作必须从零位开始，才能接通控制电路工作。因此，其他运行条件和故障也借用零位保护来中断电动机运行。不允许运行的条件有：

①风门未打开；

②主令控制开关未接通；

③风机过载；

④电动机低速过载；

⑤电动机绕组高温。

零位保护原理电路如图 3－24 所示。

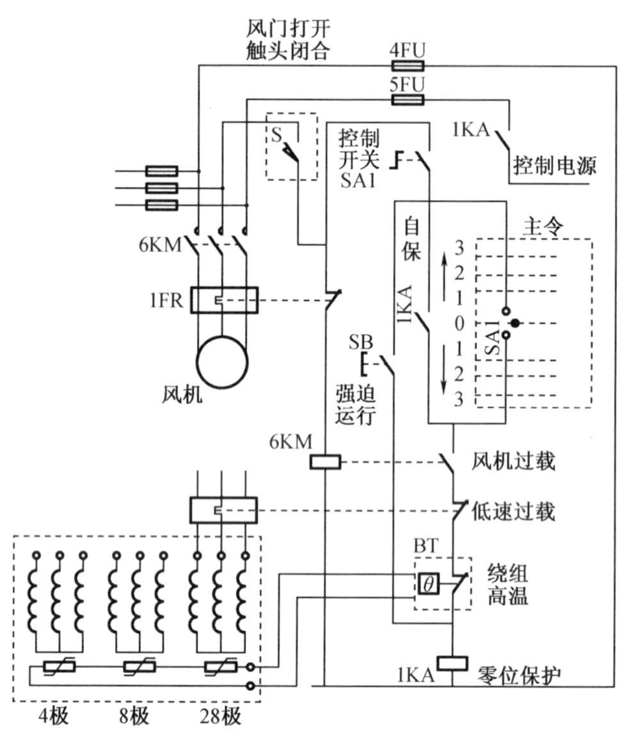

图 3－24　零位保护原理电路

①风门打开，风门开关 S 接通；控制开关 SA1 接通；主令控制器触头 SA1 在“0”位（零位）接通。

②风机无过载故障，6KM 吸合，常开触头接通；低速绕组无过载故障，热继电器不动作，常闭触头闭合。

③电动机绕组无高温故障，温度继电器 BT 输出触头闭合等条件满足时，零位保护继电器 1KA 动作，输出一副常开触头自保、一副常开触头向主令调速控制触头和刹车控制供电。

④操作手柄离开零位,SA1 触头断开,1KA 靠自保保持吸合,保持电动机正常运行。

⑤因电源故障或上述任一条件不满足,1KA 释放,电动机停止运转。即使电源恢复或运行条件复位,手柄也必须返回零位,1KA 才能再次动作。

(2)强迫运行

实际使用会遇到这样的情况,货物提升离开地面时,发生故障,1KA 释放,电动机停止运转,货物悬吊在上。

①如果是电源故障,没有电源电动机无法运转,只能等电源恢复,主令回零位后再操作。

②如果是风机过载、低速过载或绕组高温中之一故障,那么由于这些故障都是带热性能的,因此需要等冷却到一定程度,保护才能复位,有时还要检查产生故障的原因,需要一定的时间。在这种情况下操作者应该先把货物放到地面上,保证安全。

③主令控制器上设有强迫运行按钮 SB,按下此按钮可以短接主令的零位触头 SA1,风机过载触头、低速过载触头和绕组高温触头使 1KA 动作,允许短时低速操作把货物放到地面上。

5. 电路图

图 3－25 是本例电动起货机的原理图。为了便于看图,各继电器、接触器线圈下面均标有输出触头所在横坐标的数字。

这种起货机用双杆联合作业,一台机做重载保护动作,另一台机也必须做相应动作。例如,双机同时高速上升运行,1 号机吊重超过额定值时,重载保护动作退回到中速,尽管 2 号机重载保护不动作,也必须同时回到中速。

三、舵机的工作原理

1. 舵机的基本要求

舵机的运行特点是:工作频繁,海船每小时操作达 300 ~ 600 次,内河船舶更高,可达 1 200 次;负载变化大,在做复杂的机动航行时,舵叶的转动可能被堵。

对舵机的基本要求是:

①工作可靠,在任何航行条件下能不间断地进行工作;

②生命力强,能在几个处所进行远距离控制,并可迅速地转换到应急操舵;

③有足够的转舵速度,海船要求从一舷 35°转至另一舷的 30°,应在 28 s 内完成;

④操纵灵敏,能准确地把舵叶转到预定的角度上。

2. 舵机系统

(1)系统组成

电力拖动的舵机系统主要由驱动系统(电动机、传动机构)、控制系统和检测系统组成。

①驱动系统。

驱动系统如图 3－26 所示。图 3－26(a)是电动舵机,电动机通过齿轮传动机构带动舵叶转动。舵机启动器控制电动机正、反转。电源由主电站或应急电站提供。图 3－26(b)是电动液压舵机,电动机驱动液压泵,把电能转换为液压能,通过液压油缸传动机构带动舱叶转动。

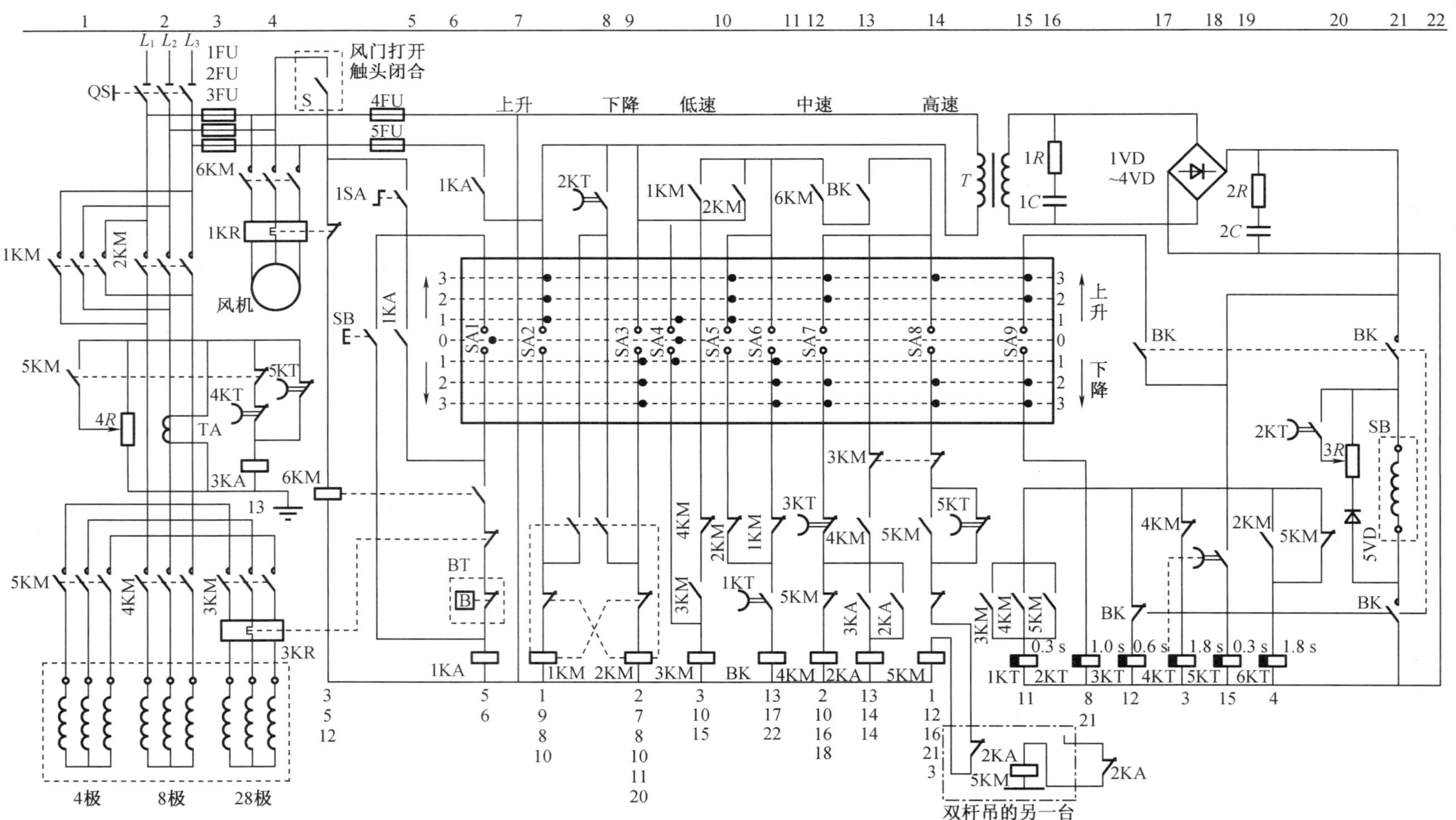

图 3－25　电动起货机原理图

②控制系统和检测系统。

舵机控制系统如图3－27(a)所示。操舵台(舵机操纵台)向舵机启动器或传动机构发出操舵指令,控制电动机或液压执行机构带动舵叶向要求的方向和角度转动。启动器或传动机构向操舵台提供各种运行指示和故障报警信号。报警电源由24 V蓄电池提供。在电动液压舵机控制系统中,一般通过舵机控制箱与舵机启动器和传动机构联系,如图中虚线所示。

图3－27(b)为舵机检测系统。舵角发送器检测舵叶的角度,传送给驾驶室舵角指示器。具有随动操舵的操舵台,需要舵角信号;具有自动操舵的操舵台,需要罗经提供航向信号。

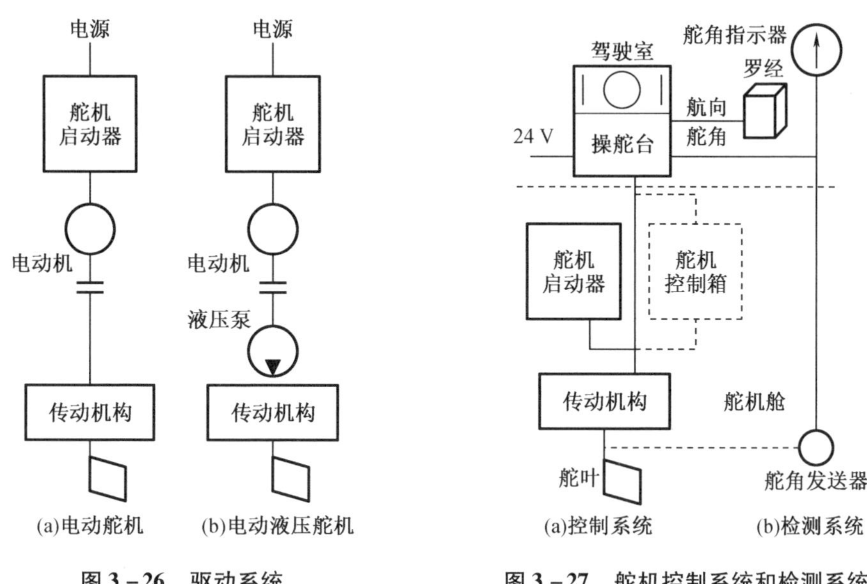

图3－26　驱动系统　　**图3－27　舵机控制系统和检测系统**

(2)安全要求

①系统设置。

舵机系统设置两套互为备用的电动机启动控制设备,分别安装在舵机舱左、右隔舱壁上。

如果只有主电站,两套设备的电源由主配电板提供,电源分别从主汇流排的两个分段上的负载开关接出,电源电缆分别沿左、右舷敷设。如果有应急电站,两路电源分别由主、应急电站提供。需要注意,应急配电板的舵机电源电缆可能从船中向下敷设,不要与主配电板的电源电缆同路敷设。如果成束电缆有可能合并,应急配电板的舵机电源电缆应另辟路径从另一舷敷设。

舵角指示系统的电源是与电动机的电源分开的,一般由分配电板供电。即使电动机失电舵角指示器仍能反映舵叶的角度。

操舵台与控制两套启动控制设备的连接电缆也应分两舷敷设。

②保护和报警。

电力拖动舵机必须有电源,电源失电须报警。

供电电源只设短路保护。电动机过载只报警,不切断电源。

电动液压舵机液压系统的故障报警需要延伸到驾驶室。

舵机系统报警一般设在操舵台上,也有的用专用的报警板。报警电源为24 V蓄电池。

3. 操舵控制

(1)手柄操舵和随动操舵

①手柄操舵和随动操舵的比较。

手柄操舵是非随动操舵方式,人工左或右扳动手柄,舵叶转动,手放舵停。手柄操舵是基本操舵方式,一般只在随动操舵有故障的应急情况下使用。随动操舵是主要的操舵方式。

先比较一下非随动操舵和随动操舵的工作原理。图3－28是非随动操舵和随动操舵的工作框图。驾驶员根据航向变化,向转舵执行机构发出转舵指令。非随动操舵用手柄操舵,舵叶的转动由舵角发送器反馈给舵机指示器,驾驶员看到舵角指示到所需要的位置,松开手柄停止操舵;随动操舵用手轮操舵,转动手轮到需要的角度,执行机构驱动舵叶转动,反馈的角度与指令角比较,一致时执行机构停止操舵。执行机构的转舵动作,是指令舵角(即需要转动的舵角)与实际舵角比较得出的。非随动操舵时,指令舵角与实际舵角是通过人进行比较的;随动操舵时,指令舵角与实际舵角是通过控制装置进行比较的。

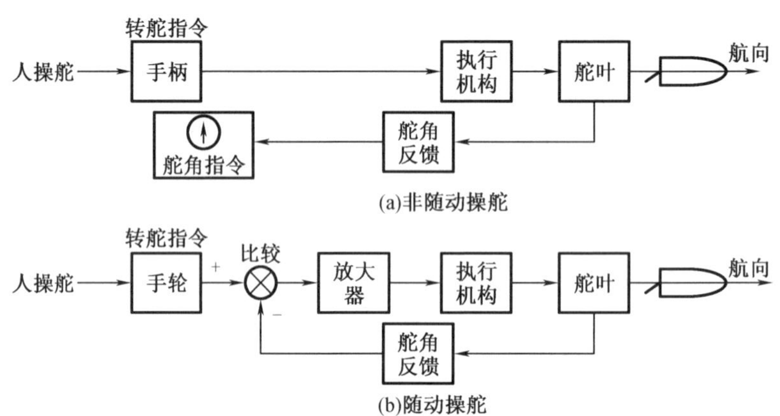

图3－28　非随动操舵和随动操舵的工作框图

随动操舵控制装置要对指令舵角与实际舵角进行比较,须设置比较和放大环节。

②随动操舵。

随动操舵是舵(叶)角与操舵(舵令)角重合的自动控制方式。舵令角由人工操作操舵手轮给出,实际舵角由检测舵角的舵角发送器给出。操舵手轮在驾驶室或其他处所,舵机在舵机舱。舵令角与舵角是否重合,须在同一处用相同的量进行比较。

舵角的多少"度"是非电量,舵令角与实际舵角比较得出的舵角差值也是非电量。实现电气控制须把非电量转换成模拟电量(电压或电流)或开关量。这里的模拟电量是指电压或电流的大小、正负对应航角差的大小和方向;开关量是指通断对应舵角差的方向,而不对应大小。

a. 自整角机

操舵在驾驶室。无论哪种操舵方式,驾驶员都要随时了解舵叶的位置,即在驾驶室重复显示(复示)舵角;随动操航或自动操舵控制系统还需要输入实际舵角,比较(测量)出指令舵角与实际舵角之差。

显示(复示)机械角度或测量角差较常用的是自整角机。

用自整角机组成的角传递(或同步偏转)系统,使两个(或更多个)机械上不相连接的转轴同时偏转或同时旋转。

自整角机的电源有 3 相和单相两种,在舵角系统中使用单相。单相自整角机有 1 个接电源的单相绕组和 1 组传输信号的 3 相绕组。结构有两种形式,一种定子是 3 相,转子是单相;另一种定子是单相,转子是 3 相。3 相绕组按星形连接,各相绕组轴线在空间相隔 120°。转子绕组引线要用电刷和滑环,单相绕组用两根线,一般都采用单相绕组在定子上。现在使用的无接触式自整角机,转子是通过单相绕组感应的,没有电刷和滑环。无论哪种形式,工作原理都一样。

自整角机按用途分为两大类:一类是力矩式,主要用于传输力矩、传输角度,做指示用;另一类是控制式,主要用于传输信号。

力矩式自整角机的转子上嵌有阻尼绕组,可改善转子转动的阻尼性能。

舵角系统中自整角机的运行方式有两种:指示式和变压器式。

自整角机指示式同步运行的原理如图 3 – 29 所示。两台自整角机的转子接同一电源,定子 3 相绕组相互连接。转子流过电流产生的交变磁场在 3 相绕组中产生感应电势。感应电势在时间相位上是相同的,但各相绕组的轴线与转子绕组的轴线在空间的相对位置不同,3 相绕组轴线间的电势也不同。发送器和接收器的转子接在同一电源上,3 相绕组都产生感应电势,当两个转子在同一位置时,如图 3 – 29 所示,转子与产生的感应电势 E_{11} 和 E_{21} 的绕组在同一轴线上,夹角为 0°,各相绕组感应电势相等,线间电势相等,连接导线中没有电流,即 3 相绕组中没有电流。定、转子气隙间只有转子产生的磁场,不产生力的作用,转子不动。

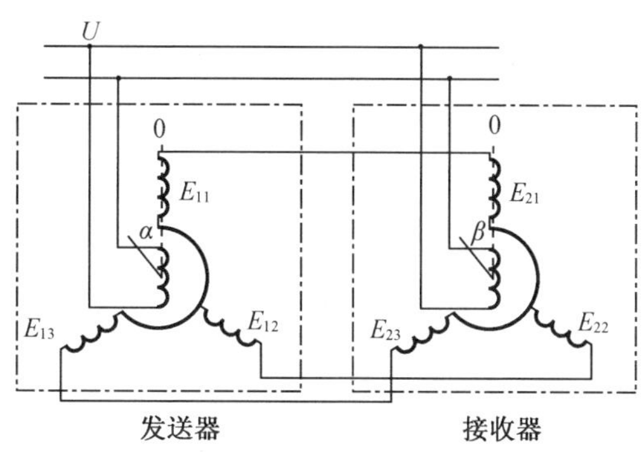

图 3 – 29　自整角机指示式同步运行原理图

发送器的机械例如舵叶转动 α 角，绕组上的感应电势改变与接收器的改变不相等，导线绕组中产生电流，定子电流产生的磁场与转子磁场作用产生力矩，转子转动，发送器转子被机械固定不能转动，只有接收器转子转动角 β 转到 $\beta=\alpha$，两个转子相对定子绕组的位置一样，感应电势相等，转子停止。接收器如果是舵角指示器，指针随舵角同步偏转指示舵角。

b. 半圆环随动操舵

舵角差转换得到的如果是开关量，可以直接用于开关量控制的控制系统。典型的开关量比较环节是半圆环比较器件。半圆环随动操舵原理如图 3－30 所示。

两个半圆环构成一个随操舵手轮转动的圆环，发送左或右舵令。两个半圆环之间有一小段绝缘。两个半圆环的导电由固定的电刷引出；半圆环的中间是一个同心转动的导电动刷，由舵角接收器带动。指令舵角与实际舵角重合，舵角差为零，动刷处于两个半圆环中间的绝缘位置，动刷的接线与电刷的接线不构成导电通路；指令舵角与实际舵角不一致，舵角差不为零，动刷与一侧半圆环接触构成导电通路。动刷与半圆导电环只有断开和接通状态。

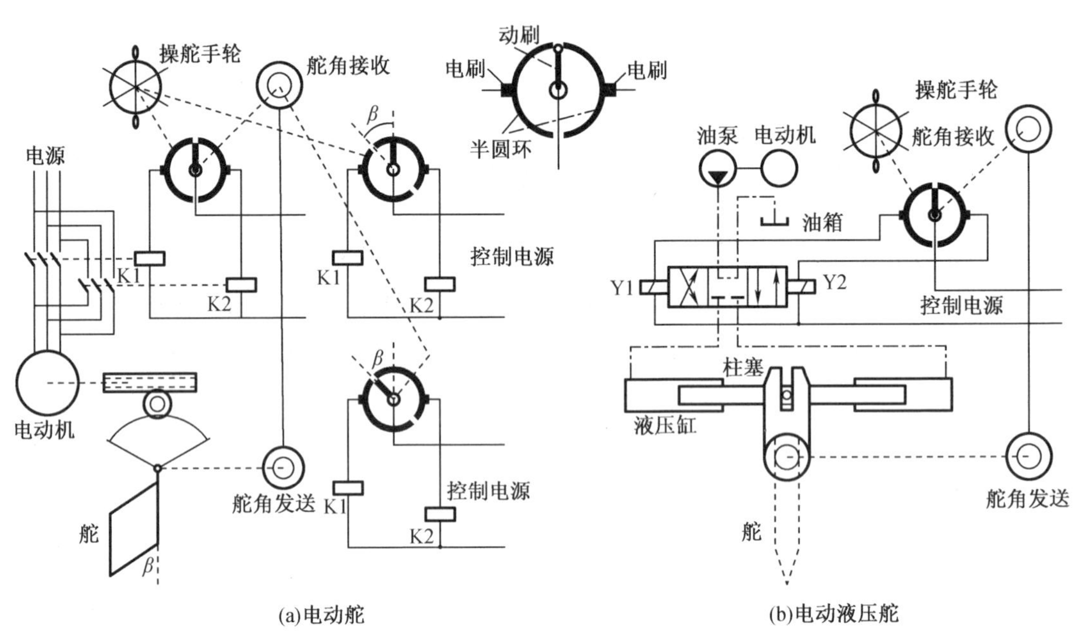

图 3－30　半圆环随动操舵原理图

图 3－30(a)是交流电动机拖动的电动舵原理图。电动机用接触器 K1、K2 做正、反转控制，接触器线圈由半圆环控制。假设手轮和舵叶都在 0°，动刷与半圆环不通，接触器不动作；手轮向左转 β 角，动刷与右半圆环接触，K2 动作，电动机启动运转，舵叶向左转动，舵角发送器发出的信号使舵角接收器同步转动，带动动刷转动，舵叶左转 β 角，动刷也跟随到 β 角，动刷处于绝缘位置，K2 断电释放，电动机停止运转。手轮和舵叶都在 β 角上重合。

图 3－30(b)是电动液压舵原理图。假设同样操左舵 β 角(图中未表示，参看图 3－30(a)，Y2 通电，3 位 4 通阀右位工作，左油缸进油，右油缸出油，柱塞右移，舵叶左转 β 角，Y2

断电，阀回中位，油缸停止进、出油。手轮和舵叶都在β角上重合。

操右舵，则K1（Y1）通电，舵叶向右转到与手轮位置重合时停止。

随动系统用动刷与半圆环的接触来反映舵角差的方向，用电、动刷离开两个半圆环中的绝缘处的角度（长度）反映失调角。

c. 相敏整流

做变压器式或旋转变压器式运行的自整角机的输出电压信号，可以反映舵角偏差的大小和方向。输出的交流电压信号用于随动系统，需要与电源电压的相位比较，得出相位的正、负，整流成直流电压，用电压的大小和正负反映舵角偏差的大小和方向。

相敏整流是把信号电压转换成直流，并用直流的正、负反映相位的。如图3－31所示是相敏整流电路。其功能是把按舵角变化的输入电压U_s转换成相应的直流输出电压U_o。

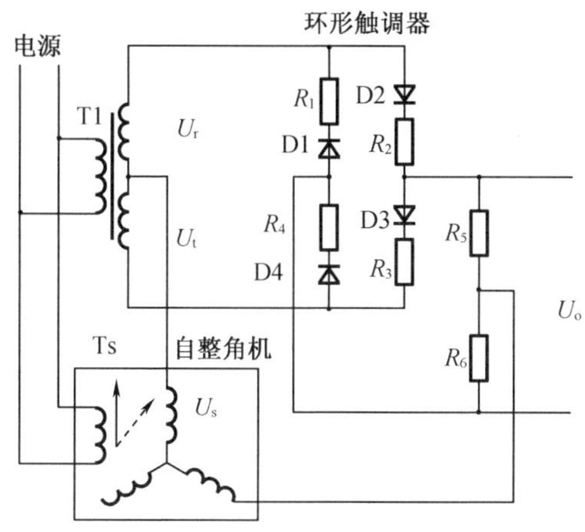

图3－31　相敏整流电路

变压器T1次级绕组中心抽头，两组相等电压U_r和U_t作为输入电压比较用的基准电压。4只整流器D1～D4和电阻R_1～R_4组成环形解调器。输出电压U_o在电阻R_5、R_6上形成。输入电压U_s从变压器次级绕组中心和输出电阻中心接入。

（2）自动操舵

随动操舵的舵令是人工给定的，自动操舵的航向是人工给定的，舵令是给定航向与实际航向比较后自动生成的。舵令是用来纠正航向偏差的，因此也称为纠偏舵。自动操舵方框图如图3－32所示。控制系统中有两个比较环节，一个是随动操舵控制系统中舵令与舵角反馈的比较；另一个是给定航向与实际航向反馈的比较。航向比较后自动生成舵令。自动操舵实际上是指自动生成舵令。随动操舵是实际舵角跟随舵令；自动操舵是实际航向跟随给定航向。

自动控制系统的控制对象是有惯性的。自动操舵系统的任务是保持航向，当扰动引起航向偏离时，要使航向回到（接近）给定值，需要一定的时间，调节到新的稳定值要经历一段过渡过程。例如，航向向左偏离，转右舵纠偏，回到原来航向的速度与船当时的载重、航速、风向和水流等有关，有经验的舵工在回到原来航向之前就开始逐渐回舵，接近给定值时再转（小角度）左舵，避免惯性引起航向向右偏航，然后回正舵；而经验欠缺的舵工可能在回到原来航向时才回正舵，必然又会引起航向向右偏离，再转左舵纠偏，反复左右操舵纠偏。同样的偏航采用不同的操舵方式纠偏，可能用较短的时间就回到原来航向了，也可能用很长的时间来左右偏转几次才稳定在原来航向，最差的情况是左右摇摆地“蛇行”。

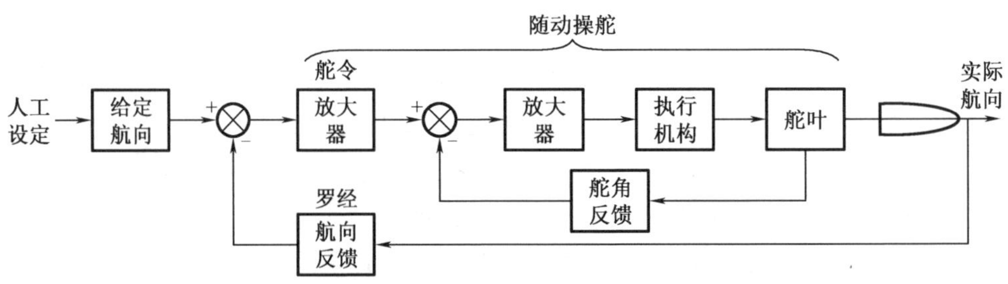

图 3－32　自动操舵方框图

自动操舵系统包括 3 种操舵方式：非随动（手柄）操舵、随动操舵和自动操舵。非随动操舵作为应急操舵是独立的。随动操舵和自动操舵是同一个控制系统。

一般（非自适应）自动操舵系统，在驾驶室操作台上设置操舵方式选择开关对应的操作设置是手柄操舵开关、随动操舵手轮、航向适配按钮和航向设定旋钮。为适应各种航行状况，调节自动操舵性能，设有灵敏度调节、比例调节、微分调节和积分（或压舵）调节等旋钮。

①操舵方式选择。

图 3－33 是操舵方式选择电路。操舵方式选择开关 S1 有 3 个位置：1 手柄，2 随动，3 自动。

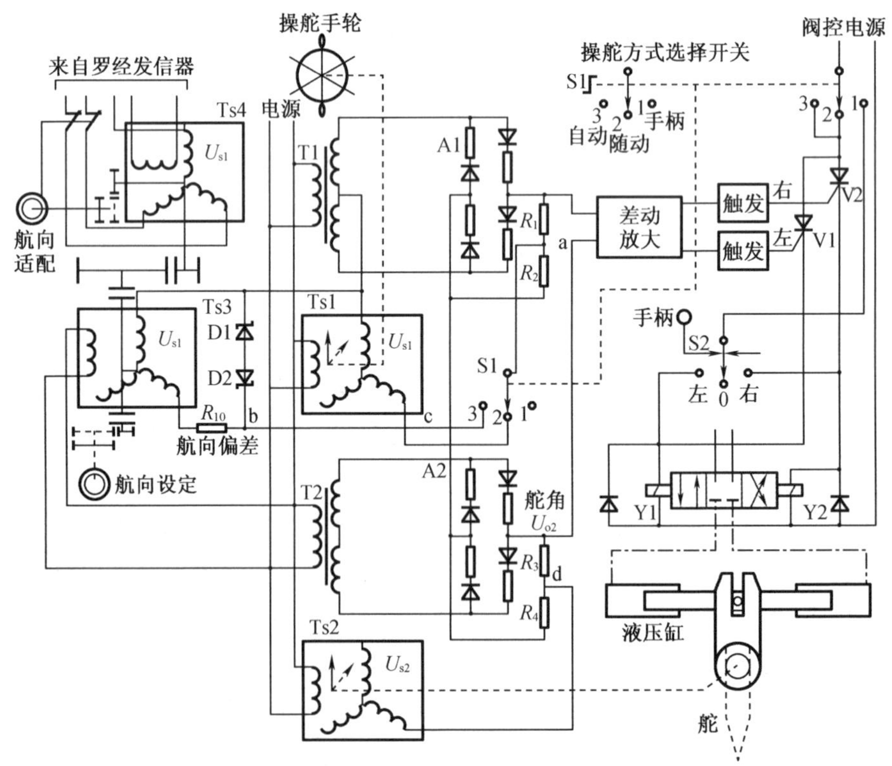

图 3－33　操舵方式选择电路

操作方式选择开关置 1 手柄位置，阀控电源接入自复零位的手柄开关 S2，电磁阀线圈受开关 S2 控制。另外，在舵机舱也设有应急用的手柄操舵开关盒（或称简易操作台），在舵机舱的舵机控制箱（或启动器）上用选择开关选择，图 3 – 33 未表示出。

操作方式选择开关置 2 随动和 3 自动位置，阀控电源接入可控硅 V1、V2，电磁阀受可控硅 V1、V2 控制。

由图 3 – 32 的方框图看出，随动操舵和自动操舵的区别主要是“舵令”的生成。随动操舵的舵令由舵工操作手轮给出；自动操舵的舵令由给定航向与罗经航向的偏差自动生成。在本例中随动操舵信号由手轮转动的自整角机 Ts 发出，自动操舵信号由与电罗经随动的自整角机 Ts 发出。操舵选择是转换这两个自整角机的输出。舵令相敏整流 A1 的输入是变压器 T1 的中点和负载电阻 R_1、R_2 的中点。两个自整角机输出的一端与 T1 的中点做固定连接，另一端用开关 S 转换。如图 3 – 33 所示，随动操舵 a 与 c 连接、自动操舵 a 与 b 连接。

随动操舵手轮的 0°与舵角 0°重合，手轮转动（发出舵令），两个位置不重合，误差通过差动放大输出转舵。

因此，自动操舵的给定航向对应手轮的 0°与舵角 0°重合，偏离航向时，电罗经带动自整角机转动，发出航向偏差的舵令。航向偏差的发信自整角机要受电罗经带动还要受给定航向设定。该自整角机在操舵台上作为电罗经的航向复示器。对它的设定有两个旋钮：航向适配旋钮和航向设定旋钮。航向适配旋钮也称为罗经复示同步旋钮，用来调整使复示器的指示与罗经同步，但与电罗经连接时是无法调整的，需要断开与电罗经的连接。一般有两种调整设置，一种设置是设如图 3 – 33 所示的连锁开关，按下旋钮时带动两副触头断开 3 相绕组的 2 相电路，使转子不受电罗经控制，同时调整齿轮啮合，转动旋钮调整复示的航向与罗经一致，松开旋钮，触头闭合，复示的航向与电罗经同步；另一种设置是设 1 个复示器开关，开关与电罗经的连接、断开，用旋钮进行适配调整，接通，则复示的航向与电罗经同步。也有自动同步的设置，接通复示器开关后自动同步调整，无须手动调整。航向设定是把该自整角机的 0 位置设定在指定航向上，设定时按下旋钮，使齿轮啮合，转动旋钮到设定的航向上然后松开。如果电罗经带动它偏离这个设定位置，则与舵角的正航产生误差，因此航向设定后，它的输出就是航向偏差。选择自动操舵时，需要进行航向适配调整和航向设定。

②比例操舵。

比例操舵是指航向偏离角与纠缠（舵）角的比例。同样的偏离角，采用的纠缠角越大航向返回越快。

③比例 – 微分操舵。

比例操舵跟踪偏航位置，微分操舵跟踪偏航速度。图 3 – 34（a）所示是对偏航信号的比例 – 微分。

航向检测输出偏航信号，在电阻 R_5 上流过比例电流，是偏航角的大小；在电容 C 上流过微分电流，是偏航速度的大小，合成电流在负载电阻上得到舵令电压 U_1，反映偏航的角度和速度。可以这样理解：偏航速度快，信号电压对电容 C 充电电流大，预计偏航角比实际偏航角大，舵令电压 U_1 增大；由于纠偏舵角跟随，偏航趋缓到停，微分（充电）电流减小到无，舵令电压 U_1 也随之减小到实际偏航角反映的大小；回航速度快，电容放电速度加快，电流减小,甚至使舵令电压极性相反,预计反向偏航的角度以相反的舵令阻止回航后方向偏航。微分信号使舵令信号超前。

用舵角的积分也可以反映偏航的微分,如图 3 - 34(b)所示。利用比例操舵电路的分压电阻 R_5 与电容 C 构成积分电路。舵角信号电压输出受积分电路作用,上升时通过 R_3 向 C 充电,输出电压 U_2 延时上升;下降时放电,U_2 延时下降。积分使舵角信号滞后,相当于使舵令信号超前,起到对偏航的微分作用。

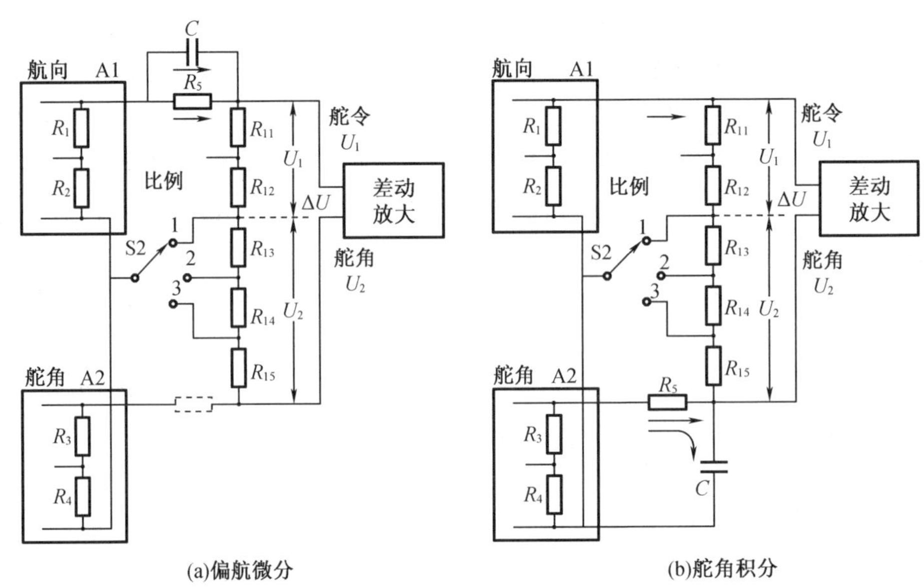

(a)偏航微分　　(b)舵角积分

图 3 - 34　比例 - 微分操舵

④积分操航和压舵。

由于单侧风浪、水流或装载不对称等,航向会向单侧偏离。自动操舵纠偏后又会再偏离,引起不必要的反复纠偏操舵。需要根据不对称偏航方向和程度,反方向给一持续的舵角,抵消不对称偏航作用。这个持续舵角一般称为压舵。

不对称的偏航可以用积分电路检测出。输入偏航信号电压不对称,电容器充、放电不相等,电容器上就有剩余的电压即平均电压。电压的大小反映不对称偏航的程度,极性反映偏航的方向。这种电路的时间常数太小,不能直接使用,需要与放大器构成积分电路。

⑤灵敏度。

自动操舵时的灵敏度是指开始纠偏的最小偏航角。

如果灵敏度为 1°,表示偏航在 1°之内装置没有转舵信号输出,超过 1°才有输出。自动调节系统中灵敏度与稳定性一般是矛盾的,灵敏度越高越不容易稳定。

操舵装置可以达到的灵敏度与整个系统可以达到的灵敏度并不一样。例如,操作装置的灵敏度可以达到 0.3°,但转舵机构的制动性能较差,随动操舵就产生振荡,只有降低灵敏度,才能稳定。

自动操舵采取各种电路措施可以有较高的灵敏度和稳定性。但在海况较差或恶劣时,用高的灵敏度来保持航向会出现不必要的反复纠偏操舵。一般在风平浪静时可以调节较高的灵敏度,例如0.5°~1°,较差时则为1°以上,恶劣时只能用人工操舵。

灵敏度由放大器的放大倍数决定,倍数越高,灵敏度越高。一般采用调节放大器的放大倍数来调节灵敏度。

四、锚机的通电调试

锚机试验是电气配合机械进行试验。机械试验前,电气须进行系统接线检查、绝缘电阻测量、控制电路动作检查和电动机转向检查。

为了避免引起不必要的机械动作,应请机械工人将电动机与锚机的离合器脱开。

1. 通电前的准备工作

①熟悉图纸,核对接线,检查凸轮控制器触头闭合顺序是否符合“触头闭合表”的规定。按图纸检查主令控制器、电动机和控制箱的接线。

②全面清洁。检查换向器与碳刷的接触情况,新建船舶可能在它们之间垫上一层牛皮纸,应小心取出,清洁、复原,保证水密。

2. 绝缘电阻测量

用500 V高阻表测量电动机各绕组和控制电路对地绝缘,一般应不低于1 MΩ,如有电子器件,必须断开,以避免损坏。

3. 继电器、接触器动作检查

通电试验前先检查继电器、接触器外观是否有损坏,手动检查触头,看是否有卡住或不灵活现象。打开主令控制器壳盖,扳动手柄,检查触头动作是否灵活,接触是否良好。

拆去电动机绕组接线,避免电动机转动。

动作检查需两人,一人操作主令控制器(简称主令),1人按图纸检查继电器、接触器动作。

(1)零位保护

合上电源开关,控制箱电源指示灯亮。

主令在零位,接通控制电源开关SA1,主令电源指示灯亮,零位继电器1K动作。

主令在其他位置,接通控制电源开关SA1,灯不亮,1K不动作。回零位,灯亮,1K动作。

(2)抛锚、起锚和调速动作

主令从零位向抛锚、起锚方向各挡速度扳动,每一挡检查对应接触器的动作是否与电路图相符。

从零位快速扳到(任一方向)高速,中速接触器4KM、5KM应先动作,延时1 s(2KT动作),转换到高速接触器6KM动作。

(3)制动器动作

主令操作任一方向,制动器应动作,在电机旁可以听见刹车片的动作声音。

用直流电压表测量制动器线圈两端的电压,吸动电压约为110 V,延时1 s(1KT动作)经济电阻串入,吸持电压约为30 V(电压值各型电动机有所不同)。

(4)高速过载保护动作

高速过载保护电流继电器KA应整定在额定电流的1.1倍动作,例如高速绕组额定电流为 85 A,则动作电流应整定在 94 A。通常该继电器是在制造厂用电流源设备整定后出厂的。如果怀疑动作数据有误,应拆回车间用电流源设备校验、整定。

在高速挡,用绝缘手柄的工具按下衔铁,模拟动作,经 2.5 s,3KT 动作自保,5KM 释放,4KM 动作,返回中速挡。

4. 电动机转向检查

3 挡转速接触器 3KM、4KM、5KM 输出分别通过 3 根 3 芯电缆与 3 组绕组连接。同一操作方向,抛锚或起锚,3 挡转速的旋转方向应是一致的。由芯线对线或接线错误导致旋转方向不一致,这是绝对不允许的。

(1)接线检查

在通电的情况下,用相序指示器检查同一操作方向、各挡转速的相序应一致。

(2)转向检查

在通电的情况下,检查操作的方向与电动机的转向是否一致;同一操作方向、各挡转速的转向是否一致。通常只需检查一个方向。

分别接入 3 个绕组,主令扳到对应的转速挡,电动机的转向应一致。第一个绕组接入时,应先确认转向正确。

5. 烘潮加热检查

在电动机加热器端子上用电压表或 220 V 校验灯检查,加热开关 SA 接通,端子上应有电压。

6. 强迫运行操作检查

拆去热继电器 1FR 或 2FR 输出的任一接线,接通控制电源,主令置零位,零位继电器 1K 不动作、指示灯 H 不亮。按下强迫操作按钮 SB,1K 应动作、H 应亮。

7. 空载运转试验

恢复所有拆除的接线。操作主令两个方向和各挡转速,通过目视和听觉可以确认制动器的动作和各挡转速的区别。电动机每挡启动时电流表都有明显指示。

8. 负载运行试验

空载试验正常可以配合机械负载运行试验。

负载运行需要测量各挡转速的负载电流。一般用钳形电流表校验主令上的电流表。钳形电流表的测量精度不高,其优点是可以转换测量量程。电动机每挡启动时置于高量程,运行时置于与测量值相近的量程。如果对测量有疑义,也可以用精度高的(5 A)电流表,串入电流互感器的次级。例如,电流互感器是 150/5 A,接入电流表的满量程是 150 A。为了避免启动电流损伤仪表,可以在电流互感器次级并联小开关,短路次级,需要校验时断开。

阻容保护 R、C 不要随意拆开接线,否则运行中会损坏整流器,导致控制变压器烧坏。

五、起货机的通电调试

1. 准备工作

全面清洁;检查绝缘,冷态阻值不小于 1 MΩ;检查电器触头、衔铁的灵活和动作顺序;

检查安装质量及内外部接线是否良好。也要注意配合轮机人员检查机械部分，防止出现卡住故障。

2. 初次通电调试顺序

以阶段划分，起货机通电调试通常分为设备通电调查阶段、空车试验阶段和负荷试验阶段。以本线路为例，提供具体步骤如下（实践工作中，参照系泊试验大纲的有关细则，逐项进行试验提交工作）：

①拆开电动机与控制屏之间的主电路连接线，电动机暂时不通电。

②将主令控制器手柄置于零位，合上供电开关 QS 和控制电源开关 S，接通电源。

将手柄依次从零位扳到上升第 1 挡至第 3 挡，然后返回零位；再反方向扳到下降第 1 挡至第 3 挡，再回到零位。在包括零位在内的各挡位置上，检查控制屏的继电器、接触器通断情况是否符合线路的工作要求。手柄在上升或下降位置各挡的转换过程中，制动接触器 BK 不应有瞬时吸放现象发生。

③当手柄置于上升或下降的第 3 挡位置时，人为地使负载继电器吸放，检查各继电器、接触器动作情况是否符合工作要求。

④检查时间继电器 1KT ~ 6KT 的延时时间。

⑤检查零压继电器 1KA 和过电流继电器 2KR 工作的可靠性。1KA 的最小吸引电压不大于 85% U，释放电压不小于 30% U；2KR 整定在 $25I_e$ 动作。除非出现意外，一般地，2KR 经制造厂整定后，船厂在调试过程中不需要再复验整定值。

⑥控制屏调试结束后，恢复原来的主电路，进行空车试验。

⑦操纵主令控制器，让电动机在上升和下降两个方向的三个速度挡上反复运转，观察电动机运转是否正常，然后分别记录各挡电流与转速。

⑧按试车要求，与机械人员配合，让电动机在指定的速度挡空车运转 2 h，检查电动机及轴承发热情况和机械部分的工作情况。

⑨在电气、机械部分工作全部正常后，配合穿钢丝、装吊钩。

⑩以各挡速度操纵空钩反复上下，观察其工作情况和电动机电流大小。如果工作正常，记录各挡电流及转速数据。

⑪逐渐增加负荷至额定值为止，以 1 ~ 3 挡速度反复运转，观察制动器工作情况，并测定它是否能刹住正在高速下降的额定负荷。

⑫待额定负荷反复上下运行一段时间以后，记录其热态绝缘电阻，检查电动机的发热情况。

⑬配合有关人员进行超负荷试验。在超重 10% 时，检查制动器的可靠性。

3. 调试注意事项

①在调试过程中要注意观察，并确保 1KM、2KM、3KM 交替接通期间，应当由 2KM 吸合后再断开 1KM 主触头，或由 3KM 吸合后再断开 2KM 主触头。还要保证变速时刹车接触器 BK 没有瞬时吸放现象出现，否则就要检查 BK 的延时时间是否整定得太短，并及时给予调整。

②交流三速异步电动机的中速挡是额定工况，所以在进行空车试验时，应让电动机中

速空车运转 2 h,以检查电动机及轴承的发热情况,还有机械部分的工作情况。

③通电调试时,如果由岸电供电,可能会出现大容量电动机多次启动后再也无法启动的现象。出现这种情况可以通过风机能否再次启动来判断,并用电表检查、验证岸电电源是否出现故障。

④多速异步电动机(特别是独立绕组的多速异步电动机)初次通电调试时,要注意同方向的各挡转动方向是否一致。如果电动机转向一不致,换挡时电动机先是迅速制动,紧接着又反向启动,而且这种换向启动完全是在没有任何延时和限流的情况下发生的,会出现极大的冲击电流,严重时会引起电动机转轴扭断、鼠笼条断裂及绕组损坏等后果。所以调试人员在操纵主令控制器手柄进行初次通电换挡检查时,必须密切注意电机的转向,一旦发现上述现象,应立即停车,纠正电动机绕组的接线。

⑤由于运输、安装过程中存在不可预见的因素,在通电调试前可能会埋下隐患,如某些继电器、接触器延时整定值发生变化,甚至失去作用,因此第一次通电时必须小心谨慎,逐挡递增或递减变速。只有确认前挡位置上各部件和电动机控制屏的工作都正常后,才能检查下一挡。切忌在通电之初,马上进行越级变速、快速停车或由一个方向的第 3 挡突然扳向另一方向的第 3 挡等试验项目。

⑥在调试中,经常发现温度继电器失灵,这是无法更换的。在接线时先检查一下,如果温度继电器已经断开,干脆用导线将其短接。

六、舵机的通电调试

1. 初次通电前的准备工作

①全面清洁舵机装置电力拖动系统所配属的各控制器、控制箱、电机、操舵台和舵角收发讯器等各部件。

②熟悉图纸,检查系统接线的正确性和完整性。

③检查主令控制器、按钮等操舵主令电器的触头闭合顺序是否符合要求,接触是否良好,有无机械卡住等不正常情况。

④检查整个系统的绝缘电阻,其冷态绝缘电阻应不小于 1 MΩ。

⑤准备好所需要的测试仪表。

⑥把所有的熔断器按容量配好熔芯或熔断片,装齐全部指示灯灯泡。

⑦分别扳动执行电动机和机组,检查有无卡死现象。

⑧将舵叶置于零位。

2. 初次通电调试的顺序

单动舵机的通电调试一般分为三种阶段,即空车试验、负载试验和航行效用试验。具体步骤如下:

①舵机是机电结合的装置,首先在钳工的配合下,松开“手动 - 电动”离合器,使舵机执行电动机处于空载状态。由钳工检查并保证转舵装置的机械部分符合要求,不能有卡死和过重现象,从左满舵到右满舵(或反之)时,静止阻力矩应当均衡。

②对于由继电器、接触器直接控制的舵机装置电力拖动系统,可以仿照锚机和起货机

的通电调试方法,在电动机不参加工作的情况下,检查控制设备内的内外接线及继电器、接触器动作的正确性。在控制线路通电检查及调试结束后,恢复主电路,准备进行空车试验。

③接通离合器,让执行电动机带动舵叶偏转,注意操纵手柄的方向是否与实际偏舵方向一致,电动机端电压是否下降,左右两个偏舵方向的电压、电流转速是否相等。

④检查舵机限位开关的接线正确性。在操右舵时,人为地压住右舷的限位开关,电动机应立即停止向右偏舵,但仍可向左偏舵;然后操左舵,压住左舷的限位开关,电动机也应该停止向左偏舵,但可以向右偏舵。

在确认接线正确以后,再检查限位开关的安装位置是否使舵叶停止在34°~35°。规范要求操舵装置的机械舵角限制器的安装位置应比最大工作转角大1.5°,而电气限位开关应确保在舵叶到达机械限制器之前动作。通常舵叶在限位开关动作后,还要转过0.5°~1°,所以限位开关的安装位置要适当往前挪动一些。另外,推动限位开关的压板要保证在限位开关动作以后继续保持其工作状态不变。

⑤只有在限位开关调整结束后,方可进行操满舵试验。从零位向左右二舷操舵,再将舵从一舷满舵转至另一舷满舵,记录偏舵时间,电动机的转速、电压、电流。

偏舵时间若超出规范范围,则应请钳工检查机械传动部分的公差配合和安装是否符合技术要求。

⑥一号系统手动操舵完毕后,即投入二号系统手动操舵,具体步骤与上述相同。

⑦两套系统的舵机舱手动操舵调试结束后,在转入驾驶室操纵之前,应先核对舵角指示器。核对内容一般有操舵手柄、舵角发送器与舵叶零位校对,操舵手柄(或按钮)的动作方向与舵角指示器指针和实际偏舵方向的偏向校对,以及满足规范要求的实际舵角方向与舵角指示器指示方向的误差不大于1°,且实际舵角在±35°之间无任何异常现象等。

⑧转入驾驶室(或桥楼)操舵。复核驾驶室(或桥楼)手动操舵是否正常,手柄方向和偏舵方向是否一致。

⑨接通低压电源,检查舵机失压、过载等报警装置动作的正确性。

⑩在所有位置调试结束后,可在驾驶室进行反复左右操舵试验,每套系统应各工作1 h。在此期间不应有任何故障发生。试验后,测量系统的热态绝缘电阻,并检查各电机的发热情况。

⑪试航期间,在船舶做匀速航行时,进行航行操舵试验,操舵顺序如下:

a. 零度至左满舵;

b. 左满舵至右满舵;

c. 右满舵至左满舵;

d. 左满舵至零度;

e. 零度至右满舵;

f. 右满舵至零度。

在每次偏舵时,记录电动机的电压、启动电流、工作电流、偏舵时间、系试验前后的绝缘电阻。

在主机全速倒车时,检查倒车操舵的可能性,偏舵时间不做限制。

3. 调试注意事项

①舵机调试前必须认真检查舵叶周围的情况，只有在确信舵叶没有被异物缠住、卡死或嵌在岸边的淤泥中时，才可进行通电调试。

②调试舵机必须注意安全，防止发生设备事故和人身事故。尤其在驾驶室（台）进行操舵时，舵机舱必须有人照应，在舵扇和舵杆活动范围内，不应有人做其他工作。常在舵机舱里的人员，应该懂得如何使舵机紧急停车，以防止事故发生。

③零位校准是舵机装置电力拖动通电调试中必须高度重视的一环，特别是通过离合器从手动操舵到电动操舵，或中途因检查机械传动装置而暂时破坏了零位一致性，待检查结束再次与电动机输出轴相连时，都必须重新仔细校对操舵手柄、舵角收发讯器和实际舵角三者零位的一致性。

④舵角指示器必须工作正常，否则不允许进行遥控操舵。特殊情况下，也必须有驾驶室——舵机舱的直接通信联络手段。

⑤舵角限位开关必须安装牢靠，工作正常。要防止限位开关的连杆、滑轮等部位被舵扇撞坏或压垮。

⑥偏舵时间一般由设计保证。调试时以执行电动机的电压、电流及转速是否达到额定值为准。

⑦主机与舵机不能同时做系泊试验，以防船只偏斜将缆绳扯断或出现其他设备事故。

【任务实施】

①简述电动起锚系绞机、起货机、舵机电路装置的工作原理。

②辨认电动起锚系绞机、起货机、舵机电路装置的内部布置元件。

③掌握通电前的准备工作。

任务二　甲板机械装置故障排除

【任务描述】

会检测和判断电动起锚系绞机、起货机、舵机电路装置的常见故障，并能正确排除。

【培养目标】

①掌握电动起锚系绞机、起货机、舵机电路装置常见故障排除的方法。

②熟悉船舶电工（电气调试部分）技能等级鉴定四级考核要求。

【知识准备】

一、根据电路、设备的结构及工作原理查找故障范围

①弄清楚被检修电路、设备的结构和工作原理,是避免盲目检修的前提。

②检查故障时,先从主电路入手,看拖动该设备的几个电动机是否正常。

③逆着电流方向检查主电路的触头系统、热元件、熔断器、隔离开关及线路本身是否有故障。

④根据主电路与二次电路之间的控制关系,检查控制回路的线路接头、自锁或连锁触头、电磁线圈是否正常,检查制动装置、传动机构中工作不正常的范围,从而找出故障部位。

⑤若能通过直观检查发现故障点,如线头脱落、线圈烧毁等,则检修速度更快。

二、从控制电路动作程序检查故障范围

①通过直接观察无法找到故障点时,在不会造成损失的前提下,最好切断主电路,让电动机停转。

②通电检查控制电路的动作顺序,观察各元件的动作情况,如某元件该动作不动作、不该动作乱动作、动作不正常、行程不到位、虽能吸合但接触电阻大或过大、有异响等现象,如有,故障点很可能就在该元件中。

③当控制电路检查认定工作正常后,再接通主电路,检查控制电路对主电路的控制效果,最后检查主电路的供电环节是否有问题。

三、利用仪表检查

①线路的通断、电动机绕组、电磁线圈的直流电阻、触头的接触电阻等是否正常,可用万用表相应的电阻挡检查。

②电动机三相空载电流、负载电流是否平衡,大小是否正常,可用钳形电流表或其他电流表检查。

③三相电源电压是否正常、是否一致,电器的有关工作电压、线路部分电压等可用万用表检查。

④线路、绕组的有关绝缘电阻,可用兆欧表检查。

利用仪表检查电路或电器的故障有速度快、判断准确、故障参数可量化等优点,所以电气维修中,应充分发挥仪表检查故障的作用。

四、机械故障的检查

在电力拖动和机床电路中,有些动作是由电信号发出指令,机械机构执行驱动的。如果机械部分的连锁机构、传动装置及其他动作部分发生故障,即使电路完全正常,设备也不能正常运行。在检修中,应注意机械故障的特征和表象,探索故障发生的规律,找出故障点,并排除故障。

在电力拖动中,可能发生故障的线路和电器较多,有的明显,有的隐蔽,有的简单易于排除,有的复杂难于检查,在检修故障时,应灵活应用上述方法,及时排除故障,确保生产的正常进行。检修中注意做好书面记录,积累有关资料,不断总结经验,提高检修能力。

五、起货机、锚机系统管理

对起货机、锚机等主要甲板机械电气设备的供电,应实行供电通知单或供电牌制度。

1. 投入使用前检查

①通电之前,必须进行绝缘电阻测量,低于要求时,必须先做绝缘处理。

②用主令控制器手柄(或手轮)进行操作,起货机实际工作状态必须符合主令控制器手柄(或手轮)位置。

③有自动复位弹簧的控制器,当手离开操纵手柄时,应能自动回复零位,电动机停止运转。

④起货机加速时,必须符合本船起货机电气线路的换挡特点(如重叠换挡、自动逐级延时换挡等),加速换挡时电动机不应发生堵转现象。

⑤当主令控制器手柄(或手轮)快速越挡操纵时(如从上升三挡到下降三挡)应有逆转矩控制,即从上升高速到零的停车过程,再从零逐级启动到下降高速运转。

⑥起货机电气,机械制动与低速堵转时间应符合本船的要求。

⑦对无级调速起货机和发电机-电动机系统,平滑调节主令控制器,应使起货机平滑启动及运转。

⑧试验零位(失压)保护,紧急停车开关及按钮的可靠性。

2. 运行中检查

①检查起货机系统电机和制动器温升,不能超出要求。

②对有通风系统的电机,应检查风机及风道是否正常。

③起货机在额定负载下,以每分钟 V m 的速度下降时其制动滑程,不应大于 $V/100$ m,电机各挡转速不能出现超速现象。

④检查控制箱(屏)内电器有否异常现象,如继电器、接触器是否振荡,机械连锁是否可靠,电器是否过热等现象。

⑤对于回转吊应检查回转、变幅的限位及警报装置是否可靠。

⑥对于行走式起货机应检查移动电缆是否损坏,行走限位装置是否可靠。

⑦有用负载继电器进行超载限速装置的,要观察负载继电器是否动作。

⑧双杆吊在高速挡有超载电气连锁时,要检查超载连锁是否可靠。

⑨对串接主电路所用的电阻器(如直流起货机),应检查通风是否良好,并注意电阻器的温升。

3. 使用结束后的检查

①必须检查电源是否切断。

②控制室的门窗、电动机的风门应关紧,防止海水进入。

③必要时对电动机、控制屏进行加热驱潮,防止绝缘电阻降低,梅雨季节尤其要注意。

六、舵机系统的管理

船舶电气管理人员必须详细了解和掌握舵机系统的原理、性能和结构。

结合实物对照图纸，查清线路和机械传动结构，明确原理图上各元件的作用及各测试点的实际部位和编号。

根据原始数据，查对“自动”“随动”之正舵、满舵时各主要环节的电压值及不通电时的电阻值，发现偏离原始值时，必须查明原因，排除故障。

1. 开航前检查

①操舵台上的控制开关、按钮、指示灯以及失压、过载报警声光信号装置等应完整、有效。

②观察两舷供电的转换情况，并用应急电源在驾驶室和舵机室分别操试。

③检查操舵器、舵角指示器与舵叶实际位置的误差，在正舵位置时为0°，在大角度时不大于2°。

④用各种操舵方式在各操舵台进行操试，检查应急舵机操纵的有效性，并注意操舵器的机械传动部件是否灵活、可靠，舵叶限位开关是否正常。

⑤自动舵及电动舵机系统不应有跑舵、冲舵、不回舵、振荡等现象。

⑥观察转舵时间（即复查舵从一舷35°转至另一舷30°所需要的时间），要保证舵有一定的偏转速度。并注意转舵时是否有异常现象，转动是否均匀，是否符合试航时的原始数值。

⑦用两套机组轮换使用，观察控制系统是否正常。

⑧为了保护电动机及泵组，系统启动之后不要立即进行操舵，最好在电动机启动30 s后进行（应急情况例外），操舵器工作完毕后，应将舵置于零位后再切断电源。

2. 在正常航行期间检查

①查看机组的运行情况、电机声响、温升（包括轴承）、换向器火花等是否正常。

②制动器、电磁离合器、电磁阀、限位开关等动作是否正常。

③各仪表读数、机组运行指示、舵位指示灯等工作是否正常。

④使用自动操舵仪时还要注意：自动舵灵敏度应调到最佳状态，充分发挥自动舵的优越性；在八、九级以上大风浪天气，自动舵不能应付复杂海况时，为了保证航行安全，应停止使用；使用航向调节器时，应避免超过15°的大舵角操舵。

另外对于有两套舵机系统的船舶应定期轮换使用，以延长其寿命。在打开操舵台上的盖板时，应防止碰坏小模数齿轮和落入灰尘影响齿轮传动精度。

在对操舵器加油润滑时，不要将油滴到触头、电线、密封橡皮等元件上，对微电机（自整角机等）应检查是否有发热、声响、旋转不均匀等现象。

【任务演示】

一、实习步骤和要求

①学生应先用通电试验法来发现故障现象。

②根据故障现象进行分析，并在原理图上用虚线标出故障电路的最小范围。

③用逻辑分析及测量等检查方法迅速缩小故障范围，准确地找出故障点。

④采用正确方法迅速排除故障。

⑤通电校验。

二、船舶电工(电气调试部分)技能等级鉴定四级考核及“评价要素”得分

船舶电工技能等级鉴定的项目评分细则表见表 3－1。

表 3－1　船舶电工技能等级鉴定的项目评分细则表

<table>
<tr><td>职业(工种)</td><td colspan="4">船舶电工</td><td>等级</td><td colspan="2">四级</td></tr>
<tr><td>项目名称</td><td>电气控制排故</td><td>鉴定内容</td><td colspan="3">甲板机械装置故障排除</td><td>鉴定时限</td><td>30 min</td></tr>
<tr><td>细则号</td><td>鉴定要求</td><td>配分</td><td>等级</td><td colspan="2">评分细则</td><td colspan="2">考评记录</td></tr>
<tr><td rowspan="4">1</td><td rowspan="4">根据考件中的故障，以书面形式写出故障现象</td><td rowspan="4">20</td><td>A</td><td colspan="2">三道题判别故障现象完全正确</td><td colspan="2"></td></tr>
<tr><td>B</td><td colspan="2">三道题判别故障现象基本正确</td><td colspan="2"></td></tr>
<tr><td>C</td><td colspan="2">两道题判别故障现象基本正确，另一道题判别故障现象错误</td><td colspan="2"></td></tr>
<tr><td>D</td><td colspan="2">三道题判别故障现象全部错误或不能判别</td><td colspan="2"></td></tr>
<tr><td rowspan="4">2</td><td rowspan="4">根据考件中的故障，以书面形式做简要分析</td><td rowspan="4">30</td><td>A</td><td colspan="2">三道题故障分析完全正确，思路清晰</td><td colspan="2"></td></tr>
<tr><td>B</td><td colspan="2">三道题故障分析基本正确</td><td colspan="2"></td></tr>
<tr><td>C</td><td colspan="2">两道题故障分析基本正确，另一道题故障分析错误</td><td colspan="2"></td></tr>
<tr><td>D</td><td colspan="2">三道题故障分析全部错误或不能分析</td><td colspan="2"></td></tr>
<tr><td rowspan="4">3</td><td rowspan="4">排除故障，写出实际故障点</td><td rowspan="4">40</td><td>A</td><td colspan="2">三道题故障排除完全正确，思路清晰</td><td colspan="2"></td></tr>
<tr><td>B</td><td colspan="2">两道题故障排除正确，另一道题故障排除错误</td><td colspan="2"></td></tr>
<tr><td>C</td><td colspan="2">经提示后能排除一道题的故障</td><td colspan="2"></td></tr>
<tr><td>D</td><td colspan="2">三道题排除故障全部错误或不能排除故障</td><td colspan="2"></td></tr>
<tr><td rowspan="4">4</td><td rowspan="4">安全生产无事故发生</td><td rowspan="4">10</td><td>A</td><td colspan="2">安全文明生产，操作规范，穿电工鞋</td><td colspan="2"></td></tr>
<tr><td>B</td><td colspan="2">操作规范，未穿电工鞋</td><td colspan="2"></td></tr>
<tr><td>C</td><td colspan="2">未经允许擅自通电，未造成设备损坏</td><td colspan="2"></td></tr>
<tr><td>D</td><td colspan="2">不能文明生产，不符合操作规程，带电接、拆线</td><td colspan="2"></td></tr>
</table>

“评价要素”得分＝配分×等级比值。等级比值见表 3－2。

表 3－2　等级比值

等级	A(优)	B(良)	C(及格)	D(较差)
比值	1.0	0.8	0.6	0.2

三、注意事项

①要掌握电气原理图中各个控制环节的作用和原理，并熟悉电动机的接线方法。

②在检修过程中严禁扩大和产生新的故障，否则，要立即停止检修。

③检修必须在定额时间内完成。

④在带电检修故障时，必须有指导老师在现场监护，并确保安全。

【任务实施】

①掌握电动起锚系绞机、起货机、舵机电路装置常见故障检查和排除的方法。

②熟悉船舶电工(电气调试部分)技能等级鉴定四级考核要求。

习　　题

一、填空题

1. 锚机是用来________和________的机械设备。

2. 锚设备包括________、________、________、________、________和________等。

3. 电动锚机的起、抛锚运行主要是对电动机的运行控制，从电气控制来看是对电动机的________和________控制。

4. 交流三速电动锚机的电动机有________个连接绕组。

5. 液压马达简称油马达，是________的动力器件。

6. 起货机起、放货物从一处到另一处，要做________、________、________三个动作。

7. 舵机动力机械有________和________两大类。

8. 操舵的基本方式有两种：________和________。

9. 舵机控制系统一般设置三种操舵方式：________、________和________。

10. 电动机的功率与转速(对应旋转角速度)和________有关。

11. 起货机操作频繁，直流圆盘式电磁制动器的吸动电压和维持电压都是________，吸动后无须串联经济电阻。

12. ________是最基本的操舵方式，也是必须设置的操舵方式。

13. 负载运行需要测量各挡转速的________。

14. 操舵是在航向被(外界因素)改变或需要改变时进行。操舵的依据是____________。

15. 非随动操舵与随动操舵都属于________操舵。

二、判断题

1. 现在许多大功率机械设备以液压为动力，对机械运行控制都在液压系统中进行。（　　）

2. 调速采用变极调速，可以平滑调速。（　　）

3. 液压泵由电动机驱动，电动机把电能转换成机械能，液压泵把驱动电动机的机械能转换成输到系统中去的油液的压力能。（　　）

4. 操纵控制阀的输出方向和开度大小，可以改变旋转方向和跳跃的调节转速。（　　）

5. 船舶自锚泊状态启航前，收起锚机和锚链的作业过程称为正常起锚。（　　）

6. 用于操纵舵叶偏转的机械设备称为锚机。（　　）

7. 因为鼠笼式转子有自动产生与定子同样极对数的特点，因此变极只需改变定子绕组的极对数。（　　）

8. 电气控制电路由主电路和控制电路组成。（　　）

9. 交流三速锚机中，电动机低速、中速和高速都可以直接启动。（　　）

10. 低速和中速运行有热继电器做过载保护。（　　）

11. 为安全起见，制动器的电磁线圈不通电时，电动机处于制动状态，通电后电动机才能运转。（　　）

12. 电气制动是利用转子转速高于绕组产生的同步转速，电动机转动动能转换成电能，绕组发电反馈给电网，产生再生制动。（　　）

13. 零位保护是起货机在任何方向、任何速度下运行时，因故停止，必须把操作手柄返回到“零”位后，控制电路才能再次工作的保护。（　　）

14. 舵机控制系统一般设置三种操舵方式：非随动操舵、随动操舵和自动操舵。（　　）

15. 随动控制是使控制量与标准量重合的自动控制方式。（　　）

三、选择题

1. 电气控制只有启动器控制油泵电动机，其他操纵控制都由________执行。（　　）

A. 液压系统　　B. 机械系统　　C. 电气系统

2. 船舶航行依靠主机的动力推进，依靠舵保持和改变________。（　　）

A. 电压　　B. 航向　　C. 电流　　D. 电阻

3. 变极调速一般只限于________电动机。（　　）

A. 绕线式　　B. 直流　　C. 同步　　D. 鼠笼式

4. 为安全起见，制动器的电磁线圈不通电时，电动机处于________状态，通电后电动机才能运转。（　　）

A. 正转　　B. 制动　　C. 反转　　D. 调速

5. 电磁线圈是一个具有________的储能器件。（　　）

A. 大电容　　B. 大电感　　C. 大电阻

6. 三速电动机的转向和调速控制需要________台接触器。（　　）

A. 1　　B. 2　　C. 4　　D. 5

7. 控制电路采取的措施保证了无论手柄扳动的速度多快，电动机必须在低速启动________ s 后才能进入中速。（　　）

A. 0.6　　B. 0.7　　C. 0.8　　D. 1

8. 电路还需要采取措施，把在高速或中速转动的电动机，强制________在产生再生制动，把能量反馈给电网，然后再进行机械制动。（　　）

A. 高速　　B. 低速　　C. 中速

9. 舵机的运行特点是：工作频繁，海船每小时操作达________次。（　　）

A. 100 ~ 200　　B. 700 ~ 900　　C. 300 ~ 600　　D. 1 000 ~ 1 200

10. 交流三速异步电动机的________挡是额定工况。（　　）

A. 高速　　B. 低速　　C. 中速

四、问答题

1. 请叙述正常起锚过程及其负载特性。

2. 变极调速一般只限于鼠笼式电动机。变极是改变定子绕组的极对数。因为鼠笼式转子有自动产生与定子同样极对数的特点，因此变极只需改变定子绕组的极对数。改变定子绕组极对数的方法有几种？

3. 何为零位保护和强迫运行？

4. 舵机的基本要求有哪些？

5. 操舵的基本方式有哪些？

6. 什么是随动操舵？

7. 在锚机的通电调试前的准备工作有哪些？

8. 如何在锚机通电调试中进行负载运行试验？

答案

项目四　发 电 机

任务一　发电机识读

【任务描述】

能正确识读发电机上的符号及充放电板上的符号。

【培养目标】

①掌握发电机的结构组成,能说出各部分的作用。
②了解发电机的保护装置类型。
③能说出发电机的各种检测仪表类型。
④了解充放电板的组成,能说出各部分的作用。

【知识准备】

一、发电机的组成

船舶一般采用三相交流(旋转)同步发电机。发电机本身不会旋转,需要用其他机械驱动,一般由容量相匹配的原动机驱动。用柴油机作原动机的称为柴油发电机,用汽轮机作原动机的称为汽轮发电机或透平发电机。发电机外形如图 4 -1 所示。

图 4 -1　发电机外形

原动机把燃料的热能转换为机械能,旋转发电机是把原动机的机械能转换为电能的机械。

1. 三相交流同步发电机结构

交流发电机由发电机本体和励磁装置组成。

发电机本体由两个部件组成:一个是生磁场的磁场(励磁)绕组,另一个是发电的电枢绕组,如图 4 -2 所示。三相电枢绕组出线端子用 U、V、W 表示,也有用 A、B、C 表示的,三个电枢绕组的一端连接在一起,称为中性点或中点,用 N 表示。电枢绕组的这种连接称为星形接法。船舶发电机的中点一般都不引出。励磁绕组出线端子用 F1 和 F2 表示。以后讨论无刷发电机时可以看到,这两个端子不引出线,引出的是励磁机的励磁绕组。

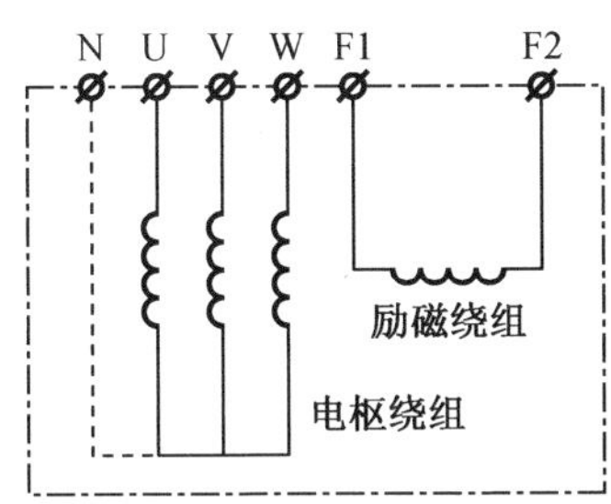

图 4 -2 发电机原理图

电枢绕组在磁场绕组产生的磁场中相对旋转运动感生电势发电。

同步发电机有两种结构形式:转场式和转枢式。

转场式的励磁绕组在转子上,电枢绕组在定子上。

转枢式的电枢绕组在转子上,励磁绕组在定子上。

旋转着的绕组与外部连接需要用滑环和碳刷接触导电。大功率发电机的电压较高、电枢电流较大,为了制成绝缘可靠的电枢相绕组、易于引出电枢电流,都采用转场式。船舶交流发电机都采用转场式。

转场式发电机的转子有两种结构形式:凸极式和隐极式。凸极式用于转速较低的,隐极式用于转速较高的。柴油发电机的转速一般在 1 800 r/min 以下,较多采用凸极式,转速较高的也有采用隐极式的。发电的原理是一样的。

现以凸极式为例,如图 4 -3 所示。转子有显露的磁极,转子励磁绕组为集中绕组,转子的磁轭和磁极一般不是整体的,图示磁极是用燕尾槽插入,安装在转子上。在转子磁极的表面上,有嵌在槽内的阻尼绕组,它是一组铜条,两端连接在一起,像异步电动机的鼠笼式转子一样。定子电枢绕组分布在定子铁芯的槽内。磁极是成对的,1 对极有 2 个极,2 对极有 4 个极。

励磁绕组是用直流电流激励的,电流的大小由自动励磁调节器控制。励磁电流随发电机负载电流和性质(超前、滞后)改变,以保持发电机端电压恒定在一定水平上。提供直流电流的电源称为励磁装置。励磁装置有旋转励磁和静止励磁。旋转励磁装置也是发电机;静止励磁则是变压器和整流器。

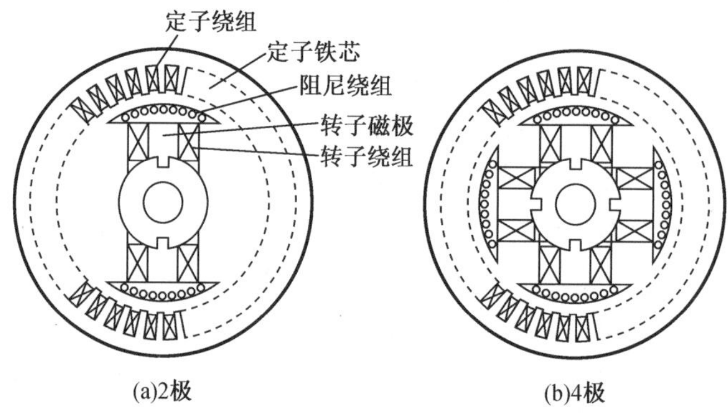

图4－3　凸极式发电机定、转子结构形式

励磁发电机称为励磁机。直流励磁机的输出要通过碳刷和滑环接入励磁绕组。交流励磁机采用转枢式交流发电机，电枢绕组在转子上。结构上把励磁机转子和发电机转子安装在同一轴上，励磁机电枢绕组的输出通过与轴一起旋转的转子整流器，把输出交流整流成直流电流输入励磁绕组。无须碳刷和滑环的发电机，称为无刷励磁发电机，简称无刷发电机。现在的船舶发电机大多采用无刷发电机。

典型的无刷发电机结构如图4－4所示，其主要部件分解如图4－5所示。励磁机的转子与发电机的转子在同一轴上，轴两端用轴承安装在机壳端盖上，轴伸出端为拖动端。励磁机转子的电枢绕组输出，直接与安装在转子上旋转的整流桥连接，输出直流电流，通过沿轴布放的导线接入发电机转子绕组。

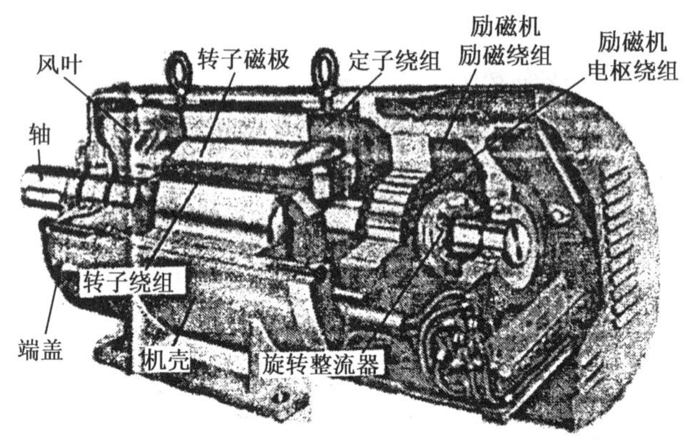

图4－4　无刷发电机的结构

发电机转子绕组套在定子铁芯内，定子铁芯槽内嵌电枢绕组。定子铁芯安装在机壳内。定子绕组出线引入上部的接线盒。发电机运行时流过电流所产生的主要损耗都转变成热能，使发电机发热。为了使发电机各部分的温度不超过允许值，发电机运行时需要对绕组和铁芯进行冷却。小功率发电机一般利用环境空气进行通风冷却；大功率发电机采用冷却空气进行循环冷却。图4－4是采用轴向通风系统，离心风扇装在拖动端，发电机旋转时，外部冷却空气从非拖动端的进风口吸入，经由铁芯与机座之间的空间及定、转子之间的气隙，通过风扇在拖动端的出风口排出，把热量带走。

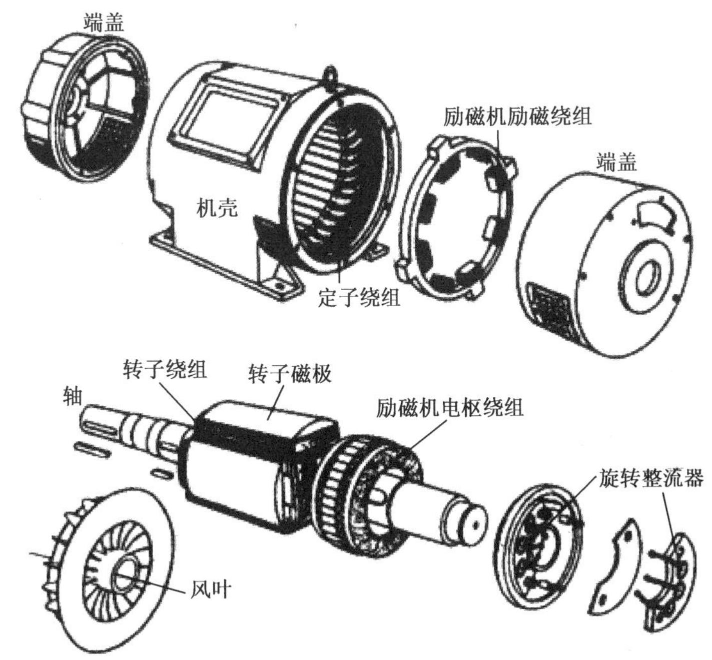

图 4－5　无刷发电机主要部件分解图

2. 发电机的额定参数

发电机的额定参数都刻印在发电机壳体的铭牌上。

①额定电压用 U_e 表示，是发电机三相出线端 2 线间的电压，即线电压。单位为 V（伏）或 kV（千伏）。

②额定电流用 I_e 表示，是发电机电枢绕组允许长期通过的电流值，是视在电流，一般是相电流。单位为 A（安）或 kA（千安）。

③额定容量或额定功率用 S_e 表示，或用 P_e 表示，是发电机允许长期输出的功率值。S_e 是视在功率，单位为 kVA（千伏安）；P_e 是有功功率，单位为 kW（千瓦）。

④额定功率因数用 $\cos\varphi$ 表示，或以 P. F 表示，是发电机在额定电流 I_e 和额定功率 P_e 时，电流滞后电压的相角 φ 的余弦值，一般是 0.8（滞后）。

⑤额定频率用 f_e 表示，是发电机（正弦）电压（电流）每秒钟交变的次数。单位是 Hz（赫兹）。

⑥额定转速用 n_e 表示，是在额定频率下发电机转子每分钟的转速。

⑦额定励磁电压用 U_{Fe} 表示，是发电机的电压、电流、功率、功率因数和频率运行在额定值时，励磁绕组两端需施加的直流电压值。单位为 V（伏）。

⑧额定励磁电流用 I_{Fe} 表示，是发电机的电压、电流、功率、功率因数和频率运行在额定值时，励磁绕组所需的直流电流值。单位为 A（安）。

⑨绝缘耐热等级是发电机运行时绕组绝缘中最热点的允许温度。分为 A、E、B、F 和 H 五个等级。

在端盖上还标有发电机的旋转方向的箭头。

3. 发电机的保护

发电机组供电运行可能出现异常情况和发生故障。异常情况是指运行参数超过允许值,例如过电流、过载、逆功率、欠电压、过电压、低频率及高频率等;故障一般是指各种短路。

异常情况可能将危及发电机组和用电设备的安全,需要采取保护措施以避免酿成事故;短路故障会损坏发电机组或用电设备,甚至引起火灾。

船舶是独立电网,切断发电机供电会引起全船失电,导致船舶失去动力和操舵,危及航行安全。

发电机保护的基本要求是在确保发电机组安全的前提下,最大限度地保证供电的连续性。

(1)发电机允许运行的电流范围

引起发电机损坏的主要原因是短路电流产生的热和电动力。长时间过电流运行产生的热会使绝缘老化。

发电机允许运行的电流范围主要由流过定子(电枢)绕组的电流决定。

发电机发热与电流的大小和持续的时间有关,与电流的相位无关,发电机能承受的电流由它本身的热容量决定。

(2)名词术语

国际电工委员会 IEC 标准采用如下定义:

过电流(简称过流)是指大于额定电流的不正常电流。

过载是指实际负载超过额定负载。

短路是指电路中两点,通过一极小的阻抗,人为或偶然地连接。

焦耳积分 I^2t 是指电流的平方在一定时间内的积分。它表示导体流过电流的热特性,对发电机来说就是流过电流产生的热。一定容量的发电机热容量是一定的,过流或短路时,电流越大允许的时间越短。按 I^2t 对发电机进行保护,称为反时限特性。

选择性保护是船舶电力系统对继电保护的基本要求之一,是指在给定范围内,只将故障部分切除电网,而保证其余部分正常运行的一种保护。

对交流发电机来说,电流通常是指视在电流;负载往往是指电流和功率。

在陆地电力系统中,习惯上把发电机较小的过电流称为过负荷,过电流通常是指外部短路的严重过电流。

过负荷就是过负载,简称过载。

在船舶电力系统中,同样把较小的过电流称为过载,严重的过电流例如短路才称为过电流。有时把 $1.1I_e$ 称为小过载;$1.5I_e$ 称为较大过载;短路称为严重过载。

(3)发电机保护的设置

①发电机的过电流保护

船舶发电机供电运行的保护主要是过电流保护。先看一下《钢质海船入级规范》对发电机过电流保护的要求:

应采用能同时分断所有绝缘极的断路器作发电机的过载和短路保护，其过载保护应与发电机的热容量相适应。并应满足下列要求：

a. 过载小于10%，建议设一带延时的音响报警器，其最大整定值应为发电机额定电流的1.1倍，延时时间不超过15 min。

b. 过载10% ~50%，经少于2 min的延时后，断路器应分断；建议：整定在发电机额定电流的125% ~135%，延时15 ~30 s后，断路器分断。

c. 过电流大于50%，但小于发电机的稳态短路电流，经与系统选择性保护所要求的短暂延时后，断路器应分闸。断路器的短延时脱扣器建议按如下规定进行整定：始动值为发电机额定电流的200% ~250%。延时时间：直流最长为0.2 s；交流最长为0.6 s。

d. 在可能有三台及三台以上发电机并联的情况下，还应设有瞬时脱扣器，并应整定在稍大于其保护发电机的最大短路电流下断路器瞬时分断。

《钢质海船入级规范》把小于$1.5I_e$的过电流称为过载；把大于$1.5I_e$的过电流称为过电流。

②发电机的过功率保护

发电机的有功功率由原动机承担。柴油机的过载能力为1.1倍额定功率，超过这个值应进行保护。考虑到：

柴油机的过载能力是有限的，当油门开至极限就不再增加，负载增加只会引起转速下降；由于电网负载以感应电动机即感性负载为主，功率因数总是滞后的，电流过载通常总是先于功率过载。

因此一般都不设置过功率保护。只有在设“功率管理”的自动电站中才设置对功率的监视，当功率超过设定值时采取保护措施，措施通常是启动备用机组投入并联运行。

③发电机的逆功率保护

发电机供电是输出功率。发电机逆功率处于电动机运行状态，是向电网吸取功率的。逆功率保护是对并联运行发电机的保护。

当发电机处于逆功率状态时，它不但不能分担电网的负载，反而增加了电网的负担，应采取保护措施把发电机从电网中切除。

发电机在投入电网并联时，由于存在频率差和相角差，在拉入同步的过程中也会引起待并发电机逆功率，但只要频率差和相角差在允许范围内，短时的逆功率是允许的。逆功率保护应具有一定的时限，以躲过同步过程可能出现的短时逆功率冲击。

《钢质海船入级规范》规定：并联运行的交流发电机应设有延时3 ~10 s动作的逆功率保护。逆功率值按原动机的类型不同可整定为：

a. 原动机为柴油机：发电机额定功率的8% ~15%；

b. 原动机为涡轮机：发电机额定功率的2% ~8%。

实际使用中，原动机为柴油机的发电机，一般都整定在额定功率的10% ~15%。

④发电机的欠电压保护

欠电压（简称欠压）是指低于额定值的不正常电压。失压是指电压等于零，即无电压。但习惯上有时把两者统称为失压。

欠压保护主要是对做并联运行发电机的保护，同时也是对诸如异步电动机等用户的保护。

并联运行的发电机要防止把未发电的或电压很低的发电机投入电网；还要防止电压消失后发电机继续留在电网上。

《钢质海船入级规范》规定，并联运行的发电机应设有欠电压保护并能满足如下要求：

a. 用于避免发电机不发电时闭合断路器应瞬时动作；

b. 当电压降低至额定电压的 70% ~35% 时，应经系统选择性保护要求的延时后动作。

由此看出，欠压保护包括失压保护的内容。电压降低至额定电压的 35% 做失压处理，应瞬时跳闸。

⑤发电机内部短路保护

过电流保护要对外部（发电机开关母线侧）和机端的短路进行保护，这是对小容量发电机的保护。保护动作是切断发电机开关，开关分断可以切除外部短路。对机端短路，开关分断只能切除短路对其他发电机供电的影响，保证电网供电不致被中断，并不能切断机端短路的发电机对短路点的供电。

4. 仪表测量电路

直流电路的运行参数是电压和电流，测量电路比较简单，这里不做介绍。下面介绍交流电站的仪表电路。交流电站要测量的电参数较多，但它的基本量仍是电压和电流。交流电可以通过变换器变换成不同比例的电压和电流，仪表都做成标准的表头，当它们用作不同范围的电压或电流测量时，只要选用合适的变换器即可。

（1）仪用互感器

配合仪表使用的变换器称为仪用互感器。用于变换电压比例的仪用互感器称为电压互感器；用于变换电流比例的仪用互感器称为电流互感器，它们的工作原理与变压器一样，区别在于：

①一般变压器的电压调整率允许的范围较大，即负载在允许的范围内变化时，允许输出电压有一定的变化。

②电压互感器具有电势源的性质，内阻极小，当负载在允许范围内变化时，输出电压几乎不变，且初、次级间的电压相位移极小。

③电流互感器具有电流源的性质，内阻极大，当负载在允许范围内变化时，输出电流几乎不变，且初、次级间的电流位移极小。

因此，电压互感器工作时相当于空载变压器，次极不允许短路；电流互感器工作时相当于短路变压器，次极不允许短路。

电流互感器初级用 L1 和 L2 表示，次级用 K1 和 K2 表示，次极标准电压为 5 V。其符号与接线图如图 4 –6 所示。

电压互感器的初级用 A 和 X 表示，次极用 a 和 x 表示，A 和 a 为同名始端，X 和 x 为同名末端，次极标准电压为 100 V。其符号与接线图如图 4 –7 所示。

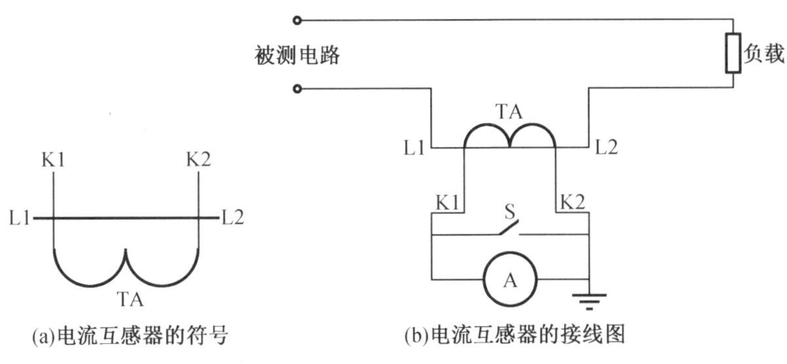

图 4－6 电流互感器的符号与接线图

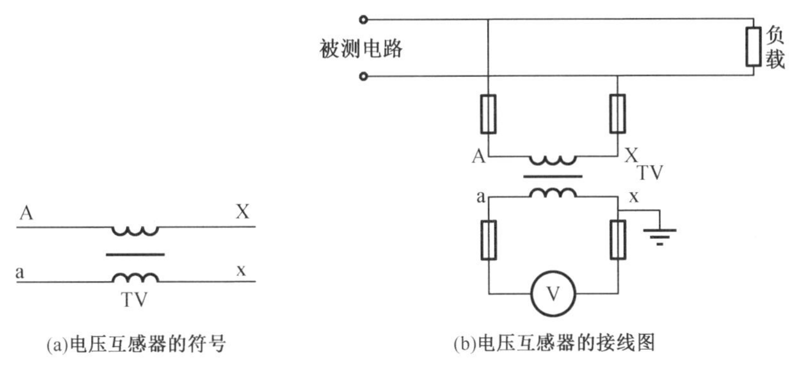

图 4－7 电压互感器的符号与接线图

(2)转换开关

交流主配电板上的测量电表比较多,接线又比较复杂,在一表多用的情况下,必须借助各种转换开关来分别选择测量对象。

(3)电压表

发电机运转、启励、建立电压。调节(如果可调)电压,使电压表指示额定值。

检查指示数值是否正确,可以合上发电机开关,把发电机接入主汇流排,将其他发电机屏的电压表,置于主汇流排位置测量,指示数值应基本相等。这是用对比的方法检查,这种方法是基于所有发电机电压表不可能都有问题。

如果发电机与主汇流排断开(同时进行单机试验),可以用其他仪表,例如万用表的交流电压挡测量,应大致接近。万用表的测量精度较低,不能校准用。

一般提交验收出现的争议是,几台(如 3 台)发电机并联,所有电压表应是同一数值,但实际指示有明显差异。需要用一台精度高于配电板电压表的表(最好是 0.5 级表)校验。配电板电压表的精度一般是 1.5 级,满刻度为 500 V 的表,允许相差 500 ×0.015 =7.5 V。两台仪表测量的读数差,应小于这个数值。如果大于,则需要送到仪表厂校验。

需要注意,如果配电板电压表通过电压互感器二次测量,那么用来校验的表不能接在二次侧测量,必须直接测量一次电压,如图 4－8 所示。

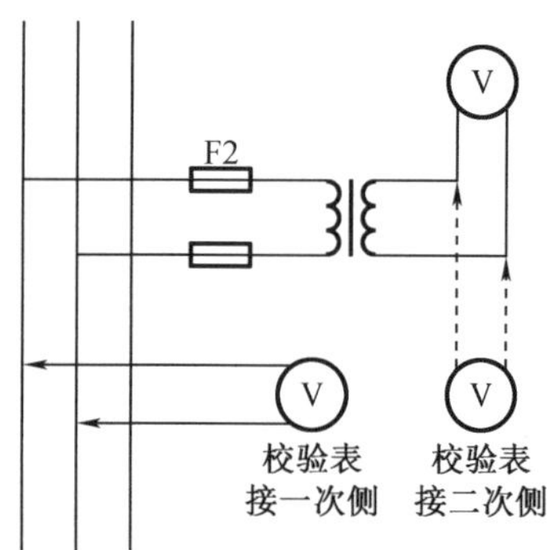

图 4-8　电压表检验

(4)电流表

发电机加载,电流表应有指示。为校验指示的正确性,可以用一台精度高于配电板电流表的表(最好是0.5级表)校验。需注意,国内电流表的表头是5 A,国外有用1 A的。校验表可以直接串联在被校验的表上,如图4-9所示。在发电机运转的情况下接入校验表,应先把对应电流表开关选择测量相的电流互感器次级短路,拆开电流表一个端子,串联接入校验表,然后拆开次级的短路接线,再加载校验。电流表选择开关有"0"位的,可以置于0位,开关0位是短路次级。与电压表校验一样,两个表测量的读数,其差值应小于被校验表的精度允许值。这种校验与电压表的二次测量有同样的问题。交流大电流测量只有通过电流互感器二次测量,二次负载超过规定就会使准确度下降。在这种情况下,只能得出校验表与被校验表的相对误差,无法得出与实际电流的误差。

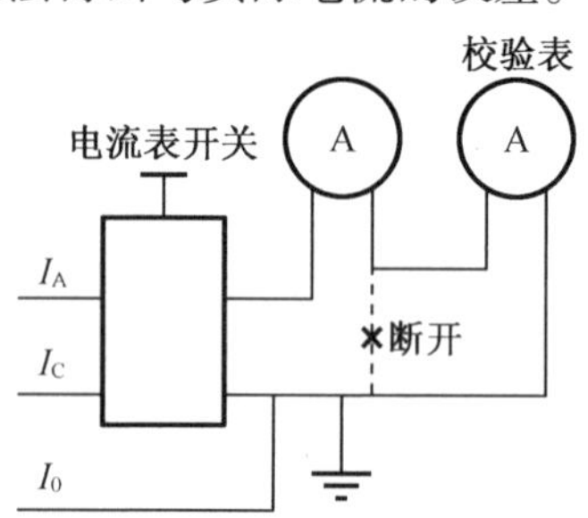

图 4-9　电流表检验

(5)功率表

功率表同时输入电压和电流信号。除了由存储、运输、安装不当和内部元件失效等引起的准确等级下降外,主要是由电压互感器和电流互感器的容量不匹配引起的准确等级下降。

(6)频率表

频率正比于转速。频率表是否准确可以通过测量原动机转速来校验。调节原动机转速至额定值,此时频率表也应指示额定值,否则应送制造厂校验。

频率应是与电压无关的量值。有的带变送器或整流型频率表,工作电源取自输入电压,电压降低太多会引起测量偏差。试验时应检查这种仪表的电压工作范围,先把电压和频率调节到额定值,然后缓慢调节电压在不小于 ±5% 的范围内变化,同时注意频率指示的变化,如果随电压变化而变化,则应送回制造厂校验。

(7)功率因数表

功率因数表是准确等级较低的仪表,一般只有 2.5 ~5 级,试验只确认指示方向正确。

电阻(有功)负载时,功率因数表指示应略偏滞后方向,如果偏超前则可能接线有误。加入电感(无功)负载,表应指示滞后,如果指示超前则接线肯定有误。

二、充放电板的组成

充放配电板是用来对蓄电池组进行充电控制和对直流用电设备或由蓄电池供电的设备,进行配电的开关和控制的组合装置,简称充放电板。

充放电板作为电源和所供电的用户构成临时应急配电系统。

正常电力系统提供全船所有(包括照明和动力)负载。应急电力系统只提供紧急情况下必需的照明和动力负载以及信号设备。临时应急配电系统不提供动力负载,仅提供少量紧急情况下必需的信号设备(或照明)。

临时应急配电系统如图 4 –10 所示。临时应急配电系统正常情况下由主电源供电,主电源失电由应急电源供电,应急电源失电由蓄电池供电。蓄电池供电时间有限,只能临时供电。

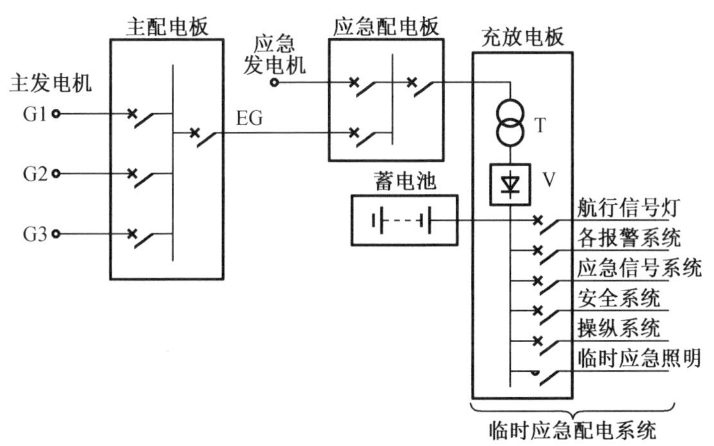

图 4 –10　临时应急配电系统图

直流用电设备主要是船舶安全必需的短时使用设施,例如各报警系统(如舵机失电报警、火灾报警、二氧化碳施放报警及主、辅机报警系统等)、应急信号系统(如总动员警铃、水密门关闭和开启信号系统、防火门关闭信号系统等),以及主机的安全系统和操纵系统等,也包括临时应急照明(即小应急照明)。

当主电网及应急电网失电或者电源降至额定值的 40% 时,临时应急照明自动接通蓄电池供电,主电网及应急电网电压恢复时自动切断。

船舶临时应急电源一般应为直流 24 V。大型船舶临时应急照明布点多、容量大,电压升高至 110 V 或 220 V。

【任务演示】

一、发电机上各种仪表

1. 仪用互感器

配合仪表使用的变换器称为仪用互感器。用于变换电流比例的仪用互感器称为电流互感器,外形如图 4－11 所示。用于变换电压比例的仪用互感器称为电压互感器,外形如图 4－12 所示。

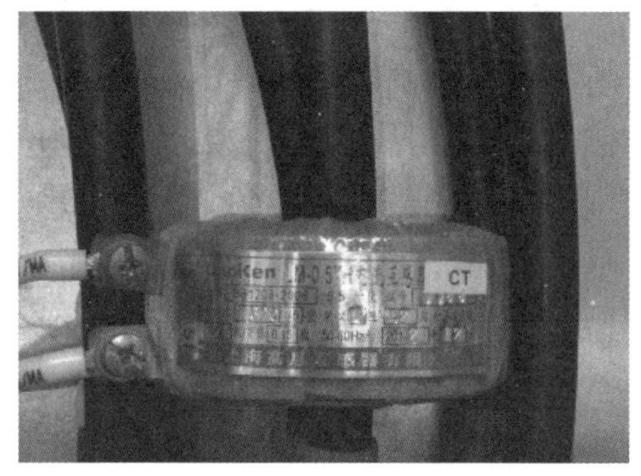

图 4－11　电流互感器外形

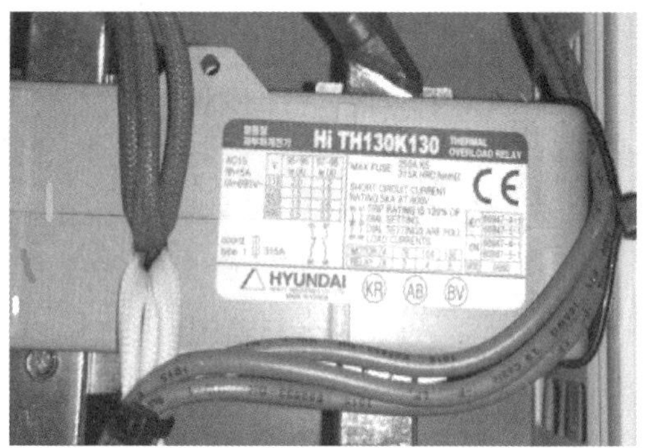

图 4－12　电压互感器外形

(1)电流互感器的使用方法

①要正确接线。将电流互感器的一次侧与被测电路串联,二次侧与电流表(或仪表的电流线圈)串联。对转动力矩与电流方向有关的仪表(如功率表、电能表等),当其与电流互感器配合使用时,还要注意电流互感器的极性,极性接反会导致仪表指针反转。电流互感器一次侧、二次侧的 L1 和 K1、L2 和 K2 是同名端。

②电流互感器的二次侧在运行中绝对不允许开路。因此,在电流互感器的二次侧回路中严禁加装熔断器。运行中需拆除或更换仪表时,应先将电流互感器的二次侧短路后再进行操作。为使用方便,有的电流互感器中装有供短路用的开关。

③电流互感器的铁芯和二次侧的一端必须可靠接地,以确保人身和设备的安全。

④接在同一互感器上的仪表不能太多,否则接在二次侧的仪表消耗的功率将超过互感器二次侧的额定功率,从而导致测量误差增大。

(2)电压互感器的使用方法

①要正确接线。将电压互感器的一次侧与被测电路并联,二次侧与电压表(或仪表的电压线圈)并联。对转动力矩与电流方向有关的仪表(如功率表、电能表等),当其与电压互感器配合使用时,也要注意电压互感器的极性,极性接反会导致仪表指针反转。电压互感器一次侧的 A 与二次侧的 a 是同名端,一次侧的 X 与二次侧的 x 是同名端,即若一次侧电流从 A 流入电压互感器,二次侧电流应从其对应的同名端 a 流出电压互感器。

②电压互感器的一次侧、二次侧在运行中绝对不允许短路。因此,电压互感器的一次侧、二次侧都应装设熔断器,以免一次侧短路影响高压供电系统,二次侧短路烧毁电压互感器。

③电压互感器的铁芯和二次侧的一端必须可靠接地,以防止绝缘损坏时,一次侧的高压电窜入低压端,危及人身和设备的安全。

2. 转换开关

交流主配电板上的测量电表比较多,接线又比较复杂,在一表多用的情况下,必须借助各种转换开关来分别选择测量对象。转换开关外形如图 4-13 所示。

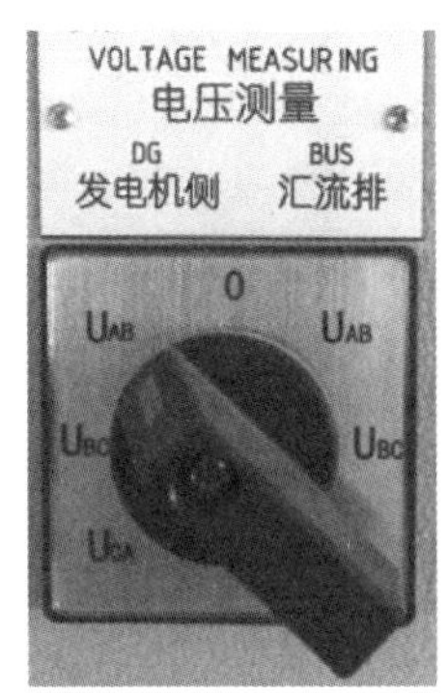

(a)电压转换开关

(b)电流转换开关

图 4-13 转换开关外形

3. 电压表、电流表

交流电压表、电流表只有两个接线端,本身并无极性,任意连接均可,只要互感器极性及转换开关连线正确,一般都是不会错的,除非仪表本身不准。在调试过程中,电压表可用外接电压表(接在发电机端)来校对,电流表可用钳形电流表来校对,如发现有明显的,而且很大的差错,需进一步检查。电压、电流表外形如图 4-14 所示。

(a)电压表

(b)电流表

图 4-14 电压表、电流表外形

4. 功率表

功率表同时输入电压和电流信号。功率表外形如图 4－15 所示。

5. 频率表

频率正比于转速。频率表是否准确可以通过测量原动机转速来校验。调节原动机转速至额定值，此时频率表也应指示额定值，否则应送制造厂校验。频率表外形如图 4－16 所示。

图 4－15　功率表外形

图 4－16　频率表外形

6. 功率因数表

功率因数表是准确等级较低的仪表，外形如图 4－17 所示。

图 4－17　功率因数表外形

二、充放电板

蓄电池充放电板是用来对蓄电池组进行充电控制和对直流用电设备或由蓄电池供电的设备，进行配电的开关和控制的组合装置，简称充放电板。

《钢质海船入级规范》规定，船舶的应急电源可以是发电机也可以是蓄电池组。

客船和某些货船除设置具有自动启动的应急发电机组外，还应设置一组蓄电池作为临时应急电源。

作为临时应急电源，在整个放电期间，电压变化应能保持在额定电压的 ±12% 范围内。

当主电源供电失效时，充放电板会对规定的各项设备供电。

充放电板的充电功能是控制蓄电池充电；放电功能是控制蓄电池或直流电源对直流用电设备配电。

典型的充放电板的外形如图 4－18 所示。面板上设有操作器件，选择充放电的蓄电池、工作方式、调节电流等；指示仪表，指示充电电流、输出电压、充电电压、直流电网绝缘；工作指示灯和故障指示灯；等等。电源开关在板内，需开门操作，负载开关的手柄露出，可在面板上操作。主要使用的蓄电池有酸性蓄电池和碱性蓄电池两大类。

图 4－18　典型的充放电板外形

【任务实施】

①掌握发电机的结构组成，说出各部分的作用。

②说出发电机的保护装置类型。

③说出发电机的各种检测仪表类型。

④了解充放电板的组成，说出各部分的作用。

任务二　发电机检测

【任务描述】

掌握使用万用表、兆欧表来判别设备的使用情况。

【培养目标】

掌握判别发电机冷态绝缘电阻是否具备通电的条件。

【知识准备】

发电机调试前准备工作：

①为了保证在发电机组——主配电板调试期间，配电屏上的用户继续得到供电，将发电机屏上的汇流排拆开，把妨碍主开关工作的连锁电路暂时中断(岸电气连锁)。

②安排发电机的负荷试验设备，并使其工作正常，用临时电缆将负荷设备和发电机屏上的汇流排连接起来。

③为了调试方便，在移相电抗器与发电机之间接进一只三相隔离开关和一只电压表。

④检查发电机及调压器部分的冷态绝缘电阻，都应该大于 1 MΩ。

⑤如果各绕组的实需匝数在图片上已有说明，则按图接线，也可按过去的经验数据进行选用。假如这些都没有的话，那么电压绕组 W_1、次级绕组 W_2 都可以选用其全部匝数，曲折绕组可以暂时不接。电流绕组一般是没有抽头的，如有抽头，也暂时不用，电抗器选用其最大的一组绕组，各备用绕组暂不用。

⑥将移相电抗器的气隙调到 3 mm 左右，并使衔铁保持松动状态，以便可以随时调节；调整气隙用的厚度为 0.5 ~ 2 mm 的层压板条各准备若干条。

【任务演示】

一、兆欧表的使用

1. 选择兆欧表

选择兆欧表的原则，一是其额定电压一定要与被测电气设备或线路的工作电压相适应。二是兆欧表的测量范围要与被测绝缘电阻的范围相符合，以免引起大的读数误差。如果用 500 V 以下的兆欧表测量高压设备的绝缘电阻，则测量结果不能正确反映其工作电压下的绝缘电阻值。同样，也不能用电压太高的兆欧表去测量低压电器设备的绝缘电阻，以免损坏其绝缘。兆欧表外形如图 4 – 19 所示。

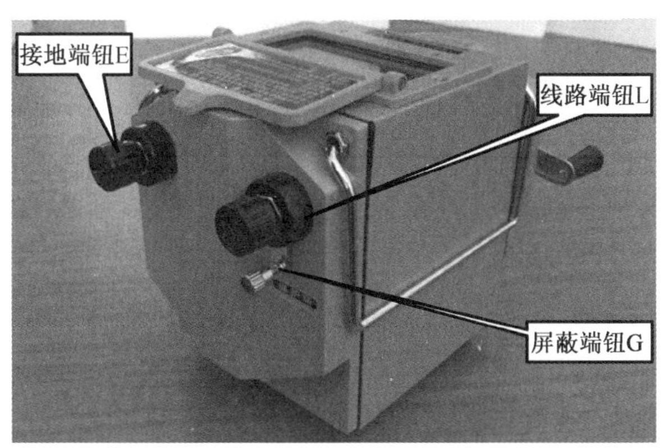

图 4-19 兆欧表外形

2. 兆欧表的接线

兆欧表有三个接线端钮，分别标有 L（线路）、E（接地）和 G（屏蔽），使用时应按测量对象的不同来选用。当测量电力设备对地的绝缘电阻时，应将 L 接到被侧设备上，并将 E 可靠接地。

3. 检查兆欧表

使用兆欧表之前要先检查其是否完好。检查步骤是：

①在兆欧表未接通被测电阻之前，摇动手柄使发电机达到 120 r/min 的额定转速，观察指针是否指在标度尺“∞”的位置，如图 4-20 所示。

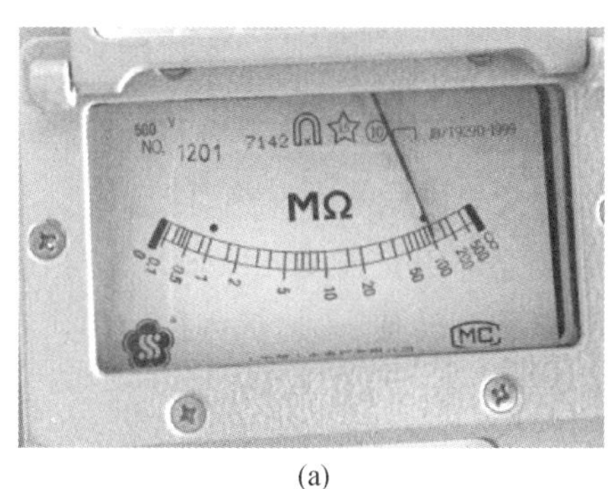

(a)

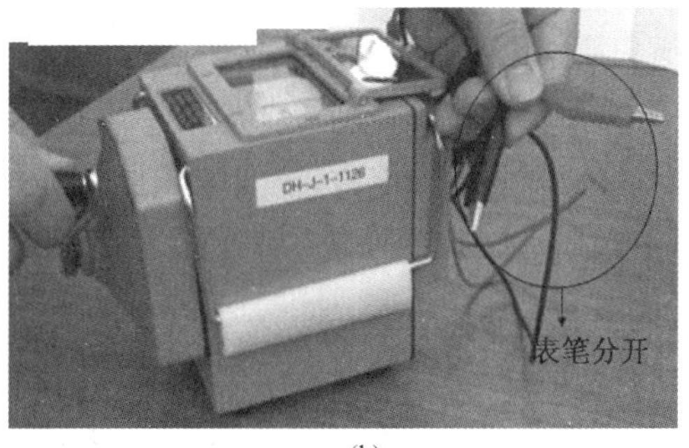

(b)

图 4-20 兆欧表未测前的检查

②再将端钮 L 和 E 短接，缓慢摇动手柄，观察指针是否在标度尺“0”的位置，如图 4-21 所示。

③如果指针不能指在相应的位置，表明兆欧表有故障，必须检修后才能使用。兆欧表的操作方法如图 4-22 所示。

4. 使用兆欧表的注意事项

①测量绝缘电阻必须在被测设备和线路断电的状态下进行。对含有大电容的设备，测量前应先进行放电，测量后也应及时放电，放电时间不得小于 2 min，以保证人身安全。

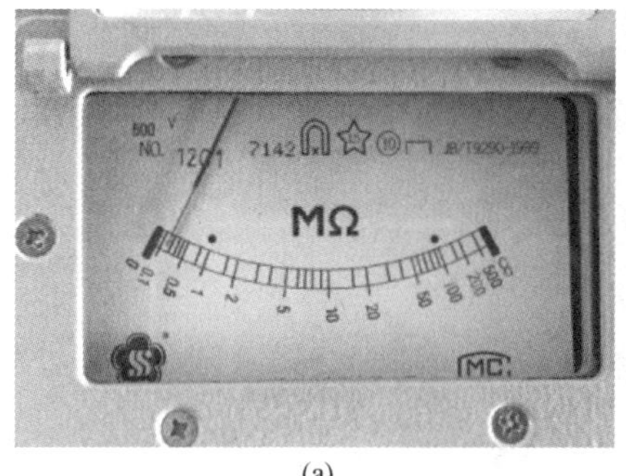

(a)

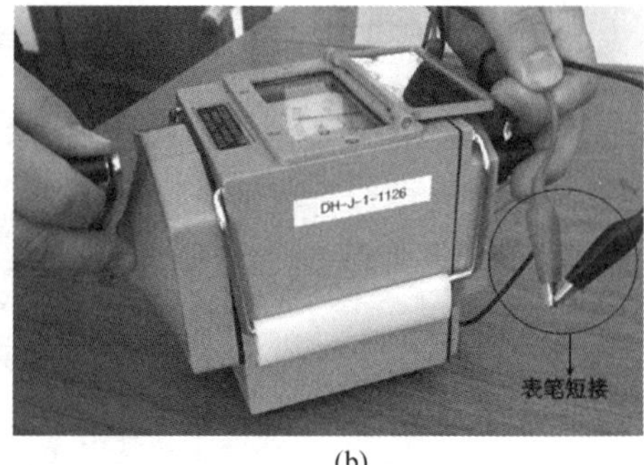

(b)

图 4-21　兆欧表短接状态

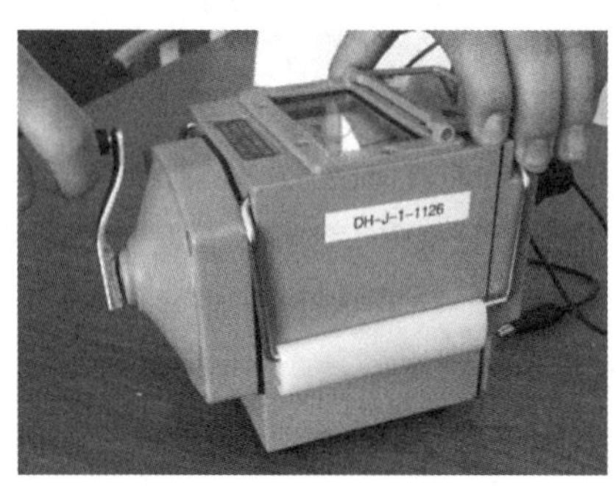

图 4-22　兆欧表的操作方法

②兆欧表与被测设备间的连接导线不能用双股绝缘线或绞线，应用单股线分开单独连接，以避免线间电阻引起的测量误差。

③摇动手柄时应由慢渐快至额定转速 120 r/min。在此过程中，若发现指针指零，则说明被测绝缘物发生短路故障，应立即停止摇动手柄，避免表内线圈因发热而损坏。

④测量具有大电容设备的绝缘电阻，读数后不能立即停止摇动兆欧表，以防止已充电的设备放电而损坏兆欧表。此时应在读数后一边降低手柄转速，一边拆去接地线。在兆欧表停止转动和被测物充分放电之前，不能用手触及被测设备的导电部分。

⑤测量设备的绝缘电阻时，应记录测量时的温度、湿度及被测设备的状况等，以便于分析测量结果。

⑥测量绝缘电阻的结果如低于规定值，应及时处理，否则可能发生人身和设备的安全事故。

二、万用表的使用

1. 使用之前要调零

为了减小测量误差，在使用万用表之前要先进行机械调零。在测量电阻之前，还要进行欧姆调零。

2. 要正确接线

万用表面板上的插孔和接线柱都有极性标记。使用时将红表笔与“+”极性插孔相连，黑表笔与“－”极性插孔相连。测量直流时，要注意正、负极性，以免指针反转。测量电流时，仪表应串联在被测电路中；测量电压时，仪表要并联在被测电路两端。

3. 要正确选择测量挡位

测量挡位包括测量对象和量程。如测量电压时应将转换开关放在相应的电压挡，测量电流时应放在相应的电流挡等。如误用电流挡去测量电压，会造成短路事故而使仪表损坏。选择电流或电压量程时，最好使指针处在标度尺三分之二以上的位置；选择电阻量程时，最好使指针处在标度尺的中间位置。这样做的目的是尽量减小测量误差。测量时，当不能确定被测电流、电压的数值范围时，应先将转换开关转至对应的最大量程，然后根据指针的偏转程度逐步减小至合适的量程。

4. 要正确读数

在万用表的表盘上有许多标度尺，分别用于不同的测量对象。所以测最时要在对应的标度尺上读数，同时应注意标度尺读数和量程的配合，避免出错。

5. 要注意操作安全

在进行高电压测量或测量点附近有高电压时，一定要注意人身和仪表的安全。在做高电压及大电流测量时，严禁带电切换量程开关，否则有可能损坏转换开关。

另外，万用表用完之后，最好将转换开关置于空挡或交流电压最高挡，以防下次测量时由于疏忽而损坏万用表。

【任务实施】

掌握判别发电机冷态绝缘电阻是否具备通电的条件。

任务三　发电机调试

【任务描述】

能掌握发电机的调试方法和发电机发热试验的方法，说明发电机各保护装置的功能。

【培养目标】

①能正确使发电机建压。

②能使用万用表、电流表、兆欧表正确测量发电机的各项技术参数。

③能正确对发电机进行发热试验。

④能对发电机各项保护装置进行试验。

【知识准备】

交流用电设备的调试相对于直流来说是比较简单的，但交流电站却相反，其调试工作量相应要大得多。交流发电机必须附有调压设备，有着比直流电站多一倍的指示仪表，有同步并车装置，以及其他各种保护装置，这一系列附加设备均须逐一调整。

交流电站的主配电板无论屏数多少,均可分为发电机屏和配电屏两种,发电机的主开关、调压器、仪表、信号指示、保护装置都设在发电机屏上,所以调试工作主要集中在发电机屏上进行。每台发电机组有一屏发电机屏、同步并车装置及其附属仪表,信号设备是公用的。

一、同步发电机运行原理

旋转电机是用来进行能量转换的电磁机械,能量的转换通过定子和转子之间的气隙磁场进行。旋转发电机是把机械能转换为电能的装置。

①发电机的转子是磁场,定子是电枢。原动机驱动转子旋转,就得到一个在空间旋转的磁场,并在定子三相绕组中感应出三相正弦交变电势。如果在发电机输出端接上三相对称负载,定子绕组就流过三相对称电流,这个电流也产生一个旋转磁场,即定子旋转磁场。

②在同步发电机的气隙中存在两个同步旋转的磁场:转子励磁磁场和定子电枢磁场。两个旋转磁场合成发电机的气隙磁场。机械能与电能的转换是通过气隙进行的。

③同步是指转子磁场与定子磁场的旋转速度严格一致。只有在同步的条件下才能进行能量转换。发电机空载时,气隙中只存在励磁磁场,负载时,气隙空间同时出现了电枢磁场。电枢磁场对气隙磁场的影响称为电枢反应。

④发电机电枢电流与电压同相时产生的电枢反应称为交轴电枢反应。引起磁极轴线偏移,当磁路饱和时,同时呈现去磁效应。

发电机电枢电流与电压不同相时产生的电枢反应称为直轴电枢反应。电流滞后电压,产生去磁电枢反应;电流超前电压,产生助磁电枢反应。

去磁效应引起机端电压下降;助磁效应引起机端电压上升。

二、发电机单机性能试验

发电机组运行性能指标主要考核电压、频率的稳态和动态变化率,额定运行条件下,规定运行时间的温升。

1. 电压性能指标是对发电机的电压调节即励磁系统的考核

主要有:

①稳态(或称静态)性能指标,即负载从空载至满载、满载至空载的范围内,电压调整率(主发电机)不超过 ±2.5% 。

②动态性能指标,即突加、突卸 60% 额定电流及功率因数不超过 0.4(滞后)的对称负载时,电压下降不低于 85% ;上升不超过 120% ,稳定时间不超过 1.5 s。

发电机的稳态和动态性能计及了原动机的稳态和动态性能。

2. 频率性能指标是对原动机的转速调节即调速器的考核

主要有:

①稳态性能指标,即负载从空载至满载、满载至空载的范围内,转速变化不应超过额定转速的 5% 。

②动态性能指标,即突加和突减负载引起的转速变化率。

柴油机有不带增压器和带增压器的。不带增压器发电机组按一次突加、突卸100%进行;带增压器发电机组允许分级突加负载,突卸则仍按一次突卸100%额定负载进行。

不带增压器发电机组突加和突减100%负载引起的转速瞬间变化应不大于10%,稳定时间不大于5 s;稳态指标不大于5%。

带增压器发电机组,例如分2级,突加50%的额定负载,恢复稳定状态后再突加余下的50%负载,转速的瞬间变化应不大于10%,稳定时间(转速恢复到额定转速的1%之内)不大于5 s。

带高增压的柴油机可能分3级突加负载。例如,某船主发电机2 320 kW,分3级突加负载,3级负载是:33%、67%和100%。

柴油机的动态指标考核,突加负载可以分级,考核是最后突加到100%的一级;突卸负载则按一次突卸100%进行。转速变化表现在电气上是频率的变化。

驱动发电机的柴油机,要求不大于10%,稳定时间不大于5 s;在电气上的表现是,50 Hz发电机,瞬态变化不大于5 Hz,稳定后不大于2.5 Hz;60 Hz发电机,瞬态变化不大于6 Hz,稳定后不大于3 Hz。

柴油机本身有燃烧、润滑、冷却、平衡等性能指标的试验。

温升性能指标是对发电机在所安装环境的长期运行的考核。一般运行2~4 h,发电机内部的温度上升至稳定值。

为了满足并联运行的负载分配要求,柴油机的负载特性应是有差的下降特性,即随着负载增加、转速相应下降,各台发电机组的下降特性斜率应尽量一致。

【任务演示】

一、发电机建压步骤

接通三相隔离开关,启动机组让其转速达到额定转速的90%~95%,这相当于45~47.5 Hz,因为尚未建立电压,频率表上无读数,可用转速表测量。

静待几分钟,如果无电压上升的迹象,用螺丝刀轻轻地撬起电抗器衔铁,缓慢地增加气隙,同时注意电压表上的读数有无缓慢上升的趋势。因为改变气隙可以改变电抗器的电抗值,以达到谐振,所以改变气隙要慢,以防止气隙改变过快而越过谐振点,以至于电压不能建立。

如果改变气隙能建立起电压,随着电压的升高,电抗器会产生很大的磁性吸力,此时需用力来改变气隙,让发电机电压达到额定值左右,留意气隙大小,然后切断隔离开关,让发电机电压消失,用预备好的层压板条将电抗器的气隙垫到刚才所观察到的高度为止,再次建立时,如果电压太高,可以减小气隙,或增加电抗器的匝数。反之,可以加大气隙,或减小匝数。

如果改变气隙,电压仍未能建立,则需要检查发电机有无剩磁;励磁绕组是否接反;三相绕组的记性是否接错;硅整流器是否损坏。

临时拆开励磁绕组的连接线,用电压表测量交流剩磁电压,一般要有2~5 V交流剩磁电压才能建立电压。再将已拆开的励磁绕组连接组临时接通一下,看剩磁电压是增大还是减小,如果减小,说明励磁绕组接反了,可以反接过来试验。

若无剩磁,可以用低压蓄电池充磁,或借用另一台已建立电压的发电机上的励磁电压对它进行短暂充磁。经过充磁和反向接线如仍无效果,可用三相自耦变压器对整个励磁系统进行仔细检查,看它是否有短路、断路或错线等故障。此时机组不启动,让自耦变压器的输出电压从零缓慢地逐渐升高,在正常的情况下,励磁电流应随电压上升而增大,并且三相平衡,当自耦变压器的输出电压达到380 ~400 V 时,磁场电流达到额定空载励磁电流属于正常。如果无电流,或电流过小,三相严重不平衡,可能是自耦变压器电源侧熔断器熔断,可按具体情况予以排除。

如果机组在运转,随着自耦变压器输出电压的增加,发电机的电压也应跟着升高,两者要同时达到380 ~400 V。

当发电机容量较大时,要防止三相自耦变压器过载,必要时应串联电流表进行监视,或接熔断器保护。

二、发电机建压后的辅助调整工作

初始空载电压建立后,由于磁滞,经过谐振而建立的电压一般不会达到400 V,有时只有320 ~360 V,此时无须强行调整到400 V,发电机承担负荷后,电压会自动上升。

建压后,全负荷运行之前,必须做好下列辅助调整工作:

①相序检查:建压后首先应当检查相序是否正确,可用相序表或相序指示器核对。

②电压表核对:用配电板上的转换开关分别测量三相线电压。检查其读数是否与外接电压表一致,三相是否平衡。

③频率表与何服电机的转向检查:检查频率表读数和实际原动机的转速是否一致。操纵伺服电动机控制开关,其指示方向与实际方向是否一致。

④检查主开关工作:操纵开关,让其反复接通、断开,不能有任何合不上、断不开的现象产生。

三、发电机纯电阻负荷试验

在接通负荷之前,通过遥控或电话联系,确认负荷设备处于零位。先接通主开关,再接通负荷装置的主接触器,然后再逐渐增加负荷,以纯电阻负荷核对:

①用交流钳形电流表直接测量三相电流,与配电板上的交流表进行核对,负荷装置的三相电流应尽可能平衡,其误差不要超过10%,只有在电流核对无误后,方可用配电板上的电流表进行检测。

②此时的功率因数表应指向1.0附近,如不在此位置要进行检查调整。

③功率表上的读数应和根据下式计算而得的数据相符合。

$$P=\sqrt{3}UI$$

式中 P——三相功率;

U——线电压;

I——线电流。

④静态电压调整率试验从空载逐渐加到满载，记录若干点的电压、电流、功率、频率等数值，作外特性曲线 $u = f(p)$ 进行分析。

一般电压变化不超过 5% ~10% U_e，如果超出此范围，应适当调节一下次级绕组。如果电压急剧下降，经调整后仍无法加以制止，说明内部有故障存在，需要进行检查和排除；如励磁变压器内部匝间绝缘不好、硅整流器非永久性穿击、相位接错等都会造成空载电压勉强正常，但一加上负荷，就会出现电压大幅度下降的故障现象。

⑤原动机调速器调整从空载到满载，原动机的转速变化不应大于 2.5 Hz，如果超过 2.5 Hz，需要进行调整。为了并联运行时功率能够均匀分配，转速最好调整在 1.5 ~10 Hz，即满载时为 50 Hz，空载时为 51.5 ~52 Hz，而且各台原动机力求一致。

在加减负荷时，适当做一些记录，作出频率与功率之间关系的曲线，以作为轮机部门调整调速器的依据。

四、发电机单机发热试验

当调速器、调压器的动态特性均达到要求后，可进行发热试验。试验前，在发电机的进、出风口及机舱内机组所在的部位各悬挂温度计一只，测量并记录好冷态绝缘电阻后启动。先进行空载运行，记录空载时电压、频率等数据，让负荷逐渐加到 50% P_e，按规定停留半小时，然后再加到 100% P_e，$\cos\varphi = 0.8$。让机组连续运行 4 h，每隔半小时记录一次温度。一般经过 4 h 运行后，可认为发电机温升趋于稳定，即进、出风口的温度差不再有显著变化（以每小时变化不超过 1 ℃为标准），此时进行静态特性测试，并作特性曲线。

过电流试验：用 50% 过电流（可降低功率因素）运行 2 min（将主开关过流装置卡住）。

过负荷试验：用 110% 的额定负荷运行片刻。

上述试验如无问题，发热试验即告结束。停机，测量热态绝缘电阻，再用温度计法或电阻法测量发电机定子、转子、集流环和轴承的温度，并做记录。

五、发电机过电流保护设置

1. 过电流特性

发电机发热与电流的平方和持续的时间成正比。电流达到一定程度，电流再增加，发热成倍增加。过电流倍数越高允许持续的时间成倍缩短。发电机的过电流特性如图 4 –23 中特性曲线 1 所示。过电流增加，允许持续的时间按指数曲线下降。

2. 长延时脱扣

长延时保护的电流范围是额定电流的 110% ~150%，规范建议动作整定在 125% ~135%，延时 15 ~30 s 动作。

保护动作延时按照过电流的平方减少的动作特性，称为“反时限”特性。现在过电流长延时保护都采用反时限特性。保护动作特性的电流和时间应小于过电流特性，即保护动作特性应在过流特性的左边，如图 4 –23 中特性曲线 2 所示。

保护开始动作的电流称为始动值，用 I_r 表示，可以认为 $I_r = 1.1I_e$。I_r 对应时间坐标是平行的，没有交点，说明保护不动作。也就是说，电流小于或等于 I_r，保护不动作。电流超过

$1.1I_e$,保护动作时间按指数曲线下降。

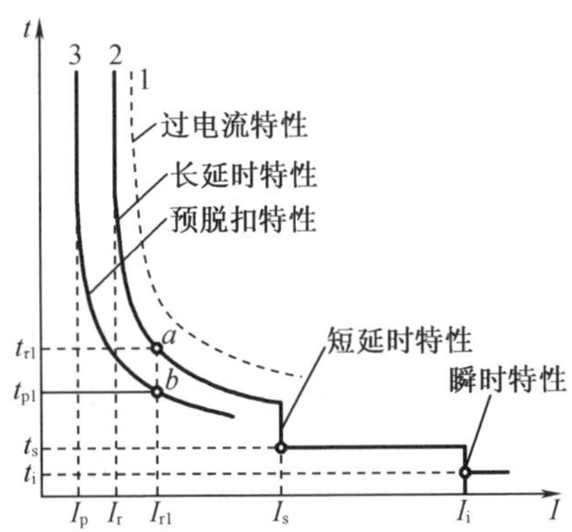

图 4－23　发电机过电流保护动作特性图

反时限动作特性的延时随电流的增加按指数曲线减少,是随电流变化的。为了使调试整定、提交验收具有“可操作”性,需要指定一个过电流值和对应的延时时间作为考核值。如图 4－23 中指定 I_{r1} 为电流考核值,t_{r1} 为对应的时间考核值。

3. 短延时脱扣

保护要求过电流在范围 2～$2.5I_e$,延时不超过 0.6 s 动作脱扣。动作特性采用定时限,即电流超过整定值按固定的延时时间动作。图 4－23 中始动值用 I_s 表示,大于 I_s 对应动作时间 t_s 与横坐标平行,恒定不变。例如取 $I_s=2.5I_e$,$t_s=0.4$ s。

4. 瞬时脱扣

规范要求“对可能有三台及三台以上发电机并联的情况下,还应设有瞬时脱扣器。”整定值在“稍大于其保护发电机的最大短路电流动作脱扣”。图 4－23 中始动值用 I_i 表示。瞬时 t_i 应该是 0,实际动作需要一定的时间,一般需要 20～40 ms。

单台发电机运行或两台并联发电机运行则不需要瞬时脱扣保护。

5. 预脱扣

预脱扣报警(和/或卸载)的电流范围是额定电流的 100%～110%,动作时间与长延时保护是协调的。长延时采用反时限特性,预脱扣也应是反时限特性。动作必须在长延时之前。

动作特性在长延时特性的左边,如图 4－23 中曲线 3 所示。始动值用 I_p 表示。

实际使用,希望在接近过载时动作,始动值 I_p 动作整定在额定电流的 90%～100%。反时限考核电流值与长延时相同,延时比长延时短。动作的协调可以从图 4－23 中看出,过电流达到电流考核值 I_{r1} 时,与长延时特性的交点为 a,对应的时间为 t_{r1};与预脱扣特性的交点为 b,对应的时间 t_{p1};$t_{p1}<t_{r1}$,预脱扣先动作。

【任务实施】

1. 能正确使发电机建压。
2. 能使用万用表、电流表、兆欧表正确测量发电机的各项技术参数。

3. 能正确对发电机进行发热试验。

4. 能对发电机各项保护装置进行试验。

任务四 充放电板调试

【任务描述】

能掌握充放电板进行充电和放电试验的方法。

【培养目标】

①了解充放电板的工作原理。

②掌握蓄电池的充电和放电方法。

【知识准备】

一、充放电控制方式

蓄电池充、放电控制的方式有 3 种:交互充放电、浮充电和交互与浮充组合。

1. 交互充放电方式

交互充放电方式又称“充放制”,至少需要设置两组蓄电池和一台充电装置,一组蓄电池充电,另一组蓄电池放电,即向临时应急用户供电。充电装置只向蓄电池充电,不向临时应急用户供电。两组蓄电池的充、放电由开关设置,人工定时或根据实际情况交换。早期的船舶一般采用这种方式,工作原理如图 4 - 24 所示。充放电板有两台充电装置 A1 和 A2,由应急配电板供电,设 3 组蓄电池 G1、G2 和 G3。G1 作为临时应急照明的电源,G2 和 G3 作为临时应急用户的电源。

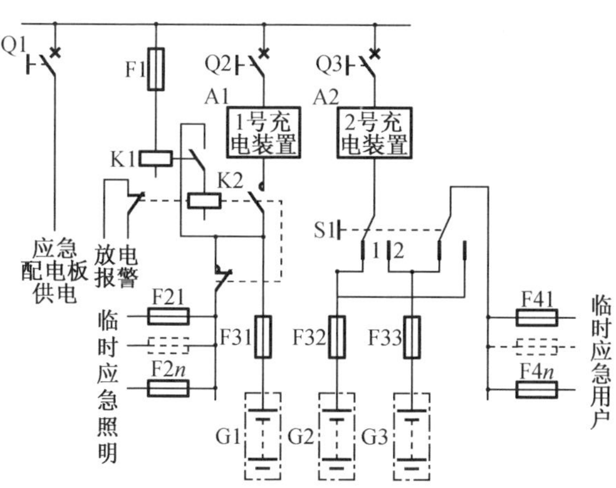

图 4 - 24 交互充放电方式原理图

(1)临时应急照明的控制

客船的全船照明系统中最低限度的照明是临时应急照明。主电网和应急电网供电都中断时临时应急照明由蓄电池供电照亮。

其他临时应急用户正常时需要供电工作。

图 4－24 中 GI 作为临时应急照明的电源，充、放电由接触器 K2 控制，K2 由电源电压监视继电器 K1 控制，电源有电，K1 吸合，输出使 K2 吸合，常开主触头闭合，G1 处于可以充电的状态，即正常时由 A1 进行充电；常闭触头断开，G1 不向临时应急照明供电。应急电网失电，K1、K2 释放，K2 常开触头断开，对 G1 充电，常闭触头接入，G1 向临时应急照明放电。K2 常闭辅触头向主配电板发出“临时照明放电”报警指示。

(2)交互充放电控制

G2 和 G3 按交互充放电方式工作。交互工作由开关 S1 设定。S1 置“1”位，G2 充电、G3 放电，即向临时应急用户供电；置“2”位，G3 充电、G2 放电。

两组蓄电池中的 1 组总处于放电状态，需要电工经常检查，放电电压低于一定值，需转换两组蓄电池的充、放电状态。转换时负载会出现瞬时的断电现象。

按交互充放电方式工作的充电装置，只承担蓄电池充电，不向用户供电，装置的容量较小。

2. 浮充电方式

浮充电方式又称“浮充制”，原理如图 4－25 所示。充电装置 A1 与蓄电池 G 并联向临时应急用户供电。正常情况下充电装置向临时应急用户供电，同时向蓄电池提供很小的充电电流，每小时 1～5 mA，用于补偿蓄电池内部局部放电的电能损失。正常和应急电力系统失电，充电装置断电，用户转换由蓄电油供电，供电转换过程是连续的。因此，浮充电方式构成了“不中断供电”的直流电源。

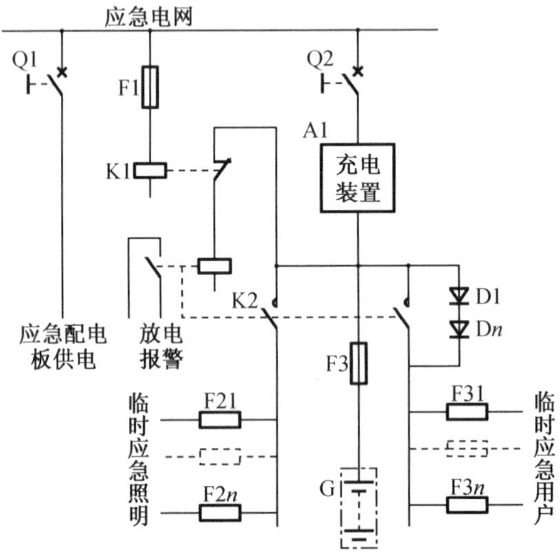

图 4－25　浮充电控制方式原理图

(1)浮充供电电压的控制

充电电源必须高于蓄电池的电动势才能向蓄电池充电。尽管浮充的电流很小,但电压为蓄电池的1.1~1.2倍。例如,24 V蓄电池,浮充电压可能在28 V左右。用电器具长期承受过高电压是不利的。

浮充供电电压需要适当降低才能提供使用。用户的电流是不确定的。一般的降压元件,例如电阻,产生的电压降随流过的电流变化而变化。目前,产生电压降的方法是利用硅二极管(整流器)的正向压降(0.7 V)。当流过的电流大于一定值时,正向压降变化不大。24 V蓄电池,用4只二极管串联,如图4-25中D1~D4所示。

电网失电由蓄电池供电,不需要降压。

(2)临时应急照明的控制

图4-25用接触器K2控制临时应急照明。应急电网电压检测继电器K1正常供电时动作,常闭触头断K2线圈,K2不动作,临时应急照明断电。应急电网失电,K1释放,K2动作,主触头接通蓄电池向临时应急照明供电。

按浮充电方式工作的充电装置,除了充电功能外,还要向负载供电,需要的容量大。

3. 交互与浮充组合方式

交互充电方式时,处于充电的蓄电池只充电不放电;处于放电的蓄电池只放电不充电。

浮充电方式的蓄电池,电网有电时处于充电状态;电网失电或短时跌落时,处于放电状态。

采用两种方式的组合方式,一般设两台充电装置和两组蓄电池,一组蓄电池充电,另一组蓄电池放电或浮充。两组蓄电池可以交换。另外也有设两台充电装置和一组蓄电池的,一台充电装置(称主整流器)供电,另一台充电装置充电。

设置2组蓄电池:

典型的电路原理如图4-26(a)所示。配电用户不设临时应急照明。

转换开关S1有3个位置:位置1,G1充电、G2放电(供用户);位置2,G2充电,G1放电(供用户);位置3,两组蓄电池浮充。

蓄电池放电和浮充两种方式向用户供电的电压值有较大的变化。放电电压低、浮充电压高。要保证用户电压在一定范围内,需要设置蓄电池电压检测继电器K1,K1动作输出控制接触器K2,K2主触头控制降压二极管D1、D2。浮充时,蓄电池电压上升到设定值,K1动作,输出断开K2,K2释放,二极管串入供电电路,使用户电压下降;放电时,蓄电池电压低于设定值,K1释放,K2吸合,二极管短路,使用户电压回升。

图4-26(b)是一种较经济的充放电设置。设两台整流器A1和A2,A1为充电整流器,A2为供电主整流器。正常情况下主整流器作为稳压电源向用户供电,充电整流器保持蓄电池全充电状态。二极管D1、D2阻止主整流器向蓄电池充电;允许蓄电池向用户供电。蓄电池只有在电网电压瞬时跌落或用户负载超过主整流器的额定电流时,才向用户输出电流。蓄电池在电网故障失电的情况下以不间断供电的方式向用户供电。

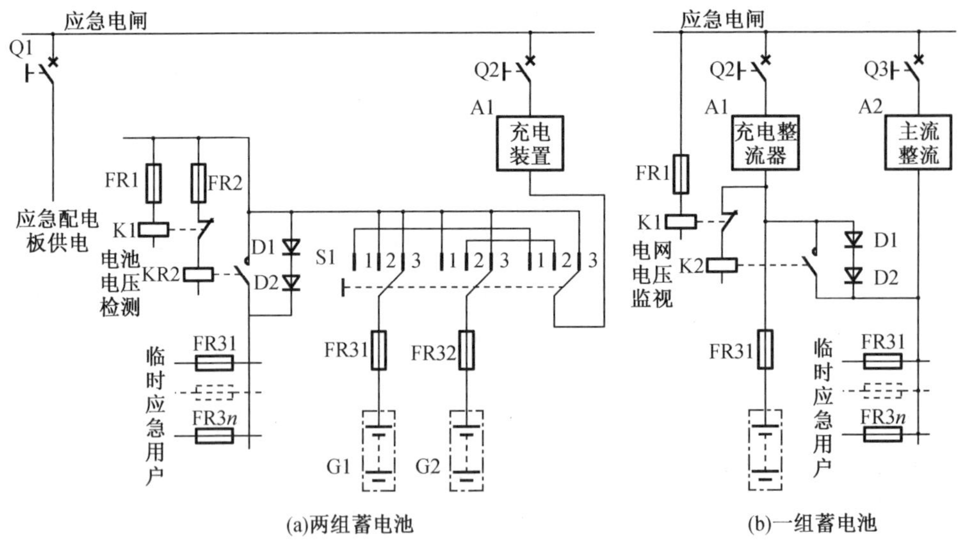

图 4-26　交互与浮充组合控制方式(单线)原理图

二、蓄电池和充电方式

主要使用的蓄电池有酸性蓄电池和碱性蓄电池两大类。

酸性蓄电池又称铅酸蓄电池,过去临时应急电源主要采用铅酸蓄电池。碱性蓄电池主要使用镍镍蓄电池,过去较少使用。现在建造的船舶都采用“免维护”的铅酸蓄电池或镍镍蓄电池。

1. 蓄电池的主要性能

(1)开路电压

开路电压是电池不接负载时的端电压,即电动势。充电电压必须高于电动势才能充电。

酸性蓄电池每个电池的电动势为 2.1 V。

碱性蓄电池每个电池的电动势为 1.25 ~ 1.3 V。

(2)工作电压

工作电压是蓄电池接负载(有电流流过)时的端电压,即放电电压。蓄电池的额定电压即标称的工作电压。酸性蓄电池的额定电压为 2 V。碱性蓄电池的额定电压为 1.2 V。额定电压是选取电池个数的依据。例如,24 V 电源,采用铅酸蓄电池需要 24 ÷ 2 = 12 只;采用碱性蓄电池需要 24 ÷ 1.2 = 20 只。

放电时,电压逐渐下降,下降到称为“终止电压”的数值就不应再放电。终止电压的数值不是一个固定值,是随放电电流的大小变化的,放电电流小、时间长,终止电压高;电流大、时间短,终止电压低。

酸性蓄电油放电电压在 2 ~ 1.7 V 变化,一般低于 1.7 V,不应再放电。

碱性蓄电池放电电压在 1.2 ~ 1.0 V 变化,一般低于 1.0 V,不应再放电。

(3)额定容量

蓄电池放电电流的大小,决定了可以使用的时间。蓄电池放电电流大,使用时间短,反之则长。

蓄电池的容量 Q(C,库)是以放电电流 I(A,安)和放电时间 t(h,小时)的乘积(A·h,安时)来计量。标称容量是 1 h 放电电流,例如 40 A·h,即 1 h 放电 40 A。

(4)使用温度

蓄电池标称的性能数据一般是指环境温度为 20 ℃时的数据。高于或低于 20 ℃,输出容量都会有不同程度的下降,允许浮充的电压随温度的升高而下降。

例如某制造厂提出的温度性能:"高温,在(45 ±2)℃环境下,输出容量不小于 90%;低温,在(-18 ±2)℃环境下,输出容量不小于 70%。"

酸性蓄电池温度与浮充电电压之间的关系如图 4 -27 所示。

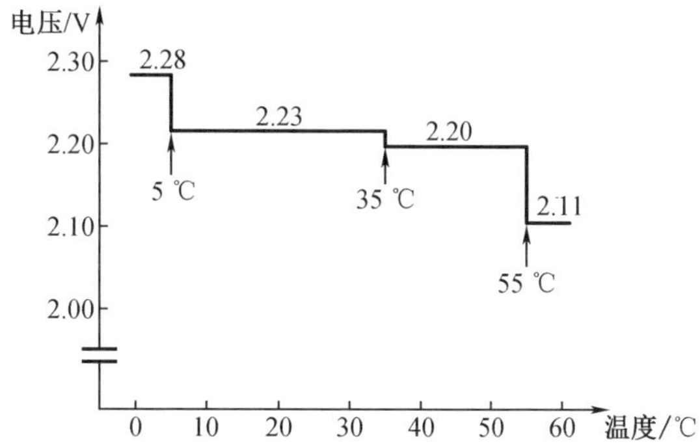

图 4 -27 酸性蓄电池温度与浮充电电压之间的关系

船舶电气设备的使用环境温度规定为 45 ℃,充电时需要注意适当降低充电电流和电压。

2. 充电方式

充电的控制方式有:

①恒流充电,以恒定电流充电。

②恒压充电,以恒定电压充电。

③连续补充充电,给无负载的蓄电池自行放电进行补充充电的方法。

④分段充电,按阶段充电,例如第一阶段用较大的电流充电一段时间,第二阶段用较小的电流再充电一段时间。

⑤均衡充电,为消除各个电池的差异,采用恒流或恒压充电以提高蓄电池电压和密度。

⑥浮充电,充电装置与蓄电池并联向负载供电,组成不间断的供电电源,正常时,充电装置向蓄电池提供很小的充电电流(1 ~5 mA),用于补偿蓄电池内部局部放电的电能损失,电网(充电装置)失电时,蓄电池向负载供电。

三、充电装置

1. 充电原理

充电装置是一个直流电源设备,蓄电池接在直流电源上,当电源电压高于蓄电池的电动势时,就有充电电流流入蓄电池。

蓄电池充电原理图如图 4－28 所示。充电装置是一个输出直流电压可调节的电源。输入交流电经自耦变压器 T1 调节,再经变压器 T2 降压、整流器 U 变换成直流电输出。电流表 P1 和电压表 P2 监视充电的电流和电压。

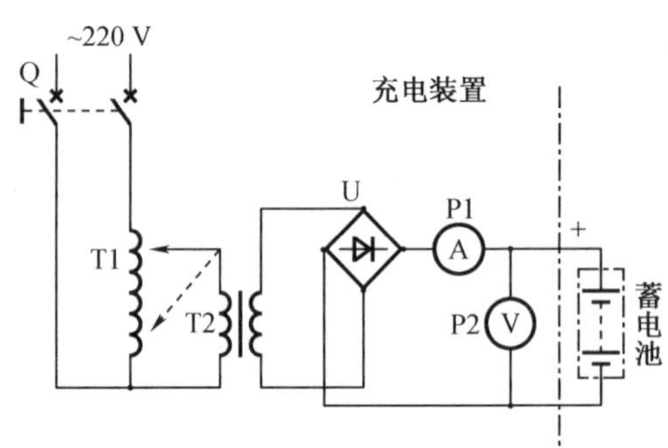

图 4－28　蓄电池充电原理图

进行恒流充电,例如 24 V、200 A·h 的酸性蓄电池,如果要求充电电流为 7 A,则调节 T1,使电流表指示 7 A。随着蓄电池电压的上升,充电电流会减小,需要随时调节 T1,在规定的充电时间(例如 6 h)内,保持电流不变。

如果恒流充电结束后要进行一段时间(例如 4 h)的恒压充电,电压要保持在 28 V,则需要随时调节 T1,使电压表保持在 28 V。

如果接上负载进行浮充电,电压要保持在 28 V,则要随时调节 T1,使电压表保持在 28 V。

2. 充电装置

从充电原理可知,担任充电的装置,应能根据设定的充电参数要求,自动控制充电的电流和电压。

目前使用的充电装置,都是采用大功率电子开关器件担任电流和电压的调节任务,例如晶闸管(可控硅整流器)。

蓄电池充电装置的流程如图 4－29 所示。

(1)电源

由应急电网或主电网供电。

(2)滤波

电子开关器件的工作会产生电磁干扰,本身工作也会受外部干扰。大多数装置在电源的接入处和整流输出处都设置滤波器件,抑制干扰信号的发散和窜入。

(3)变压

电源电压和充电电压一般是不相适应的,例如电源 380 V 或 440 V,蓄电池电压 24 V 或 110 V,需要用变压器变换成相适应的电压。

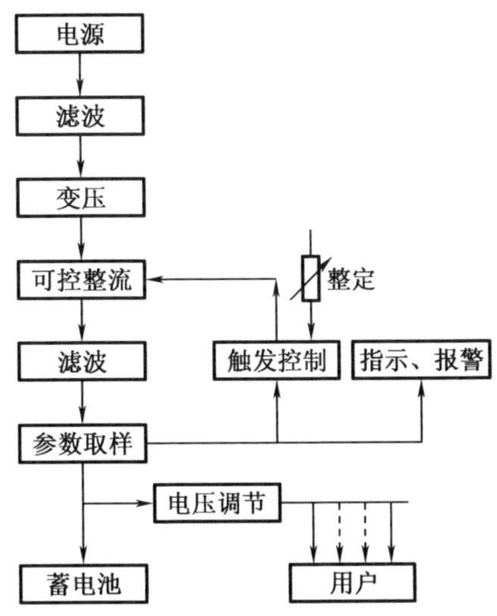

图 4-29 蓄电池充电装置的流程图

(4)可控整流

交流电源需要整流成直流电才能向蓄电池充电,要控制充电的电流和电压,整流器件应是可控的。

(5)触发控制

可控整流器件例如可控硅整流器,是在交流正弦波的某一角度上,用触发信号使整流器导通,不同的触发角度得到不同的导通面积,在负载上就得到不同的电压和电流。控制触发的角度就控制了整流的输出。

(6)参数取样

触发控制是根据整定的数据与实际输出的电压和电流数据的差异,控制触发的角度,从而调节整流器的输出。需要对输出的电压和电流参数进行取样。

(7)指示和报警

取样得到的电流和电压参数还用于仪表指示,超出允许值时发出报警。

(8)用户电压调节

以浮充方式工作时,可控整流是按照整定的电压输出。这个电压不一定适应用户需要,一般较高,应进行电压调节以适应用户需要。

图 4-30 所示是蓄电池充电装置原理图。图示有三个部分:充电装置、配电装置和蓄电池。这是一个蓄电池浮充工作方式的临时应急电源,充电(整流)装置的容量较大,采用三相电源供电。

三相电源经带保护的断路器 Q1 开关控制输入。经交流电源滤波 L1、C1,接入三相电源变压器 T1。T1 初、次级的连接方式各制造厂可能不同,图示是 Y/Y 连接,也有△/△连接。图示有两个次级,一个主绕组为充电电源;一个辅绕组供控制单元。可控整流的触发是按三相相序同步进行,因此三相电源的连接相序特别重要。图示表示相序 ABC 从左到右。初次试验应关断电源开关,用相序表检查相序正确,才能通电。有的制造厂设置相序继电器,电源开关采用失压脱扣,电源负序连接,相序继电器动作,断开失压线圈,禁止合闸。

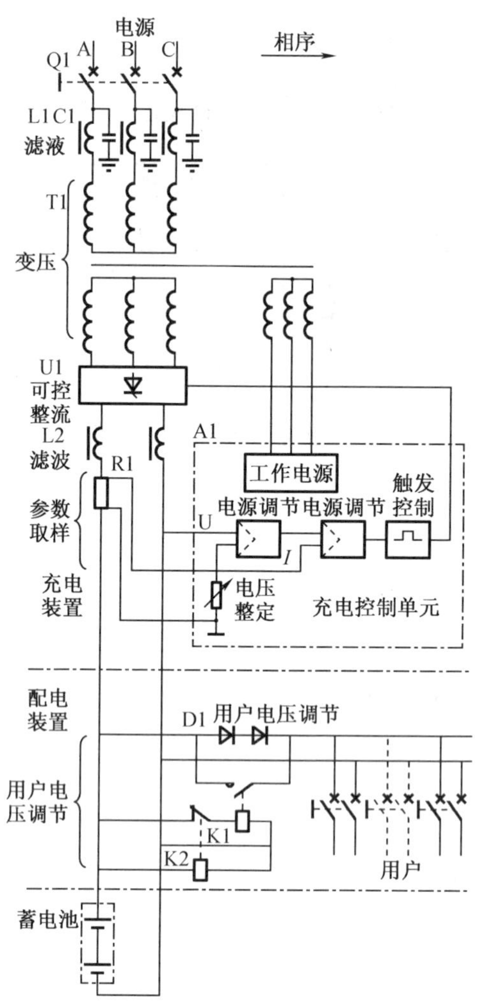

图 4-30 蓄电池充电装置的原理图

可控整流 U1 是三相桥式整流,有采用全控(6 只可控硅)的,也有采用半控(3 只可控硅、3 只整流器)的。整流输出一般都设有滤波器 L2。充电控制单元 A1 输入从直流输出取得的电压信号和从分流器 R1 取得的电流信号,电压信号与电压整定信号经电压调节放大器比较输出,输出信号与电流信号经电流调节放大器合成,输出控制触发电路,触发电路输出触发脉冲控制可控整流的输出。

图 4-30 所示整流输出与蓄电池并联按浮充方式向用户供电。浮充电压由电压检测继

电器 K2 监视，整定电压升高至设定值，K2 动作，断开接触器 K1，K1 主触头断开，降压二极管 D1 串入供电电路，使用户电压不致升高；当电压降低时，K2 释放，K1 动作，主触头短路降压二极管 D1，使用户电压不致下降。也有采用两级电压检测的，控制两组降压二极管，可以减少用户电压变化。

【任务演示】

一、充放电板初次充电调试

①按图检查本系统所属的外部连接线的敷设和接线的正确性，并检查蓄电池安装是否符合要求。

②检查整个系统的绝缘电阻。

③打开各只蓄电池上的瓶塞，坚持每格内的电解液面高度是否超过了极板。

④打开蓄电池室的门窗，如有抽风机装置，应启动。若蓄电池安放在蓄电池箱内，可将箱盖打开，在充放电试验期间不再关上。

二、充放电板充电调试顺序

①将充电转换开关处于断开位置，再接通硅整流充电装置，反复调节充电电压，观察其工作是否正常。

②用电压表测量蓄电池电压与充电电压极性是否一致。

③将充电电压降到零，接通充电开关时不应有电流出现。

④逐渐升高充电电压，使充电电流达到标准充电制所要求的电流值为止，并保持一段时间，若无其他异常现象，充电即可认为正常。

⑤依次转接到另一组蓄电池进行相似的充电试验，在各组蓄电池充电都正常后，初次充电调试结束。

三、放电试验步骤

1. 小应急照明系统放电试验

①检查小应急照明系统各分路的绝缘情况，并按图放置规定功率的灯泡。

②人为切断船舶电网电压继电器的电源，使放电接触器释放，蓄电池进行放电。

③逐渐检查应急灯的工作情况，如有故障，应予以排除。

④在小应急照明系统工作正常以后，再进行正式放电试验。

⑤如船上另设有应急发电机供应急照明之用，小应急照明做临时照明之用，照明高度以保证行走方便为主，此时蓄电池组的容量应保证连续放电 30 min。如船上无应急发电机，小应急照明做主应急照明之用，蓄电池组的容量要保证连续放电时间，视船只不同而有所区别，一般在 2 ~ 36 h。放电试验时，可按系舶试验大纲规定进行试验。在放电期间，照明应能保证必要的工作场所有足够的照度。

⑥记录放电电流及放电前后的电压变化。

2. 其他用途蓄电池组的放电试验要求

①柴油机启动用蓄电池组

蓄电池组在充电充足之后,应按规定次数(不得少于3次)连续启动柴油机,在柴油机无故障及调节适当的情况下,应每次均能保证柴油机转动。

②低压助航、信号、内外通信用蓄电池组

按图纸逐路进行供电,保证各用户供电正常。

四、蓄电池组的安装及调试中的注意事项

①酸性蓄电池和碱性蓄电池不能放置在同一房间内。

②酸性蓄电池的安装应考虑其酸液的腐蚀,蓄电池室内及安装架上应涂有耐酸漆,装蓄电池的盘子上应铺上青铅皮。

③蓄电池分层放置时,层次一般不宜超过两层,中间所留出的间隙高度不小于0.5 m,蓄电池的间隔在20 mm以上,并用可拆木条夹住,以便日后的维护和取放。

④蓄电池之间进行连接时,必须使蓄电池正负两个出线头尽量远离,以免短路。

⑤在蓄电池工作期间,蓄电池上面不能覆盖任何东西,如木板、塑料薄膜等物,以防止酸气上浮造成短路引起火灾。

【任务实施】

①熟悉充放电板的工作原理。

②掌握蓄电池的充电和放电方法。

习　　题

一、填空题

1. 交流发电机由________和________组成。
2. 同步发电机有两种结构形式:________和________。
3. 转场式发电机的转子有两种结构形式:________和________。
4. 引起发电机损坏的主要原因是短路电流产生的________和________。
5. 船舶发电机供电运行的保护主要是________。
6. 发电机的逆功率保护是对________发电机的保护。
7. 欠电压(简称欠压)是指低于________的不正常电压。
8. 直流电路的运行参数是________和________,测量电路比较简单。
9. 功率表同时输入________和________信号。
10. 频率表是否准确可以通过________来校验。
11. 临时应急电源一般采用________。
12. 测量设备的绝缘电阻时,应记录测量时的________、________和________等,以便于分析测量结果。

13. 为了减小测量误差，在使用万用表之前要先进行________。在测量电阻之前，还要进行________。

14. 万用表测量挡位包括________和________。

15. 万用表用完之后，最好将转换开关置于________或________，以防下次测量时由于疏忽而损坏万用表。

二、判断题

1. 船舶交流发电机都采用转场式同步发电机。 ( )

2. 励磁绕组是用交流电流激励的。 ( )

3. 交流励磁机是采用转枢式交流发电机，电枢绕组在定子上。 ( )

4. 发电机转子绕组套在定子铁芯内，定子铁芯槽内嵌电枢绕组。 ( )

5. 小功率发电机一般利用环境空气进行通风冷却；大功率发电机采用冷却空气进行循环冷却。 ( )

6. 发电机的额定参数中，额定电压是指相电压。 ( )

7. 绝缘耐热等级是发电机运行时绕组绝缘中最热点的允许温度。 ( )

8. 长时间过电流运行产生的热会使导线短路。 ( )

9. 当发电机处于逆功率状态时，它不但不能分担电网的负载，反而增加了电网的负担，应采取保护措施把发电机从电网中切除。 ( )

10. 交流电站要测量的电参数较多，但它的基本量仍是电压和电流。 ( )

11. 电压互感器工作时相当于空载变压器，次极不允许开路。 ( )

12. 配合仪表使用的变换器称为仪用互感器。用于变换电流比例的仪用互感器称为电流互感器，用于变换电压比例的仪用互感器称为电压互感器。 ( )

13. 电压互感器的一次侧、二次侧在运行中绝对不允许短路。因此，电压互感器的一次侧、二次侧都应装设熔断器，以免一次侧短路影响高压供电系统，二次侧短路烧毁电压互感器。 ( )

14. 兆欧表有三个接线端钮，分别标有 L（线路）、E（接地）和 G（屏蔽），使用时应按测量对象的不同来选用。当测量电力设备对地的绝缘电阻时，应将 E 接到被侧设备上，并将 L 可靠接地。 ( )

15. 使用兆欧表时，摇动手柄时应由慢渐快至额定转速 100 r/min。在此过程中，若发现指针指零，则说明被测绝缘物发生短路故障，应立即停止摇动手柄，避免表内线圈因发热而损坏。 ( )

三、选择题

1. 柴油发电机的转速一般在________ r/min 以下，较多采用凸极式，转速较高的也有采用隐极式。 ( )

A. 1 200　　B. 1 300　　C. 1 600　　D. 1 800

2. 逆功率值按原动机的类型不同可整定为：原动机为柴油机，发电机额定功率的________。 ( )

A. 5% ~10%　　B. 8% ~15%　　C. 6% ~12%　　D. 7% ~14%

3. 交流主配电板上的测量电表比较多,接线又比较复杂,在一表多用的情况下,必须借助各种________来分别选择测量对象。（　　）

A. 按钮　　B. 继电器　　C. 转换开关　　D. 接触器

4. 频率________于转速。（　　）

A. 反比　　B. 正比　　C. 等于　　D. 成平方比

5. 功率因数表是准确等级较低的仪表,一般只有________级,试验只确认指示方向正确。（　　）

A. 0.5　　B. 1.0　　C. 1.5　　D. 2.5

6. 当主电网及应急电网失电或者电源降至额定值的________%,临时应急照明自动接通蓄电池供电,主电网及应急电网电压恢复时自动切断。（　　）

A. 40　　B. 30　　C. 20　　D. 10

7. 电压互感器的一次侧、二次侧都应装设________。（　　）

A. 按钮　　B. 熔断器　　C. 转换开关　　D. 接触器

8. 交流电压表、电流表有________二个接线端,本身并无极性,任意连接均可,只要互感器极性及转换开关连线正确,一般都是不会错的,除非仪表本身不准。（　　）

A. 4　　B. 3　　C. 2　　D. 1

9. 检查发电机及调压器部分的冷态绝缘电阻,都应该大于________ MΩ。（　　）

A. 4　　B. 3　　C. 2　　D. 1

10. 发电机发热与电流的平方和持续的时间成________。（　　）

A. 反比　　B. 正比　　C. 等于　　D. 成平方比

四、问答题

1. 转场式发电机的转子有哪两种结构形式?它们的特点是什么,如何应用?
2. 发电机的额定参数有哪些?
3.《钢质海船入级规范》对发电机过电流保护的要求是什么?
4. 电压互感器和电流互感器有何区别?
5. 说出充放电板的组成及各部分作用。
6. 如何检查兆欧表的好坏?
7. 如何正确使用万用表的测量挡位?
8. 发电机组运行性能指标中,电压性能指标包括什么?
9. 何为蓄电池的交互充放电方式?
10. 蓄电池充电的控制方式有哪些?

答案

项目五　船内通信系统

任务一　船内通信系统安装

【任务描述】

①能根据工艺要求进行船舶声力电话、船舶传令钟、舵角指示器、机舱监视报警点安装。

②能按电气系统图进行船舶声力电话、船舶传令钟、舵角指示器、机舱监视报警点外部接线。

【培养目标】

①掌握船舶声力电话、船舶传令钟、舵角指示器、机舱监视报警点的工作原理。

②归纳、说明船舶声力电话、船舶传令钟、舵角指示器、机舱监视报警点的分类和功能。

③说出船舶声力电话、船舶传令钟、舵角指示器、机舱监视报警点的安装工艺。

④概述船舶声力电话、船舶传令钟、舵角指示器、机舱监视报警点的接线工艺要求。

【知识准备】

一、船内通信电话

船舶电话有两类用途:航行指挥电话和日常工作联系电话。

航行指挥电话是驾驶室(或其他驾驶部位)与各操纵部位之间的指挥联系电话,是重要的通信设备。一般采用人工电话。

日常工作联系电话是各舱室之间日常事务的联系电话。一般采用自动电话。

电话是有线通信,通话一方的音频在送话器中转换的音频电流通过导线传输到另一方的受话器,将音频电流再转换成送话的声音。

电话设备除了实现双方通话还要向对方发出呼叫信号。呼叫信号除必须有声响外,有的还需要光信号。

1. 声力电话

声力电话是靠声音的振动能量在传话器中产生的音频电势,通过导线与对方的受话器连接产生电流,音频电流在受话器中转换成振动、还原声音,实现远距离有线通话。这种通话器件无须外部电源。只要线路不断、电话不损坏,任何情况下都可以通话,为了保证通话质量,现在都采用带增音器(放大器)的声力电话,内附干电池提供放大器的电源,呼叫摇动手摇发电机，对方铃响、灯亮。

一般驾驶室与机舱、舵机舱必需设置一对一的直通声力(或增音)电话。

驾驶室也可以设置多路(4~12路)声力电话的总机，用总机上的开关选择通话的对象。

声力电话是人工电话，通话点有限，对象固定。

2. 共电式指挥电话

共电式指挥电话是需要电源(例如直流24 V)的多路(4~12路)的总机电话。外部电源向呼叫信号和通话放大器提供工作电源。总机和单机的送话和受话都设有放大器，保证通话质量。接在总机上的所有单机，用总机上的开关选择通话的对象，可以实现总机与单机对讲、总机与所选择的各单机同时通话、单机与单机之间通话。

共电式指挥电话是人工电话，需要人在总机上选择通话的对象。

图5-1为人工电话系统。

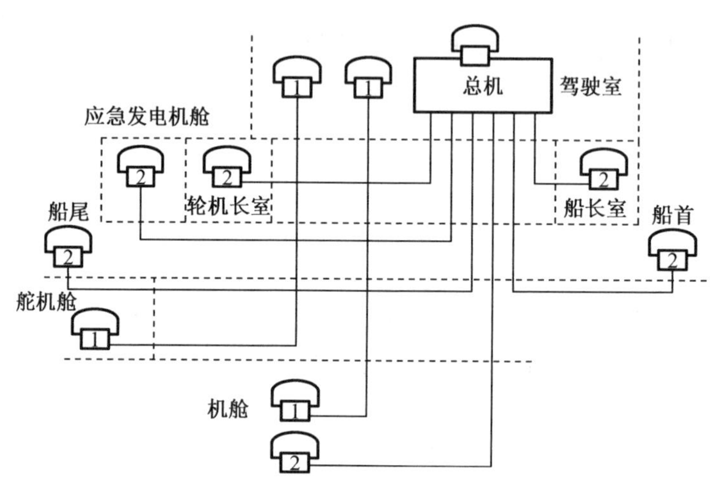

1—直通声力电话；2—指挥总机电话。

图5-1　人工电话系统

二、船舶操纵传令钟

传令钟也称车钟，是驾驶室用来向机舱传送主机运行命令和机舱向驾驶室回复操作的设备。驾驶室为发送传令钟，机舱为接受传令钟。机舱传令钟安装在集控台上，在主机上的操纵台旁安装复示器。

传令钟有电动(指针)式和灯光式两种。采用交流电的一般是指针式，采用直流电的有指针式和灯光式。一般用直流电的灯光传令钟作为备用，称为应急传令钟。

电动传令钟上有发令手柄和回令指针。驾驶室的发令传令钟，发令时扳动手柄转动，在每个指令条(例如停车、完车、前进1、2、3、4、5和后退1、2、3)上可以定位；机舱的回令传令钟的指令指针随发令转动，发令转动到要求的令条上停止，机舱的指针也停止，轮机员根据令条操作主机运行到需要的方向和转速上，并扳动手柄回令，驾驶室回令指针随回令转动，在对应位置上停止。传令钟上的手柄与指针不在同一位置，铃声响，在同一位置，铃声停。

驾驶室遥控的主机,主机操纵与传令钟合一。驾驶员操作传令钟到需要的命令位置,主机遥控系统自动操作主机到需要的转向和转速。不使用遥控系统,传令钟只执行传令的功能。

图 5－2 是主机驾驶室遥控的传令钟位置与主机操纵位置例图。主机操纵与传令钟合一,可以在驾驶室控制台上用传令钟通过主机遥控系统操纵,也可以在机舱集控台上用传令钟操纵。轮机员也可以在机旁根据传令钟复示器显示的指令操纵。

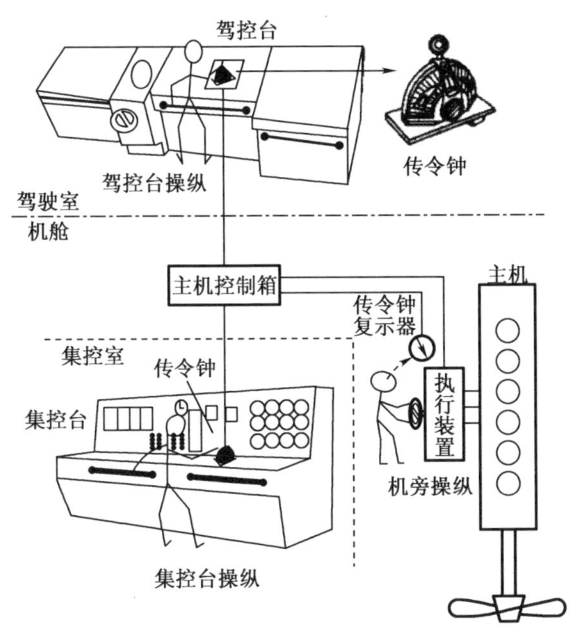

图 5－2　传令钟位置与主机操作位置例图

三、舵角指示器

船舶航行时,为了能让船舶按预定航向安全行驶,就需要正确操舵。为了正确操舵就需要了解舵叶偏转角度。用来检测舵叶所转角度的设备叫作舵角指示器,它是保证船舶安全行驶的重要装置之一。图 5－3 为舵角指示器实物图,图 5－4 为舵角指示器安装实样图。

常用的舵角指示器有交流电动舵角指示器和干电池式舵角指示器。

1. 交流电动舵角指示器

它有 ODA－J 型和 ODA－J2 型两种,前者电源电压单相为 127 V,发送器采用 DN500 型自整角机,后者电源电压单相为 110 V,发送器采用 ND－501 型自整角机,它们的接收器都采用 BS－500 型自整角机。

2. 电桥式舵角指示器

电桥式舵角指示器发讯器 F 是由可变电阻和两个阻值均为 1 800 Ω 的定值电阻 R 组成的电桥电路。可变电阻布置成圆盘式,总电阻为 3 000 Ω,像发电机使用的磁场变阻器,可变电阻分段引出线到板面的静触头上。发讯器的动触头 D 随舵轴转动，动触头 D 接到微安表指示器 Z 上。

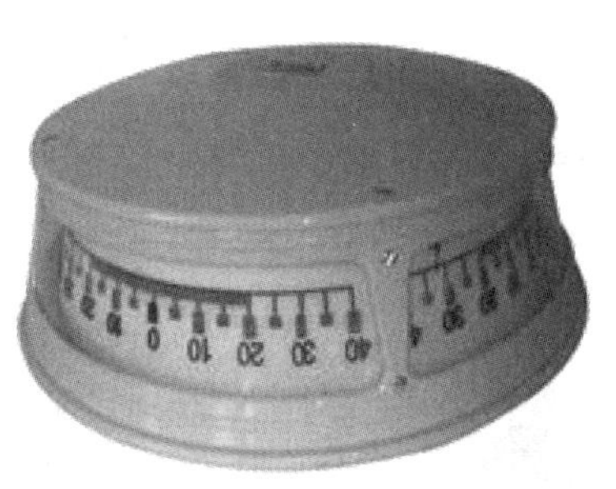
图 5－3　舵角指示器实物图

图 5－4　舵角指示器安装实样图

四、机舱监测报警系统

对机械系统设备运行的检测报警，无论是有人或无人值班的机舱都必须设置。有人值班机舱的监测点较少，仅限于可能危及设备安全的状态和参数。无人值班机舱的监测点则多得多。

1. 检测

主、辅机的运行状态和参数一般都是非电量的物理量。检测这些物理量的器件称为“传感器”，或简称“探头”。如压力传感器、温度传感器、流量传感器和液位传感器等。

监测报警系统是电气系统，非电量必须变换成电量才能进行检测，所采用的传感器是把非电量变换成电量。电量也有多种量值单位，量值范围也有不同。模拟量通常是变换成标准的 4 ~ 20 mA 电流信号或 0 ~ 5 V 电压信号。担任这种变换的器件称为变送器。

报警检测原理如图 5－5 所示。检测点也称为监测点或报警点。系统设备的检测点设置传感器，例如检测压力用管路连接输入到传感器；检测温度的传感器，检测元件用热电阻或热电偶制成“温包”插入检测点。模拟量传感器输出，通过变送器变换，输入检测电路检测，也可以连接显示仪表。有的传感器本身带有变送器，输出直接输入检测电路。检测的量值达到或超过设定的限值，检测电路动作输出报警。开关量传感器输出，是在设定的限值动作，如果是突变的电量，则经过检测电路输出报警；如果是触头信号，则直接输出报警。

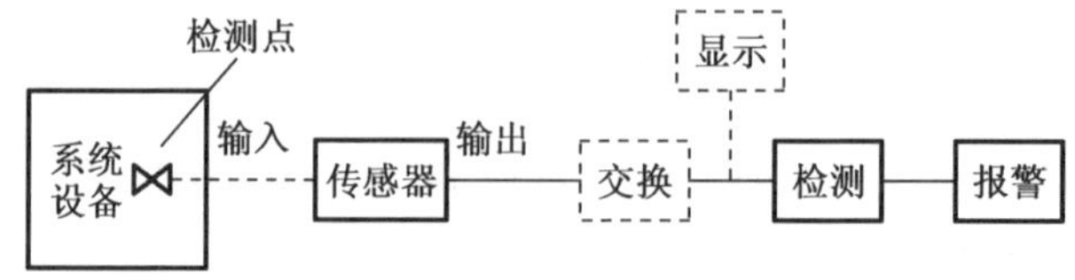

图 5－5　报警检测原理图

2. 传感器

传感器有电量的和非电量的。这里讨论非电量的传感器。传感器是把非电量变换成电量的器件。它输入的是被检测的物理量,输出的是电量。电量包括电流、电压、电阻和电触头。

物理量通常是连续的量值,在传感器检测范围内任何一点都有量值,这种连续的量值称为模拟量。传感器感受检测的模拟量,传递出的也是模拟量信号,称为模拟量传感器,如果传感器只对某个量值做出反应,传递出突然变化的信号,称为开关量传感器。把检测的模拟量再变换成标准的电流和电压信号,称为变送器。例如温度变送器、压力变送器。

机械运行的参数有压力、温度、流量、液位和转速等。传感器有各种输出形式,以适应各种用途。传感器和变送器用于机舱监测报警系统的模拟量主要是压力和温度,对应的接口一般有:铂电阻,电阻值随温度变化;热电偶,热电势随温度变化;标准电流模拟量 4 ~ 20 mA;标准电压模拟量 0 ~ 10 V。

3. 报警系统

报警系统或报警装置接收输入的报警点信号、声信号、光信号。声信号用来呼唤值班人员,光信号用来显示报警点的名称。显然,声信号可以公用,光信号必须独立。

值班人员从声信号得知有报警,从光信号得知报警点,可以解除声信号,而光信号必须保留到故障消除。如果第一个故障报警未消除,光信号保留,第二个故障报警又来,声报警仍应动作,光信号应能够与前面的故障区别。

4. 监测报警系统

最简单的监测报警系统如图 5 – 6 所示。各检测点传感器 B1 ~ B*n*,分别通过各自的传输电缆把检测信号输入报警装置。有多少检测点需要多少根电缆。检测点离报警装置远、电缆长,检测点多、电缆多。无人机舱的检测点可能几十个,多的可能几百个。

电脑技术的应用使得监测报警系统的功能增强、连接简化,检测、报警、数据显示、数据记录和报警记录等更方便、可靠。

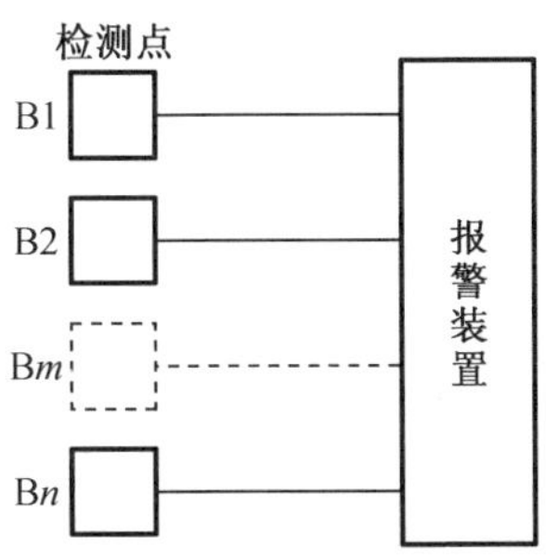

图 5 – 6　报警系统

【任务演示】

一、电话机安装注意事项及外形

①电话机及接线箱的金属外壳应有可靠接地。

②选通式电话机连接电缆芯数为用户数加 4，直通式电话机连接电缆芯数为三芯，芯线截面积应不小于 0.5 mm^2。

③直通式电话机外形如图 5-7 所示。

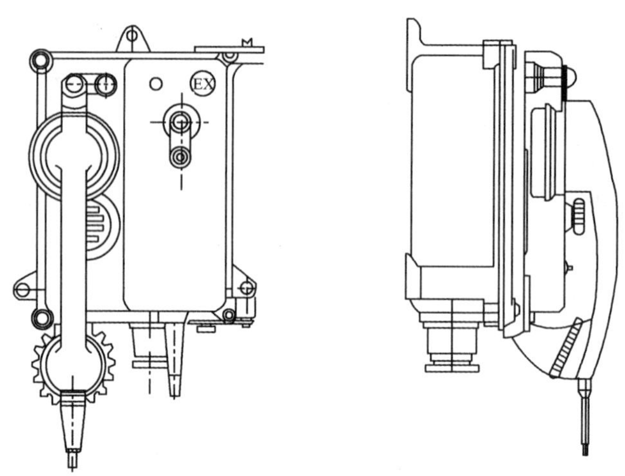

图 5-7　直通式电话机外形

④6 门选通式电话机外形如图 5-8 所示。

⑤12 门选通式电话机外形如图 5-9 所示。

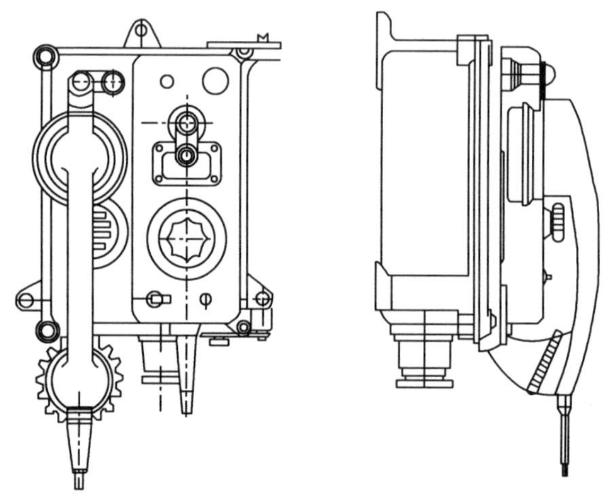

图 5-8　6 门选通式电话机外形

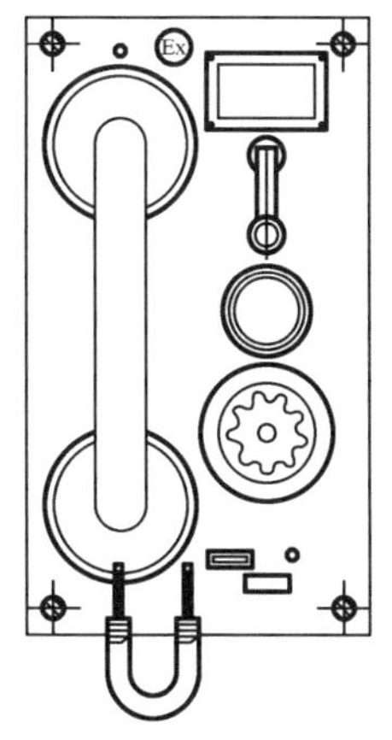

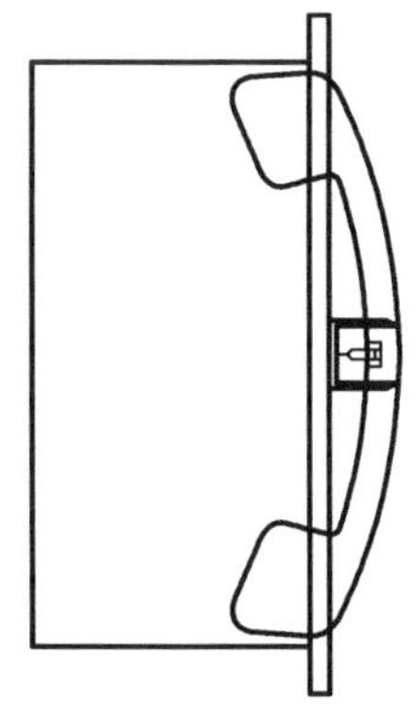

图 5－9　12 门选通式电话机外形

二、船舶操纵传令钟

1. 灯光传令钟

灯光传令钟是由发送器和接收器组成的。发送器是一个电源转换开关，用来接通信号指示灯电源，安装在驾驶室的钟台内。接收器是一个装有彼此隔开的指示灯组，用来指示发送器送来的信号，它安装在机舱操机部位。图 5－10 为灯光传令钟原理图，从图中看出，如果要发送命令，可扳动发送器的手柄至所需位置上，电源转换开关 ZK 的触头，便接到接收器有关指示灯 ZD 的电源，使指示灯亮，指示出发送命令，从而达到传送命令的目的。

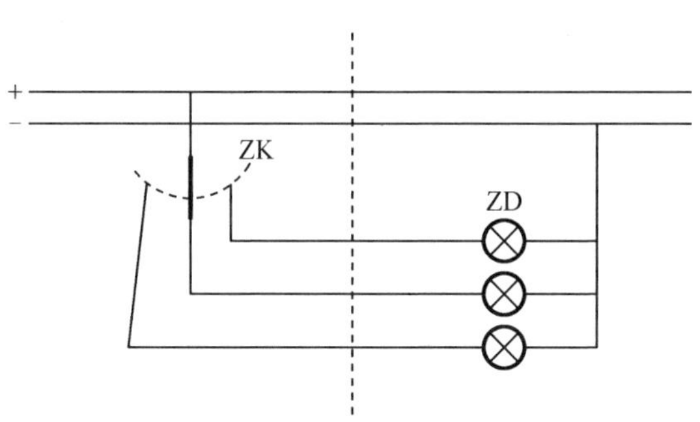

图 5－10　灯光传令钟原理图

为了引起收讯方的注意，系统中还装有音响信号。

图 5－11 为某船灯光传令钟原理图，其工作原理如下：

①当机舱合上 K2，驾驶室合上 K1 后，指示灯 D 亮，继电器 J 通电吸开其常闭触头，因上、下车钟均在停位置，故 ZD22 亮，蜂鸣器 FM 和电铃 DL 不响，白指示灯 BD 不亮。

②当驾驶室车钟扳向前进或后退任一位置时，J 失电，它的常闭触头闭合，FM 与 DL 通电发出音响，ZD22 熄灭，BD 发光。

③当机舱回令，车钟手柄与驾驶室手柄对应同位后，相应的指示灯 ZD 亮，音响信号 FM

和 DL 停响，BD 不亮。

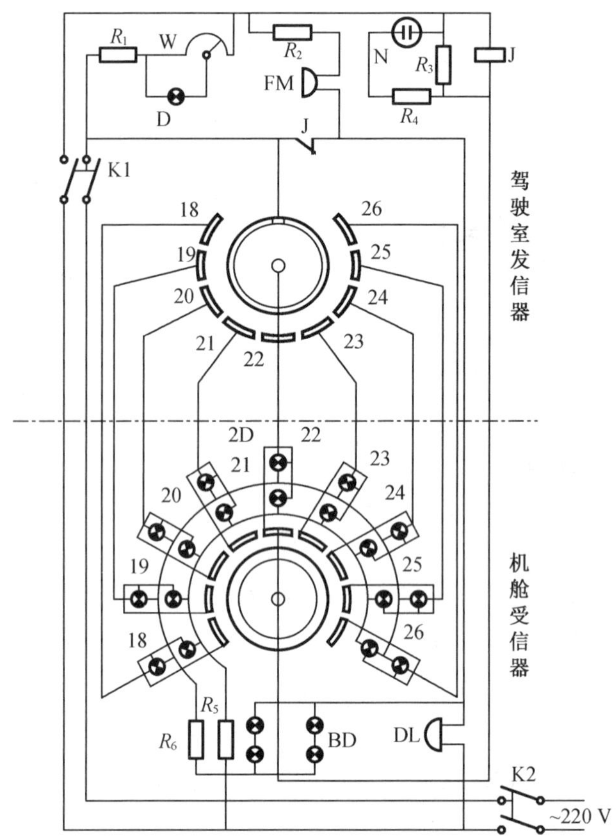

图 5－11　某船灯光传令钟原理图

2. 船舶传令钟操作步骤

①按系统接线图进行接线。

②核对连接线路的正确性。

③测量该系统的绝缘电阻。设备电压为 24 V 以下者，用 100 V 兆欧表测量。设备电压为 110 V 以上者，用 500 V 兆欧表测量。

④对本系统设备内、外做彻底清洁。

⑤将有关开关置于调试位置。

三、舵角指示器

1. 交流电动舵角指示器

当舵叶被航机带动偏转的同时，也带动了舵角发送器的转子旋转，根据自整角机同步传信的原理，接收器转子因整步转矩而偏转相同角度，使转轴带动指针指出航角。

交流电动舵角指示器的原理和接线图如图 5－12 所示。

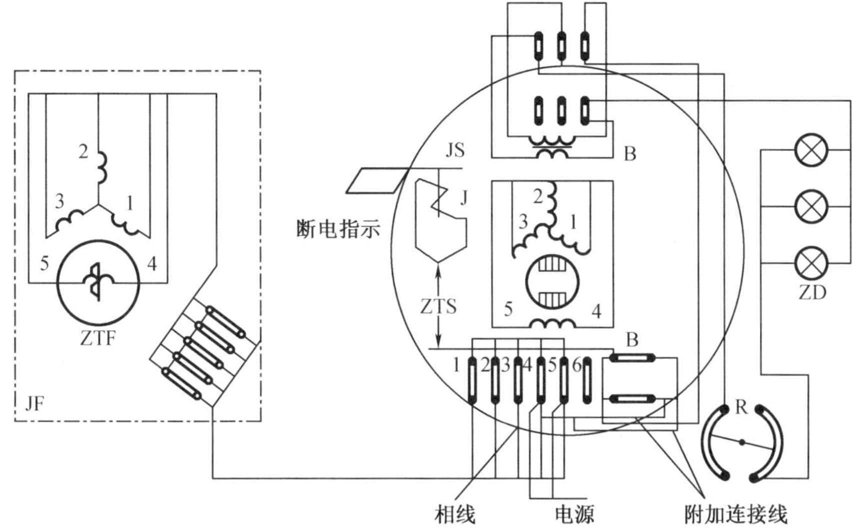

JF—舵角发送器;ZTF—自整角发送器;JS—舵角指示器;ZTS—自整角接收器;
B—降压变压器;J—失电指示器;ZD—指示灯;R—调光电阻。

图 5-12 交流电动舵角指示器系统的原理和接线图

2. 舵角指示器操作步骤

(1)零位调试

用简易操作将舵操到机械零位,然后关掉电机。这时分别检查各个舵角指示器,均调整到零位。

(2)误差检查

实际舵角与舵角指示器在零位时不应大于 0.5°,其他位置不应大于 1°。一般情况下,若平行四边形(舵角发送器)安装精度高、自整角机同步机质量好,误差基本上都在范围内。

四、机舱监测报警系统

1. 传感器

(1)温度传感器

温度传感器的测温敏感元件有热电阻和热电偶。

① 热电阻有铂电阻和铜电阻。铂电阻可以在 -200 ~ 500 ℃的环境温度下工作;铜电阻可以在 -50 ~ 100 ℃的环境温度下工作。船舶多采用铂电阻。铂电阻在 0 ℃时的阻值有 46 Ω、100 Ω 和 300 Ω,100 ℃时增加 1.393 倍。常用的为 100 Ω,即 PT100。阻值随温度变化。把非电量的温度变换成电量的电阻。监视报警系统一般有专用的输入接口,把电阻值转换成对应的温度值。铂电阻传感器常用于水温和油温等的测量。温度测量范围一般为 0 ~ 200 ℃。

热电阻测温是利用电桥的原理。如图 5-13 所示。串、并联的四只电阻,两个连接端接直流电源,另两个连接端接电流表。选择 $R_1 = R_3$;$R_2 = R_4$,两条支路流过的电流相等,则电压降 $U_2 = U_4$,电流表两端的电压相等,电桥平衡,没有电流流过。调节电阻 R_3,阻值减小,

U_4 电压升高，$U_4 > U_2$，电流从左流向右；阻值增加，U_4 电压下降，$U_2 > U_4$，电流从右流向左。

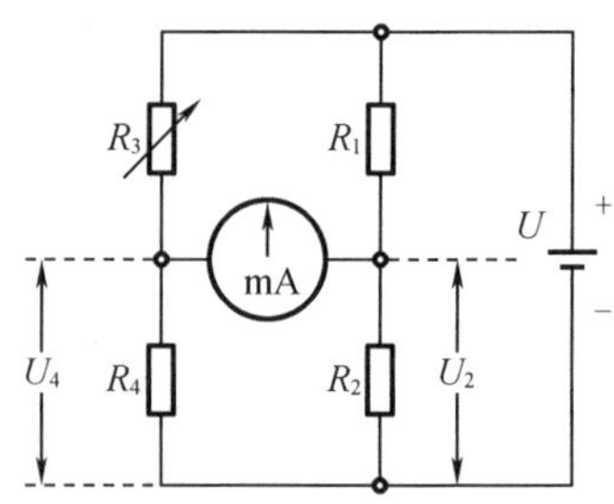

图 5－13　电桥检测原理

把 R_3 换成置于热源处的热电阻 R_t，温度变化引起阻值变化，电流表的读数就可以折换成温度值。从图 5－14(a)看出，连接热电阻的两芯导线，有电阻 R_L 存在。桥臂 $R_3 = R_t + 2R_L$。R_L 的阻值随环境温度变化，不能真实反映被测处的温度。为此，采用图 5－14(b)的三芯导线连接。两芯连接热电阻，一芯将电源直接接到热电阻的电源端子上。原来用于比较的桥臂 R_1 为 $R_1 + R_L$；测量臂 $R_3 = R_t + R_L$。两个臂上的导线电阻同时变化，对测量的影响被抵消。

热电阻用三芯电缆与监视装置的转换接口连接，转换成相应温度的电量值，输入显示电路和报警检测电路。

铂电阻温度传感器的外形如图 5－14(a)所示。测量元件外有保护套保护，伸入被测量温度的管子或容器内。接线端有接线盒封闭，电缆从填料函进入，打开接线盒盖接线。

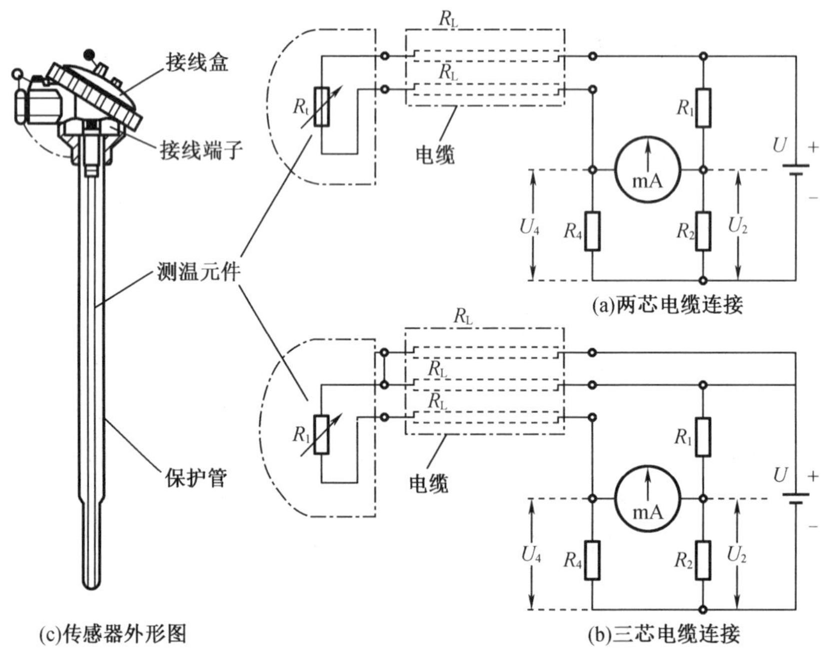

图 5－14　热电阻测温原理图和传感器外形

铂电阻温度传感器的安装形式如图 5－15 所示。根据传感器和管子或容器的尺寸可以横装、直装和斜装。

② 热电偶是把两种不同的金属一端焊接在一起放在被测量处，另一端两根开口称为“参比端”，放在外面，接电压表。当测量端与参比端的温度不一样，即存在温差时，参比端两金属端产生电势，电势因热产生称为热电势。镍铬－镍硅热电偶可测 1 000 ℃以下的温度，镍铬－铜热电偶可测 600 ℃以下的温度。柴油机排气温度采用热电偶测量。

热电偶传感器的结构如图 5－16 所示。热电极和金属线外用绝缘套管包覆，再加金属保护管保护伸入测量处。接线端有接线盒封闭，电缆从填料函进入，打开接线盒盖接线。

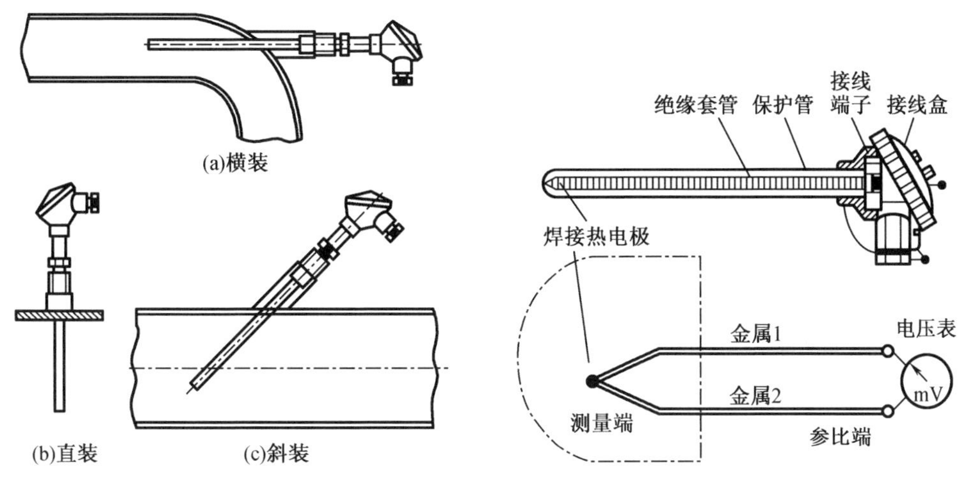

图 5－15 铂电阻温度传感器的安装形式

图 5－16 热电偶传感器的结构

热电偶传感器的安装形式与热电阻传感器一样。

热电偶传感器和热电阻传感器传递出的是对应温度变化的模拟量，可以用来显示测量点的温度，也可以用来检测某一设定的限值。

(2)压力传感器

压力传感器的检测敏感元件主要是弹性元件，例如弹簧管、波纹管和膜片等。在压力的作用下弹性元件产生位移，再将位移转换成电信号。

电磁线圈中的铁芯产生位移可以转换为电压的变化，这种压力传感器称为电磁感应式压力传感器。应变电阻片在压力的作用下变形，转换成阻值的变化，这种压力传感器称为应变式压力传感器。

温度传感器的检测元件对温度较敏感。压力传感器的检测元件除了对压力敏感外，对温度也敏感，会影响压力检测。如应变电阻片，只应该在压力作用下改变阻值，但温度变化同样引起阻值变化。这就需要采取温度补偿的措施消除温度的影响。传输导线的电阻也会受温度影响。现在使用的压力传感器都带有变送器，称为压力传感变送器或简称压力变送器，较多采用 4～20 mA 的标准输出。对用途来说，传感器采用什么敏感元件已无关紧要，只需要知道该压力变送器的测量压力范围和对应的输出电流。

某型压力传感变送器的外形如图 5－17 所示。

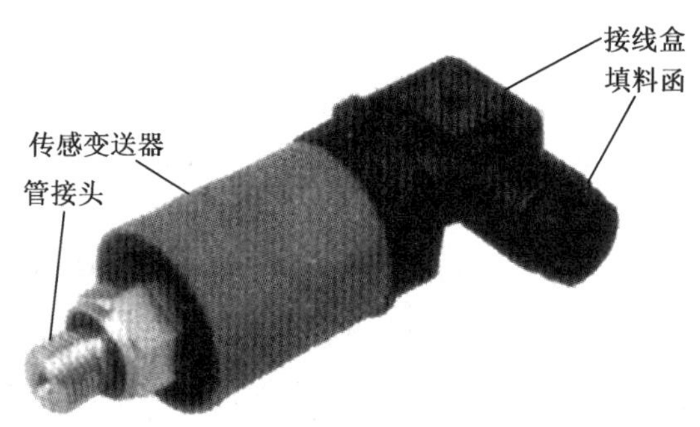

图 5-17 某型压力传感变送器外形

温度开关和压力开关或称温度继电器和压力继电器都是开关量传感器。温度开关通过介质转换成压力,再通过压力敏感元件转换成位移,温度升高到设定的温度值,位移到推动开关触头动作、转换状态,即原来接通的断开、原来断开的接通。

压力开关用压力敏感元件转换成位移,压力升高到设定的压力值,推动开关触头动作。

报警系统对某些机械的运行,只需要监视某一设定的限值;有的自动控制的设备只需要在某一参数达到设定值执行某一动作。对温度和压力的监视采用温度开关和压力开关。

液位监视一般采用浮子液位开关。浮子浮到设定的液位,浮子的连杆带动输出开关动作。

某些机械运行的压力参数,有可能产生短暂超过设定值的变化,但很快会恢复正常,短时的超过会使开关动作输出。报警系统对压力报警信号设置延时,用时间来确认压力参数超过设定值的真实性。

船舶摇摆,大容积的液位会相应起伏,液位开关安装的位置因船舶摇摆会引起虚假的动作,需要设置延时报警。

2. 机舱监视报警点操作步骤

①传感器安装检查。检查各检测点传感器是否已安装;型号、规格是否正确;接线是否正确。

②报警装置接线正确性检查。

检查传感器与报警装置接线端子板或数据采集箱端子板接线是否正确,需两人操作,一人在端子板处用校线灯或万用表电阻挡测量被检查的传感器的接线端子,另一人在传感器接线端短路和断路连接线(或对地),如果灯或表的指示对应的短路和断路,说明该电缆的连接正确。

热电阻传感器采用三芯线,应逐一检查。

【任务实施】

①归纳、说明船舶声力电话、船舶传令钟、舵角指示器、机舱监视报警点的分类和功能。

②对船舶声力电话、船舶传令钟、舵角指示器、机舱监视报警点进行安装。

③对船舶声力电话、船舶传令钟、舵角指示器、机舱监视报警点进行接线。

任务二 船内通信系统调试

【任务描述】

①能根据通电前的准备工作对船舶声力电话、船舶传令钟、舵角指示器、机舱监视报警点进行检查。

②能按工艺要求进行通电调试。

【培养目标】

①掌握系统绝缘电阻测量方法。

②能正确说出对设备内部进行清洁的清洁步骤。

③掌握船舶声力电话、船舶传令钟、舵角指示器、机舱监视报警点的通电调试方法。

【知识准备】

一、船内通信电话

1. HSC－1 型声力电话的工作原理介绍

声力电话可分为直通式和选通式两种,分别用于两个用户之间的直接通话和多个用户之间的互选通话。

HSC－1 型直通式电话按三线制通话原理设计,通话音量比一般声力电话大一倍。

HSC－1 型选通式电话可以多路同时工作,选通式电话容量有 6 门和 12 门两种。选通式电话除能保证声力通话外,还可以根据用户需要进行增音通话,并能在电源故障时自动转为声力电话。

直通式电话:由两只直通式电话对接成直通通话方式工作,原理如图 5－18 所示。

图 5－18 直通式电话连接

选通式电话:选通式电话之间通过汇接箱互相连接通话,如图 5－19 所示。

2. 直通式电话机电路说明

其工作原理如图 5－20 所示。

(1)发讯电路

图 5－20 中 G 为手摇音频发电机,RLA 为发讯继电器,BR1 为桥式整流器,LED1 为红色光二极管。当转动手摇发电机时,RLA 动作,呼叫信号经 R_1 和 D1 限流、限压后输出,LED1 发光指示信号、D2 构通交流回路,并对 LED1 起保护作用。

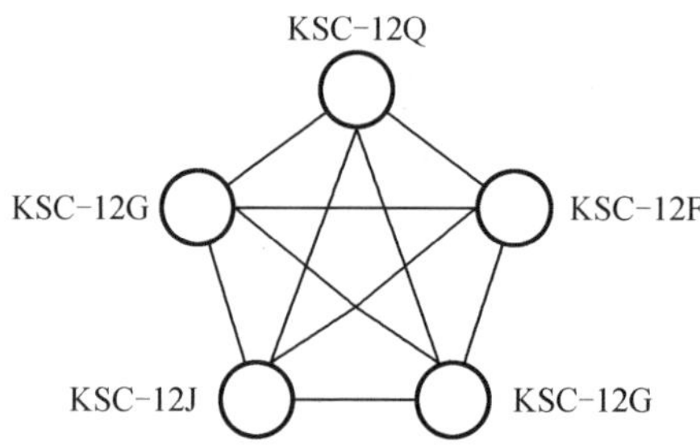

图 5－19　选通式电话连接

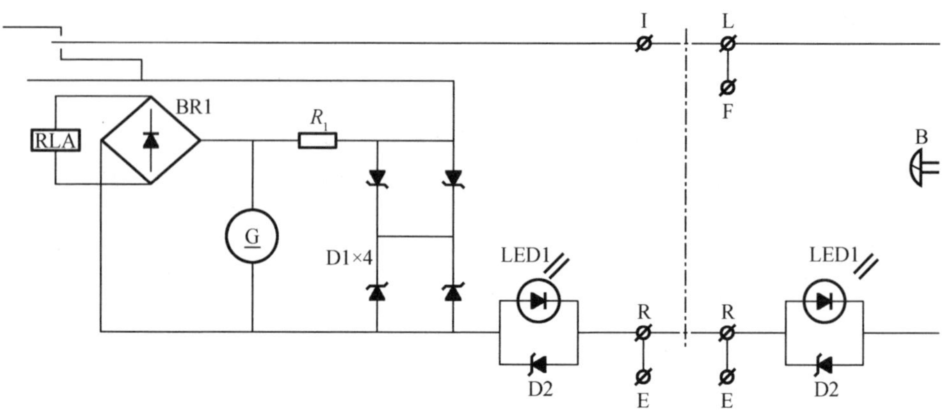

图 5－20　直通式电话机工作原理

(2)收讯电路

图 5－20 中 B 为音响信号装置,当有呼叫信号输入时,B 发声,LED1 发光指示对方呼叫,E、F 为外接声响四接线端。

(3)通话电路

直通式电话机通话电路如图 5－21 所示。

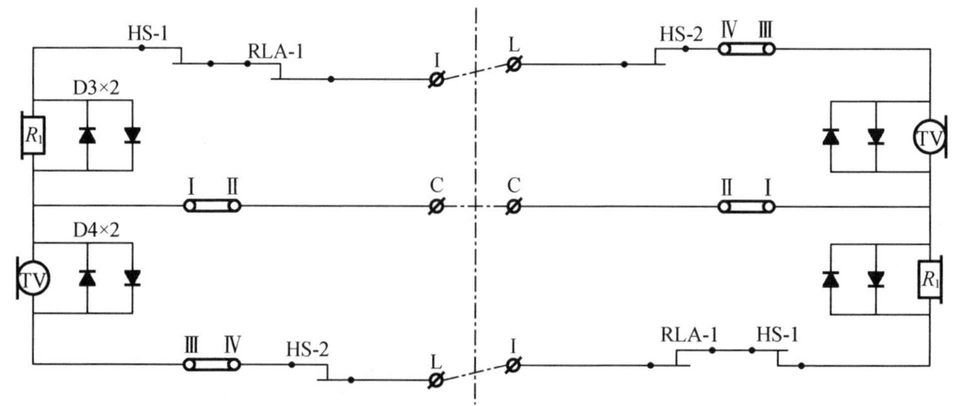

图 5－21　直通式电话机通话电路

从图 5－21 中可以看出，由于采用了三线制，送话器只与对方的受话器相连，因此比送受话器并联或串联通话的二线制话路音量提高一倍。

选通式电话机的收发讯电路及通话电话与直通式电话机基本相同，所不同的是选通式电话机必须通过选择电键发出呼叫讯号；收讯电路的不同之处是呼叫信号由于本机号相同的接线端输入，同时呼叫信号受手机增音开关控制，当取下手机时，则收不到呼叫信号，通话电路除选通增音电话，增加了发送发达器外，其余部分与电话电路相同。

3. 使用方法

(1) 选通方式

呼叫：将选择电键转到所需位置，取下手持送受话器并听一下线路是否空闲，然后按“呼叫”键或转动手摇发电机数圈，对方摘机讲话。

应答：听到铃响或看见红色 LED 发光后取下手持送受话器应答。

话终：①将手持送受话器放回原处，否则收不到下次呼叫。

②将选择电键转到本机号码位置，以保证最大数量线路空闲供多路通话用（选择电键不复位不影响讯号接收）。

(2) 直通方式

呼叫：取下手持送受话器，按“呼叫”键或摇动发电机数圈，对方应答讲话。

应答：听到铃响或看见红色 LED 发光后，取下手持送受话器通话。

话终：将手持送受话器放回原处。

(3) 指挥方式

总机呼叫：将选择电键转到所需位置，取下手持送受话器，按“呼叫”键或转动摇动发电机数圈，对方应答讲话。

单机呼叫：按“呼叫”键或摇动发电机，总机铃响。取下手持送受话器应答。

4. 设备接线图（图 5－22）

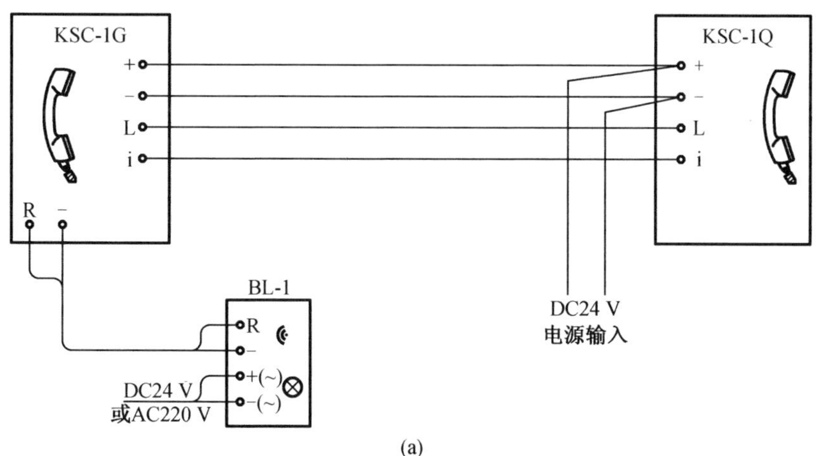

(a)

图 5－22　接线示意图

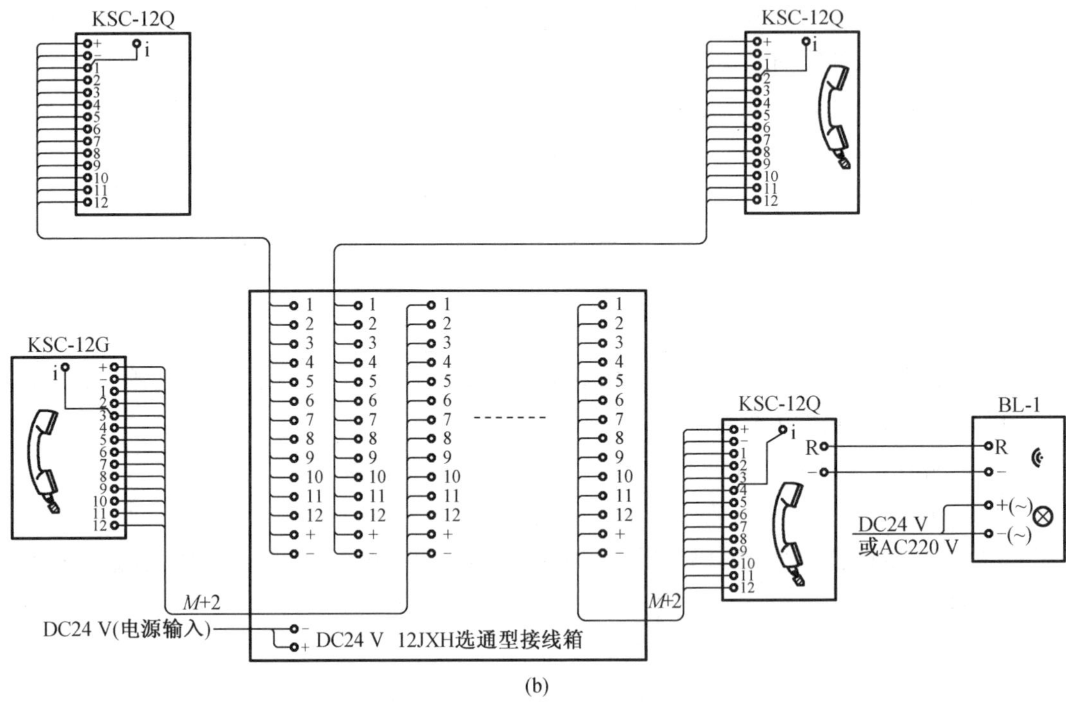

(b)

注:1. 选通式电话机的 i 端接本机号 $N(N=1,2,\cdots,12)$。

2. 电缆有屏蔽,截面积不小于 0.75 mm^2。

3. M 表示实装门数,电缆芯数为 $M+2$。

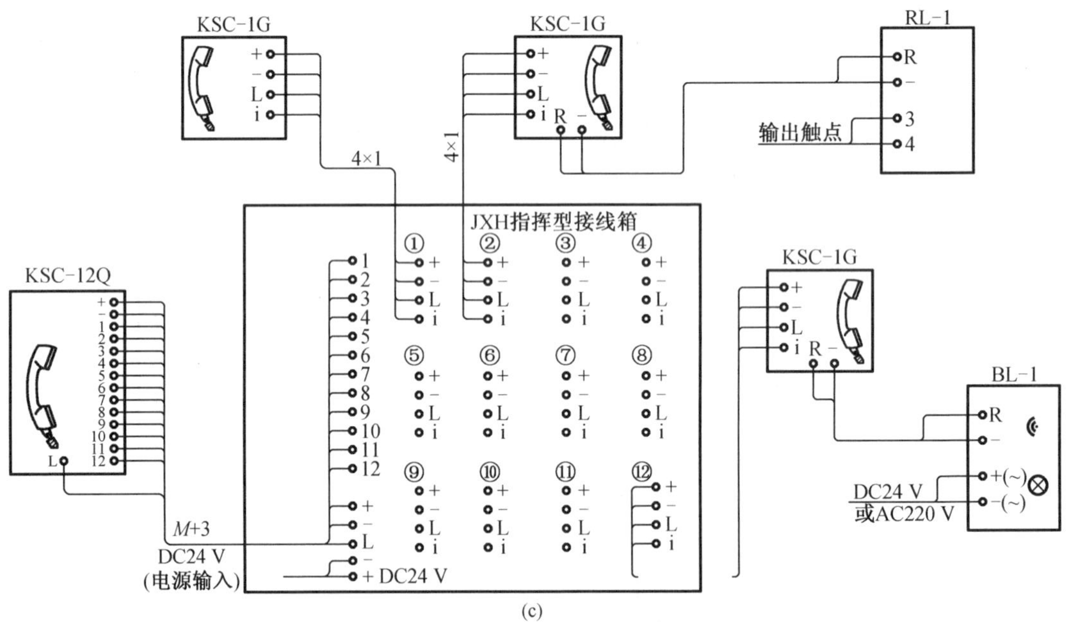

(c)

注:1. 电缆要求单芯独立屏蔽,芯线截面积不小于 0.75 mm^2。

2. 选通式电话机连接电缆芯数为分机数 $M+3$;分机连接电缆为 4 线。

图 5-22(续)

二、船舶操纵传令钟

1. 功能特点

①挡位:KCL 型传令钟区分十一档,即进一、进二、进三、进四、停车、完车、备车、退一、退二、退三、退四。发信器和收信器不同步时,发出声光报警。

②失电报警:当电源箱的主电源(AC220 V)失电时,自动转换到另一路(DC24 V),同时发信器发出声光报警信号,按发信器面板上的“消音”键可消音。

③试灯\调光:按发信器面板上的“试灯”键,可测试面板指示灯状态,若按键时间超过 2 s 则可调节指示灯至适当的亮度。

④误车报警:主机操作错向时,发信器和收信器的误车 LED 灯闪亮,同时发出误车报警声和输出无源触头信号。纠正错误操作后,误车报警自动撤销。

⑤转换键:按一下第一号(主机旁)收信器上“切换”键后,可将回令权转移到第二号(集控室)收信器上,若再按一次该键,可撤销转移。

2. 使用方法

在每次发令或会令时,需先按一下面板上的“解锁”键,然后再 5 s 内按所需的挡位键,若超过 5 s 需再按一次“解锁”键方可操作。对方未应答时,面板指示灯闪亮,同时蜂鸣器发声,发信器可通过“消音”键消音;对方正确应答后,面板指示灯亮,蜂鸣器停止发声。

交流电动传令钟是利用自整角机自动同步传讯的原理,由发讯器 ZF、受讯器 ZS 和连接导线组成,其线路如图 5-23 所示。由图 5-23 可知,发讯器和受讯器的结构基本相同,都有两个绕组,一个是在定子上的单相励磁绕组,另一个是在转子上的三相整步绕组。两个单相励磁绕组都接在船舶交流电网上,两个三相整步绕组按相序通过滑环用导线互相对应连接。三相绕组所感应的每相电动势的大小,由转子所偏转的角度而定。当发讯器与受讯器的转子位置对称一致时,钉子磁极磁场在各自的三相整步绕组中所产生的电动势,大小相等,方向相反,彼此平衡,所以绕组中没有电流。当发讯器的转子转动一个角度时,两者电动势失去平衡,因而产生电流。该电流与定子磁通相互作用,产生整步转矩,使收讯器转子转动,直到转子自动跟踪至发讯器的同步位置,即转至相同角度,从而获得同步传送。

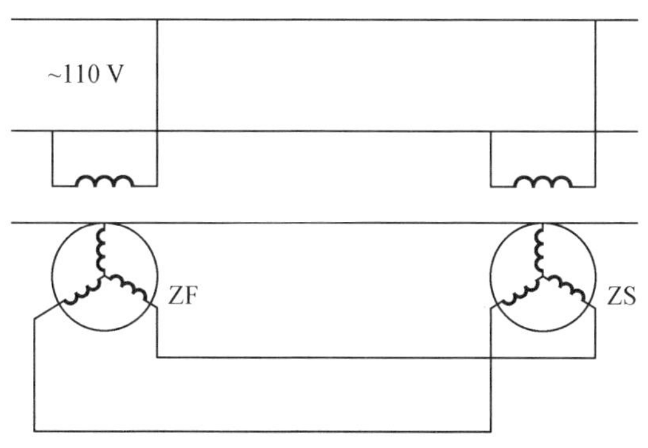

图 5-23 交流电动传令钟原理图

利用上述原理，只要在驾驶室将传令钟的手柄扳至所需主机转速的刻度盘某位置上，则收讯器按发讯器转动方向转过同样角度。因此，轴上所带指针能指出所需转速，达到同步传送命令的目的。

三、舵角指示器

电桥式舵角指示器原理图如图5－24所示。发讯器F是由可变电阻和两个阻值增均为1 800 Ω的定值电阻R组成的电桥电路。可变电阻布置成圆盘式，总电阻为3 000 Ω，像发电机使用的磁场变阻器，可变电阻分段引出线到板面的静触头上。发讯器的动触头D随舵轴转动，动触头D接到微安表指示器Z上。

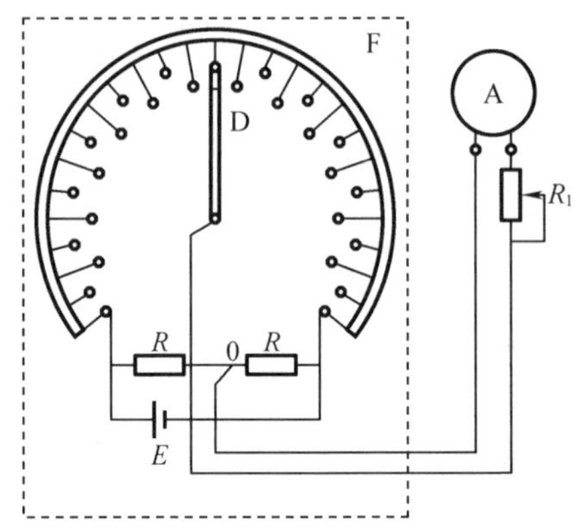

图5－24　电桥式舵角指示器原理图

收讯器即指示器Z是用500－0－500微安的微安表改制而成的，仅需要表面的电流刻度改成40－0－40度角度刻度即可。它接收发讯器F送来的电信号。

当触头D所分两边的电阻值相等时，指示器指在零度。当D向右移动时，两边阻值不等，D、0间有电位差，电流自0点经指示器至D点，指针指出右舵角的大小。当动触头向左边移动指示器中的电流反向时，指针指出左舵角的大小。

E为1.5 V的干电池，连续工作可使用三个月。300 Ω的电位器R_1作为矫正舵角指示器正确度之用，隔一周调整一次，使之符合实际要求。

四、机舱监测报警系统

1. 报警系统

报警系统或报警装置接收输入的报警点信号、声信号、光信号。声信号用来呼唤值班人员，光信号用来显示报警点的名称。显然，声信号可以公用，光信号必须独立。

值班人员从声信号得知有报警，从光信号得知报警点，可以解除声信号，而光信号必须保留到故障消除。如果第一个故障报警未消除，光信号保留，第二个故障报警又来，声报警仍应动作，光信号应能够与前面的故障区别。

(1)报警信号

接到检测点发出的故障信号,报警系统同时发出声、光报警信号。严重故障的报警光色一般采用红色,普通故障一般采用黄色。为了区别未应答和已应答的故障,未应答故障的光报警信号为闪光。

(2)报警应答

值班人员对发出的(一个或多个)报警应答后,闪光转为平光(即持续亮),声报警消除(消音)。前面故障的应答和消音,不妨碍以后再发生故障的报警和应答。

光报警信号一直保留到故障消除为止。故障消除后,该报警通道自动恢复到正常工作状态。

(3)报警工作检测

报警系统具有自检功能,即对自身的故障自动进行检测和报警(或指示),以防止有警不报或误报警。

在检测点的设备正常运行时可以对报警系统进行检测。检验报警系统的功能是否正常。

(4)报警闭锁

有的检测点在某种状态或过程的报警信号是无意义的,例如主机滑油压力,主机停机时没有压力。报警系统对某些状态或过程中的无意义报警信号进行闭锁。

(5)报警延伸

报警装置设置在机舱,一般在集控室内。发出的声、光报警只能在机舱集控室内接受。在机舱的几个角落设置"呼叫显示器",报警装置发出的报警信号,在上面显示"机械故障"光信号,并伴随声报警。值班人员巡回检查离开集控室,在机舱任何地方都可以接受,回到集控室可以得知报警点的所在。集控室还要接收传令钟、电话以及火警和 CO_2 施放报警,呼叫显示器也有光显示,并伴随可区别的声报警。呼叫显示器如图 5 – 25 所示。

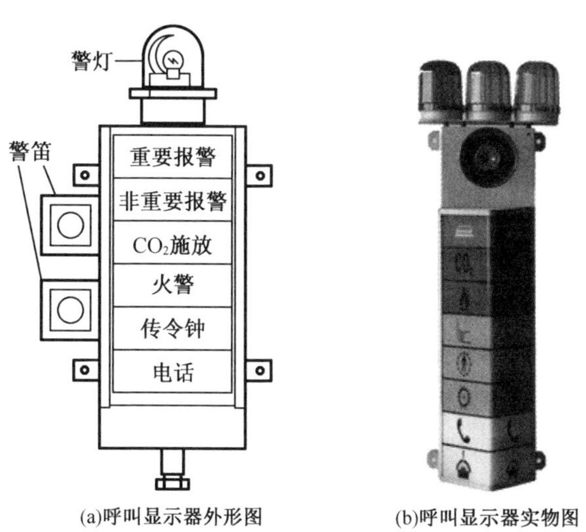

(a)呼叫显示器外形图　(b)呼叫显示器实物图

图 5 – 25　呼叫显示器

机舱无人值班，机械故障按“非重要报警”和“重要”故障，延伸到驾驶室、会议室、餐厅、阅览室和轮机员居室。集控台上有“值班轮机员”设置开关，可按照当班的轮机员设置，例如今天是大管轮。考虑到房间无人，报警会往后传递。例如大管轮不在房间，经一定时间无应答则转传至二管轮，无人再往后传。

(6)操作设置

根据这些功能，报警装置上设有应答（消音）、试灯、功能试验等按钮。

2. 监测报警系统

最简单的监测报警系统如图5－26所示。各检测点传感器B1～Bn，分别通过各自的传输电缆把检测信号输入报警装置。有多少检测点需要多少根电缆。检测点离报警装置远、电缆长，检测点多、电缆多。无人机舱的检测点可能几十个，多的可能几百个。

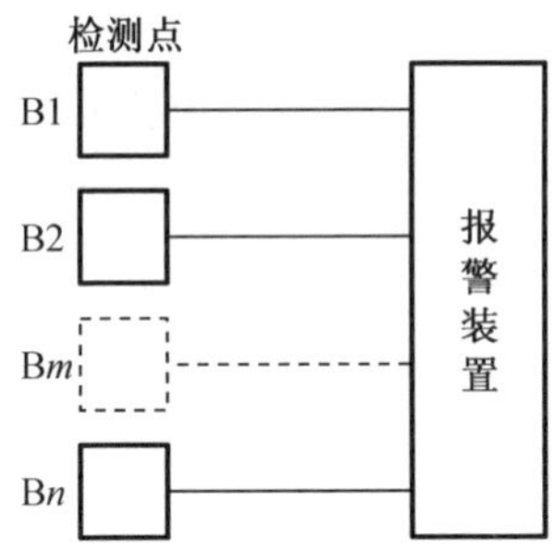

图5－26　报警系统

报警系统的主体是报警装置。它接收输入各个检测点的信号，处理后输出声、光报警信号。声信号用来呼唤值班人员，光信号（报警指示）用来显示报警点的名称。声信号公用。

在机舱各处设置的呼叫显示器，发出旋转警灯光报警和警笛声报警。呼叫显示器除报报警装置（主处理器）的“非重要报警”和“重要”故障外，还接收、发报传令钟、电话以及火警和CO_2施放报警。

报警延伸至各有关舱室，例如驾驶室、会议室、餐厅、阅览室和各轮机员居室。集控台上有“值班轮机员”设置开关，可按照当班的轮机员设置。

发生故障报警，通过报警装置在集控台发出声报警，显示屏上显示报警点图标。报警延伸至各有关舱室。在机舱各处设置的呼叫显示器，发出旋转警灯光报警和警笛声报警。通过报警装置的应答按钮操作应答。

五、广播对讲机

1. 系统概论

LPA－1Q公共广播系统用于除客船外的各类船舶作为全船广播、船令指挥、对讲、对外喊话及娱乐广播等用途，但不能用来发通用紧急报警信号，也适用于海上平台及港口等海洋工程。

2. 主要功能

①由主电源、应急电源供电，当主电源掉电后自动转换由应急电源供电。

②可向喊话、舱面、岗位、舱内四路扬声器组发送广播信息。

③公共广播主机及遥控台均有按键保护功能，自由经许可后方能使用。

④公共广播主机面板上有 MIC 送话输入，可选择单路或多路扬声器输出。

⑤当公共广播遥控台遥控讲话时具有强迫扬声器全音量输出功能。

⑥程控电话联动，通过电话可启动公共广播主机进行广播讲话。

⑦公共广播主机可与遥控台对讲。

⑧调频调幅收音及娱乐放音。

⑨公共广播主机的控制优先等级：主机讲话→遥控讲话（电话遥控）→娱乐放音，高级的操作可中断低级的操作。

3. 设备介绍

（1）公共广播主机

本设备的工作方式有 MIC 对话、娱乐放音、遥控讲话等，还可与自动电话交换机连接，实现电话遥控功能，通过电话可启动公共广播主机进行广播讲话。本设备还带有多个遥控台，各遥控台均可遥控主机选择扬声器组进行遥控对话，当遥控台工作时能自动切断音乐信号，以保证遥控台工作优先，同时，各遥控台之间还可以进行对讲。为满足船舶使用的需要，广播主机分喊话、舱面、岗位、舱内四路输出，工作室可根据需要接通任一路或多路输出；其中岗位和舱内输出为三线制，当广播主机进行娱乐放音时，扬声器上的音量调节旋钮可调节音量，当广播主机为 MIC 对讲或遥控台讲话时，扬声器上的音量旋钮失去作用，扬声器属于全音量工作状态；当接通对外喊话扬声器时，其他三路会自动断开。

（2）遥控台

安装方式为嵌入式，遥控台上有通话用的手持 MIC 及 2W 扬声器，并可通过 KCZ－1 左右舷话筒将遥控台 MIC 延伸到左右舷。

遥控信号用编码方式传送，使公共广播遥控台电缆芯数减少到四芯，降低了电缆及施工费用。

①遥控功能：遥控台上设有扬声器选择按键，当进行遥控讲话时可选择扬声器输出。

②对讲功能：当需要和其他遥控台对讲时，只需启动遥控台即可。

（3）扬声器

扬声器分号筒扬声器、嵌式扬声器、壁式扬声器及吸顶扬声器。

①号筒扬声器：为防水结构，主要用于舱外，功率为 5 W、10 W、15 W、25 W、50 W 和 100 W，输入为二线制定压 120 V，无音量调节旋钮。

②嵌式、壁式扬声器、吸顶扬声器：适用于舱内，功率为 0.5 W、1 W、2 W、3 W、4 W 和 5 W，输入为三线制定压 120 V，有音量调节旋钮。

设备接线图如图 5－27 所示。

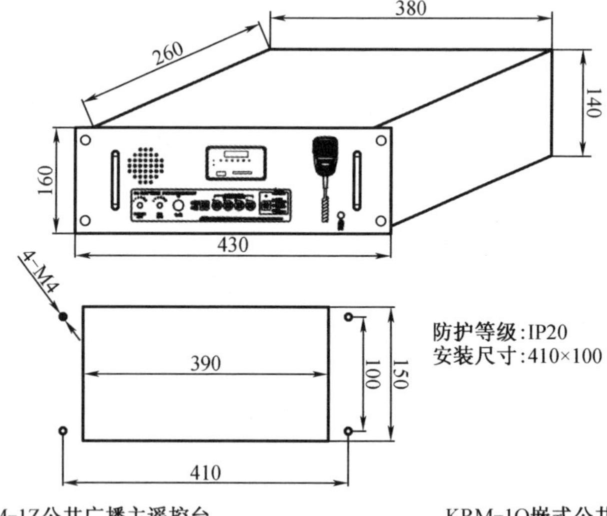

KRM-1Z公共广播主遥控台　　　　KRM-1Q嵌式公共广播遥控台

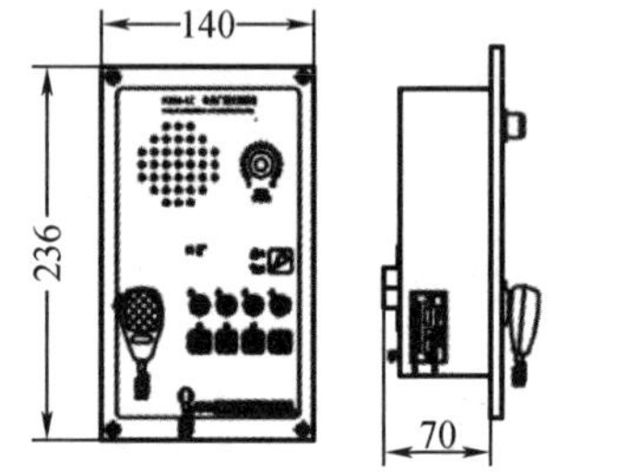

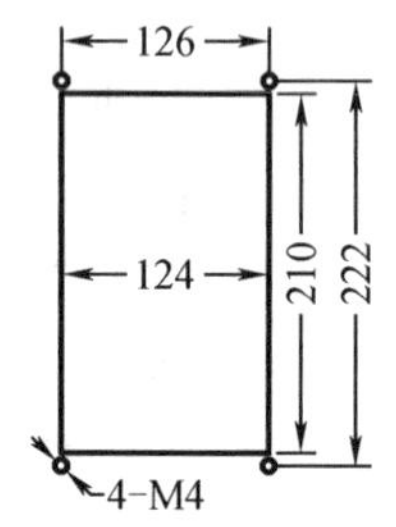

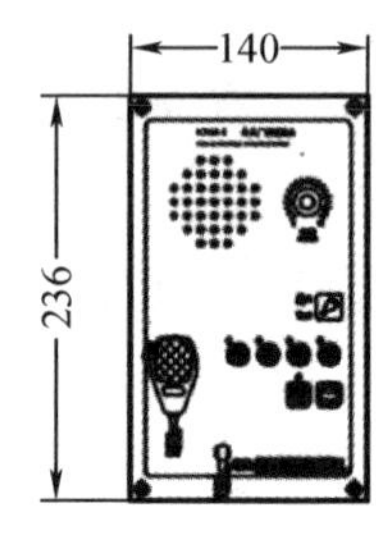

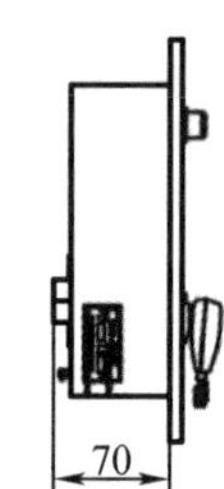

防护等级:IP20
开孔尺寸:124×210

(a)KPA-1Q公共广播主机

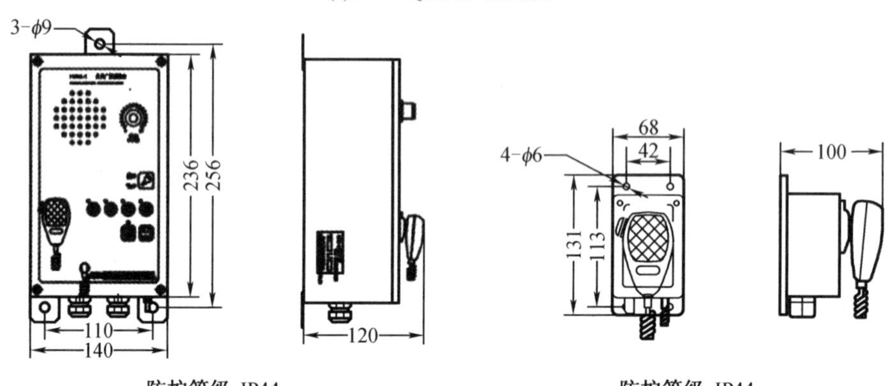

防护等级:IP44
填料函:PG16

(b)KRM-1G壁式公共广播遥控台

防护等级:IP44
填料函:PG13.5

(c)KCZ-1/KCZ-2左右舷话筒

图5-27　设备接线图

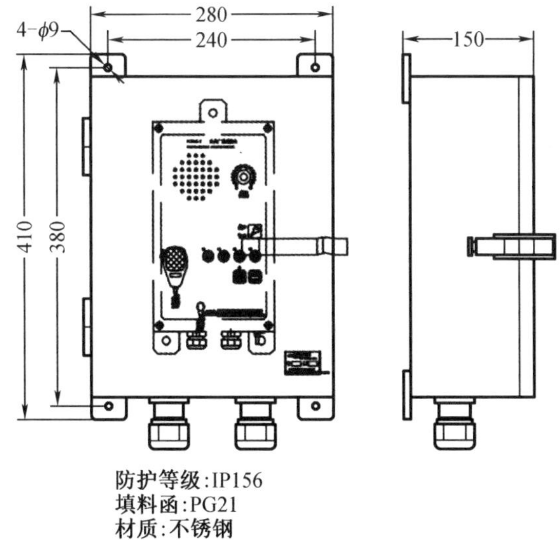

(d)KRM-1F防水公共广播遥控台

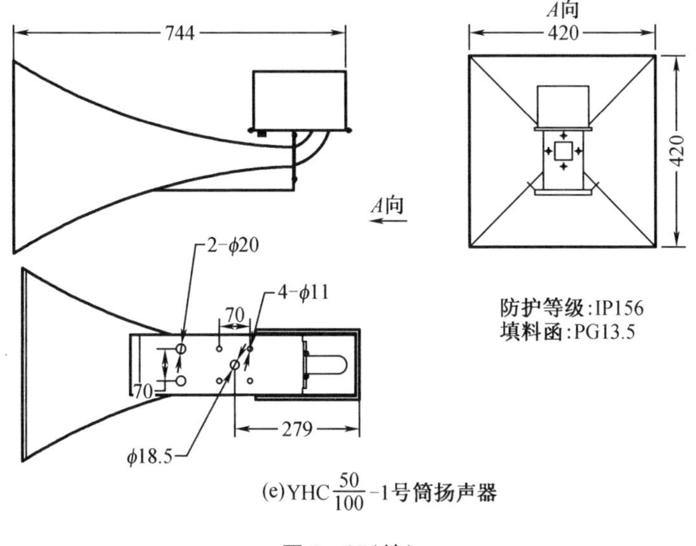

(e)YHC$\frac{50}{100}$-1号筒扬声器

图 5－27(续)

六、火灾报警器

1. 系统概述

控制器安装位置合理牢固,外壳须安全接地。需与甚高频、等强干扰设备保持一定距离,系统电缆应与船舶其他强电设备线缆分开布置,尽可能减少干扰误报概率。外部设备(隔离模块、探测器、手动报警按钮等)布置合理,并符合《国际海上人命安全公约》要求。各设备连接电缆根据《国际海上人命安全公约》要求采用防火阻燃型电缆。电缆线头需采用O 形或 U 形冷压端子规范连接。

火灾报警控制器具有 AC220 V 主电源以及 DC24 V 应急电源二路供电,实现双路电源不间断供电(图 5－28)。任意一路供电电源丢失,控制器报出相应电源丢失故障。

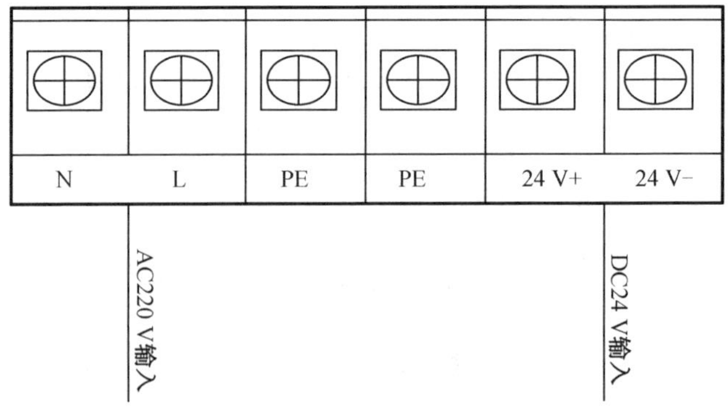

图 5-28　火警报警器控制器

控制器具有火灾显示盘接口(图 5-29),可实现多分站显示。该接口最多可连接三个火灾显示盘。如控制器设置火灾显示盘为已连状态而系统检测不到对应地址的火灾显示盘,控制器报出火灾显示盘丢失故障。

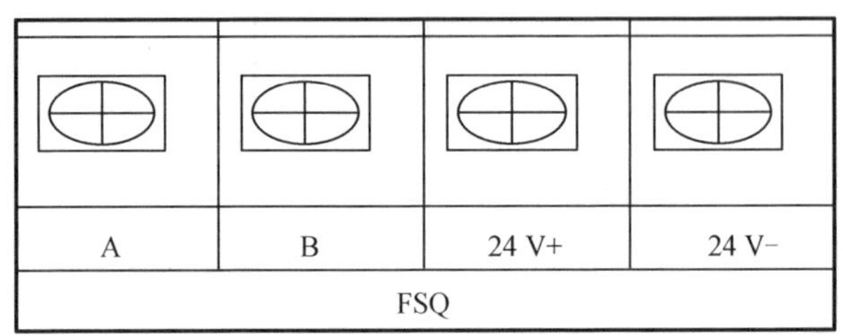

图 5-29　火灾显示盘接口

控制器具有 DC24 V 有源输出接口(容量 1 A)(图 5-30(a)),该接口可给输入模块供电,还具备可通过控制器手动启动/停止的可复位 DC24V 有源接口(容量 1 A)(图 5-30(b)),该接口可连接一组有源继电器。

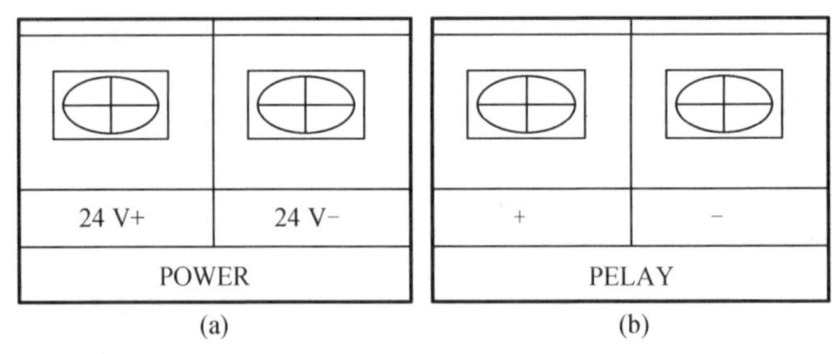

图 5-30　DC24 V 有源输出接口

2. 控制器面板指示灯及按键说明

(1)指示灯

火警:当有火灾报警时亮起。

故障:当有任意故障时亮起。

主电:AC220 V 正常供电时亮起。

备电:DC24 V 正常供电时亮起。

自动有效:系统处于手动模式时不亮,处于自动模式时亮起。

电源故障:系统检测出主电或备电丢失时亮起。

系统运行:系统正常工作时闪亮。

系统故障:系统错误或不能正常运行时亮起。

声光启动:全船报警启动时亮起。

声光屏蔽:回路中声光报警器有被屏蔽时亮起。

报警延时:当系统检测到火警,发出报警信号时亮起,进入 120 s 延时倒计时。

声光故障:回路中声光报警器有存在故障时亮起。

启动:回路中声光报警器启动时亮起。

反馈:反馈模块接收到联动设备启动后亮起。

自检:自检键按下时亮起,自检结束后熄灭。

屏蔽:系统中有任意探测器被屏蔽时亮起,解除屏蔽后熄灭。

备用:备用。

消音:系统有报警信号发出时按下消音键该灯亮起。

(2)按键

数字键:用于系统操作及编程。

ESC 键:用于系统退出。

OK 键:用于编程及确认。

F1 键:用于查看密码。

F2 键:用于自检灯、声音、液晶屏。

F3 键:用于进入系统。

复位键:用于复位系统。

语言键:用于切换中文/英文。

手\自键:切换手动/自动联动模式。

查看键:用于查看控制器链接的其他设备及数量。

消音键:用于消除声音。

启动键:启动可编程继电器输出。

停止键:停止可编程继电器输出。

警启键:用于紧急启动所有外部触头。

警停键:用于停止所有外部触头。

声光键:用于停止外接声光(此功能用于特殊船舶)。

锁定键:用于锁定和解开所有按键及液晶屏。

方向键:用于移动光标。

查询信息:按左、右方向键进入,按上、下键查询多条记录。

3. 参考资料

常用区位码表

2861—驾	4227—驶	4250—室	2683—后	3916—前	5583—左	5150—右
3043—救	4190—生	2855—甲	1669—板	3658—内	4566—外	5563—走
4461—梯	3132—道	5487—主	2790—机	4634—温	2240—度	1708—报
3015—警	4944—烟	4677—雾	3884—启	2215—动	4245—释	2337—放
2171—电	2765—会	5073—仪	1831—部	3829—平	1724—备	5217—员
4311—双	4043—人	2012—船	1904—长	5448—中	2083—大	2417—副
2560—管	3454—轮	4254—手	2215—动	2354—分	5145—油	2105—单
5210—元	2347—废	3888—气	2357—焚	4153—烧	2588—锅	3415—炉
2270—舵	2463—高	2822—级	2002—储	1856—藏	8428—艏	1853—舱
4219—食	3823—品	1988—厨	2331—房	4508—通	1845—餐	4492—厅
4720—洗	5034—衣	2331—房	2302—发	2171—电	2790—机	4017—缺
4314—水	4768—箱	2637—号	4503—停	1820—泊	2509—供	4028—燃
5421—值	1664—班	3880—起	3051—居	5145—油	3865—漆	2868—间
4878—蓄	1956—池	3405—楼	4451—逃	3158—口	2778—活	4659—污
2006—处	3277—理	5516—装	2603—海	4528—图	4507—艇	8426—艉
1986—出	1735—泵	3156—控	3145—客	5438—制	5173—娱	3254—乐
4791—消	2332—防	3779—棚	5026—液	4925—压	4147—上	2504—工
4075—人	4679—物	1864—测	3153—空	2864—监	4734—下	4255—首
4985—氧	2715—化	4431—炭	4538—推	2187—调	4251—视	4862—修
1676—办	2511—工	3537—门	4692—吸	4944—烟	5106—应	2817—急
3768—配	1843—菜	3853—普	3744—盘	2408—铺	3510—锚	3630—木
1831—部	2155—低	1867—层	5421—值	1664—班	3880—起	3051—居
4747—舷	5027—一	2294—二	4093—三	4336—四	4669—五	3389—六
3863—七	1643—八	3037—九	3367—零	3028—壹	2301—贰	4094—叁

0316—0	0317—1	0318—2	0319—3	0320—4	0321—5	0322—6
0323—7	0324—8	0325—9				

0333—A	0334—B	0335—C	0336—D	0337—E	0338—F	0339—G
0340—H	0341—I	0342—J	0343—K	0344—L	0345—M	0346—N
0347—O	0348—P	0349—Q	0350—R	0351—S	0352—T	0353—U
0354—V	0355—W	0356—X	0357—Y	0358—Z		

0365—a	0366—b	0367—c	0368—d	0369—e	0370—f	0371—g
0372—h	0373—I	0374—j	0375—k	0376—l	0377—m	0378—n

0379—o　0380—p　0381—q　0382—r　0383—s　0384—t　0385—u
0386—v　0387—w　0388—x　0389—y　0390—z

0308—(　0309—)　0307—,　0306—&　0304—$　0305—%　0361—]
0326—:　0310—*　0327—;　0311—+　0332—@　0331—?　0359—[
0330— >　0328— <　0329— =　0315—\　0362—^

【任务演示】

一、船舶传令钟使用前应检查

①检查设备是否完整。

②长期停用的,应检查设备的对地绝缘电阻。

③检查电源电压值,其偏差不应大于额定电压的 ±10% 。

④接通电源后,应检查断电信号器的动作和灯光。

⑤检查设备的同步性及机械联结的灵活性。

二、舵角指示器的调试要求

①对电桥式舵角指示器,检查其内部接触,磨损情况,清除灰尘。

②清洁仪器内部,然后对各活动部位如轴、齿轮等加油,检查仪器的密封情况,试验调光电阻及灯泡是否良好。

③测量舵角指示器的读数,并记录于表 5－1 中。

表 5－1　测量舵角指示器读数记录表

舵角	舵角指示器读数				Result	Remark
P35	驾驶室顶部	(P)左翼	(S)右翼	ECC 集控台		
P30						
P20						
P10						
0						
S10						
S20						
S30						
S35						

三、船舶声力电话的调试要求

①检查电话交换机是否清洁干燥,切勿堆放其他物品。

②检查交换机是否密闭，是否有湿气和灰尘侵入，仅在检查调整和修理时方可打开设备。

③安装在露天的设备，应检查其外露的金属部位是否锈蚀，密封橡皮是否老化、破损，禁止用水直接冲洗。

④检查电源电压的偏差是否在设备的要求范围内（一般为额定电压的 ±10%）。

⑤检查指挥电话和声力电话的电铃及放大声响装置的电气断续触头是否在最大响声处。

⑥注意声力电话的摇手柄轴承应加注薄质润滑油。

⑦对船岸电话，使用前应检查电话线有无破裂、断路、短路。插头、插座是否完整，清除接触件上的氧化物，保证电话畅通、声音清晰。

四、机舱监视报警点的调试要求

①工作电源检查。监测报警系统一般采用两路电源供电，或采用不间断电源供电，即整流电源与外部蓄电池连接供电。正常由整流电源供电，整流电源失电由蓄电池供电。

检查电源的电压正确，如 24 V；检查（直流）电源的极性正确。手动转换或自动不间断电源供电试验。某路电源故障应报警的试验。

②传感器安装检查。检查各检测点传感器是否已安装；型号、规格是否正确；接线是否正确。

③报警装置接线正确性检查。一般报警装置的各检测点传感器直接输入。

检查传感器与报警装置接线端子板或数据采集箱端子板接线是否正确，需两人操作，一人在端子板处用校线灯或万用表电阻挡测量被检查的传感器的接线端子，另一人在传感器接线端短路和断路连接线（或对地），如果灯或表的指示对应的短路和断路，说明该电缆的连接正确。热电阻传感器采用三芯线，应逐一检查。

④报警装置或数据采集箱的各输入接口，一般有热电阻、4～20 mA 热电偶和开关量等。

⑤报警装置工作正确性检查。装置接通电源工作。无数据显示的一般报警装置，模拟各检测点报警动作，应发出声光报警。

⑥外部报警器工作检查。报警装置发出报警，安装在集控台上的声报警器应动作，呼叫显示器应用的声、光信号。

⑦传感器工作模拟试验。传感器工作试验在主辅机运行时才能进行，系统完整性检查试验的传感器工作只能模拟试验。

分别在各检测点处，拆下压力或温度模拟量传感器，压力传感器接在压力检测设备上，手泵压力，在显示器上有与压力表相应的指示，达到动作整定值发出报警；温度传感器的温包插入加热器水中，温度上升或下降，在显示器上有与温度表相应的指示，达到动作整定值发出报警。

⑧报警数据整定。传感器工作模拟试验时，在传感器或显示器上整定动作值。

⑨报警记录工作检查。根据所设置的报警记录要求，例如重要报警点报警动作。

⑩延伸报警试验。检查延伸报警处所的延伸报警的声光报警动作和应答。

五、广播对讲机使用方法

1. 公共广播主机的使用方法

①系统加电工作前,应将音量调节旋钮向左旋小,监听音量旋钮调在中间位置,以免开机后输入过强。

②MIC 讲话:按"选择"键,使"MIC"灯亮,用话筒讲话,逐渐调节音量旋钮,以不超过额定输出电压为宜,按下所需扬声器组按键,即可进行广播讲话。用完后关闭。

③娱乐放音:按"选择"键,使"收音"灯亮。

a. 收音:置解码器于调频(FM)状态,选择波段内某一频率的电台广播。

b. 放音:可将 U 盘直接插入或选择线路音源放音。

④调节音量旋钮,从监听扬声器中可听到音乐节目,若要从各路扬声器组放送出去,则按下相应的扬声器组按键。

2. 公共广播遥控台的使用方法

首先将音量旋钮置于中间位置,先输入正确的密码,按一次"解锁"键,解锁指示灯亮后,表示密码锁接触,按所需扬声器组按键(按键时能听到信号音),取出话筒即可进行遥控讲话,遥控台使用完毕后应按"解锁"键关闭遥控台,以免影响广播主机的收放音和 MIC 讲话。

六、使用方法

完成所有安装检查后便可开启控制器电源,控制器进入工作状态。为了保护机器内部数据,便于用户使用,机器共设有两级密码,每级密码最多由 4 位数字组成,出厂时设置如下:一级密码为 0000;二级密码为 9999。

本机系统设置:在待机状态下按"F3"键进入编程,输入 4 位二级密码 9999,按"OK"键确认,进入系统编程菜单。

系统编程:
1:本机系统配置
2:探头信息编程
3:本机时间编程
4:离线编程操作
操作查询:
5:探头屏蔽设置
6:历史记录查询
7:头地址编码　　08:00:00

1. 本机系统配置

在系统编程菜单下按数字"1"键进入该功能,该功能可设置系统的回路连接状态以及火灾显示盘连接状态。设置完成后按"OK"键保存并退回系统编程菜单。

显示界面及操作描述如下：

显示界面		操作描述		
1，回路 1 配置：	已连	（按数字"1"刍切换	开通 1001-1006 回路	出厂设置为已连）
2，回路 2 配置：	已连	（按数字"2"键切换	开通2001-2006 回路	出厂设置为已连）
4，1号火灾显示盘：	多线	（按数字"3"键切换		出厂设置为多线）
5，2号火灾显示盘：	未接	（按数字"4"键切换	按要求选择）	
6，3号火灾显示盘：	未接	（按数字"5"键切换	按要求选择）	
7，1细水雾控制盘：	未接	（按数字"6"键切换	按要求选择）	
8,2 细水雾控制盘：	未接	(不用 需设置为未连)		
9，有源继电器：	未接	(不用 需设置为未连)		
	08:00:00	(不用 需设置为未连)		

2. 探头信息编程

在系统编程菜单下按数字"2"键进入该功能，该功能可设置已编码探测器的类型、状态、分区、灵敏度、位置。光标※在编码处按"↑""↓"键切换编码，也可直接输入 4 位数字进行切换（如需编辑第 7 回路，直接输入 2001 即可开始）。

"←""→"切换光标※至类型处，设置当前编码探测器的类型。

"←""→"切换光标※至状态处，设置当前编码探测器的连接状态。

分区项无须设置。

"←""→"切换光标※至灵敏度处，设置当前编码探测器的灵敏度。

"←""→"切换光标※至位置处，按"OK"键确认进入，可编辑当前编码探测器的位置描述信息，按"F2"可切换英文输入法以及区位码输入法。每条位置描述最多为 12 个汉字或 24 个字符；录入完成后按"OK"键确认，再将光标切换至位置项以外，按"OK"键确认保存并退回系统编程菜单。

显示界面	说明	
编码： 1001 ※	编码 1001 代表回路1	编码 1002 代表回路2
类型： 接口　状态： 连接	编码 1003 代表回路3	编码 1004 代表回路4
分区： 000　灵敏度：一般	编码 1005 代表回路5	编码 1006 代表回路6
位置：船员休息001室	编码 2001 代表回路7	编码 2002 代表回路8
	编码 2003 代表回路9	编码 2004 代表回路10
F1 快速 F2 输入法　08:00:00	编码 2005 代表回路11	编码 2006 代表回路12

3. 本机时间编程

在系统编程菜单下按数字"3"键进入该功能，该功能可设置控制器时钟，在光标※处直接输入相应年、月、日数字即可。完成后按"OK"键保存并退回系统编程菜单。

4. 离线编程操作

在系统编程菜单下按数字"4"键进入该功能，该功能可通过 485 数据传输将控制器连接至 PC。通过 PC 设置本机的各项编程。编辑传输完成后需关闭控制器电源,重新开机保存编程信息。

5. 探头屏蔽设置

在系统编程菜单下按数字“5”键进入该功能,该功能设置回路屏蔽状态,用数字键改变光标所在位置的值,然后光标会自动向后移动一格;如输入“9”键,表示永久屏蔽此编码;输入“0”键,解除屏蔽此编码;输入“1”到“8”键,屏蔽相应小时;如此编码未连接,则不能进行屏蔽操作。当更改完成后按“OK”键保存并退回系统编程菜单。

地址	0	1	2	3	4	5	6	7	8	9
1000	L	L	L	L	L	L	L			
1010										
1020										
1030										
1040										
1050										
1060										
1070										

上翻 F1 下翻 F2 08:00:00

6. 历史记录查询

在系统编程菜单下按数字“6”键进入该功能,该功能可查询本机的各项历史记录。在各历史记录菜单中,按“↑”“↓”键查询详细记录,完成后按“ESC”键退回系统编程菜单。

1:火警历史记录
2:启动历史记录
3:反馈历史记录
4:屏蔽历史记录
5:故障历史记录
6:其他历史记录
08:00:00

【任务实施】

①熟悉图纸,说出接线的正确方法。

②对系统进行绝缘电阻测量。

③对设备内部进行清洁。

④掌握船舶声力电话的常用类型和使用方法。

⑤对船舶传令钟、舵角指示器、机舱监视报警点进行通电调试。

任务三　船内通信系统故障排除

【任务描述】

①会检测船舶声力电话、船舶传令钟、舵角指示器、机舱监视报警点的常见故障。

②会判断船舶声力电话、船舶传令钟、舵角指示器、机舱监视报警点的常见故障，并能正确排除。

【培养目标】

掌握船舶声力电话、船舶传令钟、舵角指示器、机舱监视报警点常见故障排除的方法。

【知识准备】

一、直通式电话机故障检查和修理

①以 180 r/min 转速摇动手摇发电机时，在 E、R 端应有(17 ±3) V 的交流信号电压输出。

②将 I、R 端短路摇动手摇发电机时，红色 LED 应发光，否则说明 LED 已损坏，应更换。

③将 I、L 端短路，摇动手摇发电机时，蜂鸣器应发声，否则说明蜂鸣器损坏，予以更换。

④取下手机后，用万用表分别测量 I、C 之间的直流电阻都应为 50 Ω 左右，否则说明线路连接不好，应予以维修。

⑤将 I、L 端短路，对手机送话器讲话时，受话器中应能听到声音，否则说明送话器或受话器失灵，应予更换。

二、选通式电话故障检查和维修

①以 180 r/min 转速摇动手摇发电机时，在选择电键所指号码的接线端与 R 端之间应有(17 ±3) V 的交流信号电压输出。可转动电键逐门进行检查。

②将选择电键所指号码接线端与 R 端短路时，转动手摇发电机，红色 LED 应发光，否则说明 LED 已损坏，应更换。

③将选择电键指向本机编号时，转动手摇发电机，蜂鸣器应发声，否则说明蜂鸣器故障或增音开关故障，应予更换或修理。

④取下手机后，用万用表测量选择电键所指号码接线端与 C 端之间的直流电阻应为 100 Ω 左右，否则说明增音开关接点组故障或连接故障，应予修理。

⑤将选择电键所指号码接线端与 C 端短接，增音开关置于断开位置，对手机送话器讲话时，受话器中应能听到话声，否则送话器、受话器或变量器有故障。

⑥将增音开关接通后对送话器讲话时，受话器中应能听到较大声音，同时绿色 LED 发光，否则 LED 损坏或放大器故障，应予检查修理。

【任务演示】

①报警点在调试过程中,难免会出现这样或那样的故障,那么就需要有耐心、有条理,一步步地检查各级线路,才能排除故障。

②通常的故障有短路(IFL)、开路(IFH)及接线方式不准确。

③首先我们要用万用表测量报警点的传感器的阻值。如果无阻值说明传感器损坏。

④压力开关和浮球,主要是用万用表监测断开、闭合状态。然后再测量与主机相连接的电缆线,是否有 DC24 V 电压输出。

⑤如果没有,就要将 SAU 内的外接电缆芯线拆下,用万用表对线看电缆是否准确、是否接地。如果一切无误的话,再用万用表测量 SAU 内的端子,看端子间是否有 DC24 V 电压输出。

⑥如果没有,再检查 SAU 内的集成适配卡是否损坏,以及集成适配卡的型号是否匹配。之后再检查 SAU 内的各种参数的设定是否有误,还要检查 SAU 内配线是否有误。

⑦最后检查主机显示的各种参数设定是否有误。

⑧将故障现象及检修方法记录于表 5 -2 中。

表 5 -2　故障现象及检修方法记录表

故障现象	产生故障可能原因	检修方法

【任务实施】

①检测船舶声力电话、船舶传令钟、舵角指示器、机舱监视报警点的常见故障。

②判断船舶声力电话、船舶传令钟、舵角指示器、机舱监视报警点的常见故障,并能正确排除。

习　　题

一、填空题

1. 船舶电话有两类用途:________和________。
2. 传令钟有________和________。
3. ________的设备叫作舵角指示器,它是保证传播安全行驶的重要装置之一。
4. 常用的舵角指示器有________和________。
5. 传感器有________和________的。
6. 灯光传令钟是由________和________组成的。
7. 温度传感器的测温敏感元件有________和________。
8. 声力电话可分为________和________两种。
9. 交流电动传令钟是利用自整角机自动同步传讯的原理,由________、________、________组成。

二、判断题

1. 一般驾驶室与机舱、舵机舱必须设置一对一的直通声力(或增音)电话。(　　)
2. 共电式指挥电话是人工电话,需要人在总机上选择通话的对象。(　　)
3. 采用交流电的一般是灯光式,直流电的有指针式和灯光式。(　　)
4. 常用的舵角指示器有交流电动舵角指示器和干电池式舵角指示器。(　　)
5. 对机械系统设备运行的检测报警,无论是有人或无人值班的机舱都必须设置。(　　)
6. 主、辅机的运行状态和参数一般都是电量。(　　)
7. 监测报警系统是电气系统,非电量必须变换成电量才能进行检测,所采用的传感器是把非电量变换成电量。(　　)
8. 物理量通常是不连续的量值,在传感器检测范围内任何一点都有量值,这种连续的量值称为模拟量。(　　)
9. 用于机舱监测报警系统的模拟量传感器和变送器主要是压力和温度。(　　)
10. 灯光传令钟是由发送器和接收器组成的。发送器是一个电源转换开关,用来接通信号指示灯电源,安装在驾驶市的钟台内。(　　)

三、问答题

1. 电桥式舵角指示器由哪些部分组成?

2. 说出机舱监视报警点操作步骤。

3. 说出选通电话使用方法。

4. 说出直通式电话机故障检查和修理方法。

5. 说出选通式电话机故障检查和维修方法。

答案

项目六　船舶航行试验

任务一　电动起锚系绞机装置航行试验

【任务描述】

①能根据要求提交报验报告。

②能根据设计要求进行深水起锚、抛锚试验。

③会正确调整电磁制动器。

④能按要求测量并记录各种数据。

⑤会正确检测和判断航行试验过程中的故障，并能采用正确方法排除。

【培养目标】

①说出电动起锚系绞机装置各类数据的记录与比较方法。

②列举提交报验的要求。

③记住电磁制动器的调整方法。

④说明起锚系绞机装置航行试验常见故障排除的方法。

【知识准备】

一、锚机正常起锚过程及其负载特性

船舶自锚泊状态启航前，收起锚机和锚链的作业过程称为正常起锚。其起锚过程可分五个阶段，如图 6－1 所示。

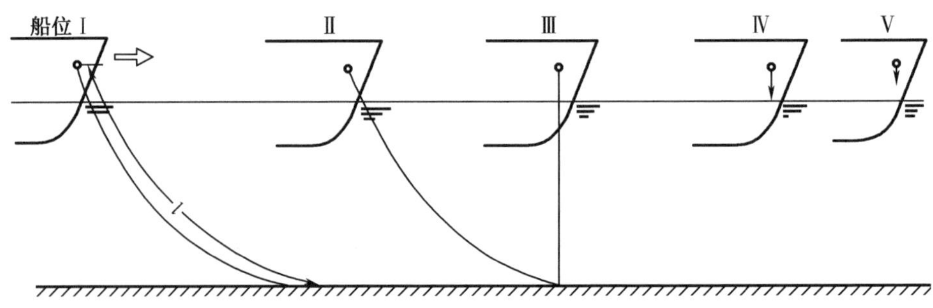

图 6－1　正常起锚过程

1. 第一阶段:收起海底的余链

这一阶段船舶可以高速运行,电动机以全速运转,必要时开动主机来协助。这一阶段船舶在锚机收链时产生的拉力作用下,逐渐向抛锚点靠拢,而锚链悬垂部分的形状不变,它只做平行移动。所以这一阶段锚链上的拉力不变,电动机轴上的负载力矩不变,转速不变。

2. 第二阶段:收紧锚链

锚机将锚链逐渐拉紧,锚链上拉力逐渐增强,锚链悬垂部分的形状发生变化,最后锚杆竖起欲脱离海底。

锚机电动机轴上的负载力矩与收起的锚链长度成正比,转速下降。当船位接近位置Ⅱ时,锚边上的拉力即为锚破土离开海底瞬间的拉力。

3. 第三阶段:拔锚出土

拔锚出土主要依靠船舶前进的惯性作用。如不能拔出,则电动机将“堵转”运行,即在很大堵转电流的瞬间电动机仍紧紧将锚链拉住,依靠推进器的推力拔锚出土。为防止电动机因堵转而烧坏,要求电动机有软的机械特性。堵转力矩一般为额定力矩的两倍,堵转时间一般不超过 1 min。

4. 第四阶段:拉锚出水

锚机拉起已经破土离底的锚,直到拉出水面为止,随着锚链长度的不断缩短,其拉力也在不断减小。这一阶段的平均速度就是通常所说的起锚速度,一般在 6 ~ 120 m/min。提高这个速度可以缩短起锚时间。

5. 第五阶段:收锚进孔

将锚收到锚链孔的目的,在于防止悬垂的锚与船体发生撞击。这个阶段电动机以很低的速度运转,一般控制在 3 ~ 4.5 m/min。在锚入孔时,由于锚与锚链孔的钢板摩擦,电动机的负载力矩有所增强。

二、航行效用试验

航行效用试验在试航期间进行。

①按设计要求,在一定深度的海域做深水起锚、抛锚试验。

②试验前后的冷热态绝缘电阻,各挡电流和转速值,锚破土时的电流与转速值。破土是锚机承受最大负荷的时候,要把这一点数据记全。通常在锚破土前,电动机应转入自然特性运行,如果锚破不了土,电动机负荷又超过 2.5 倍额定电流(或过流整定值)时,过电流保护装置应该及时动作,让电动机断电制动,依靠船舶移动的惯性力或推进器的推力使锚破土,也可另行处理。

③一般来讲,靠锚机本身的转矩是能够破土的。快速破土时,电流会明显上升,当转速有明显下降的现象出现时,应做好读数准备。

④操作时,在收松弛的锚链时,锚机可做高速运行,锚破土后也可做高速运行。但在收锚入孔时,应以低速运行。

航行效用试验过程,也是提交报验的过程。

三、调试中注意事项

1. 电磁制动器的调整

由于锚机、绞缆机等甲板机械，以及其他特种机械使用的电动机有制动要求，因此都带有电磁制动器。这里所述内容对它们带有共性，以后涉及电磁制动器的调整问题时，除有特殊情况需要交代之外，不再赘述。

目前使用的电磁制动器，大多数是电动机本身自带的圆盘式电磁制动器，其结构如图6－2所示。

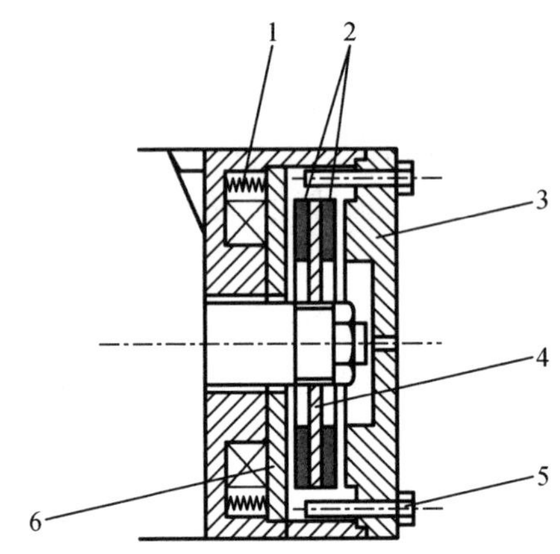

1—弹簧；2—摩擦片；3—端盖；4—动片；5—调节螺栓；6—圆盘。

图6－2　圆盘式电磁制动器结构图

由图6－2可见，摩擦片铆接在动片上，可随轴一起旋转，并可沿着电动机轴端的花键做轴向移动。当线圈通电后，电磁铁圆盘像接触器的衔铁那样被吸合，弹簧被压缩贮能，于是动片在空腔中可以自由旋转，制动器处于松闸位置；当线圈断电时电磁铁圆盘被弹簧顶回，于是动片被卡在端盖与圆盘之间，摩擦片与它们摩擦产生制动力矩，从而电动机被制动。调节螺栓可限制圆盘弹回的行程，调节它即可调整刹车的松紧。旋去起吊螺栓，可从孔中观察摩擦片与端盖、圆盘之间的间隙，然后调节螺栓。间隙太大，可能由于制动力矩不够使锚链或绞缆松脱；间隙太小会使摩擦片与圆盘之间不能完全脱开，以至于在正常运转时发生剧烈摩擦，产生高温甚至帽烟。

圆盘式电磁制动的线圈是直流短时工作制的，必须在通电松闸后串入经济电阻 R_j 以及提供切断电源时的放电回路。因为直流制动器的线圈在断电瞬间，容易产生很高的反电势，有可能将线圈的绝缘击穿，或使接触器的触头拉弧烧坏。为了防止这种情况出现，往往在线圈两端并联一个阻值为线圈内阻3～5倍的电阻，构成放电回路，如图6－3(a)所示。

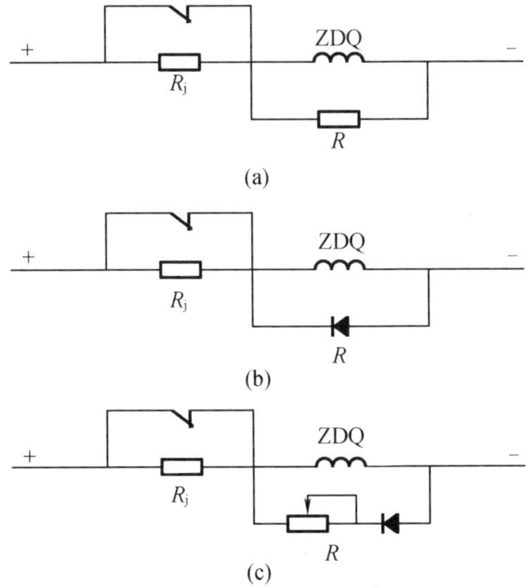

图 6－3 直流制动器放电回路

这种放电回路简单，放电时间不可调节，在松闸时有分流作用，会造成线圈吸力不足，并消耗电能。放电回路亦可用一只二极管来担任，利用二极管单向导电特性，使制动器松闸时基本上无分流，保持足够的吸力。制动时有一个续流放电回路，但放电时间仍不可调节，如图 6－3(b)所示。还可将上述两种放电回路结合起来，电阻改为可调电阻，如图 6－3(c)所示。这样既不影响松闸时的吸力，又可根据拖动机械的要求适当调节放电时间。由于制动器线圈的电路部分比较简单，调整工作主要是监察摩擦片两边的间隙。在运行中如果偶然出现过制动器冒烟或外壳温度升高而使油漆变色的现象，应判明其产生的原因。若是网路电压瞬时下跌而使制动器突然释放，电动机被带电制动所致，则可继续使用，或适当调节经济电阻 R_j，以及采用其他方法，使制动器的线圈电压升高一些。制动器摩擦片冒烟是不会烧坏制动器线圈的。

制动器应定期打开后盖，清除摩擦片磨出的灰末。在系泊试验中，若要配合齿轮箱磨合做空载运转试验，因考虑到制动器是短时工作制的，故试验时应将制动器手动松开，并临时切断制动器，试验结束后再恢复原状。

2. 调速电阻箱的温度

调速电阻不同于启动电阻，因有工作电流长期通过电阻，特别是第一挡位置时，所有电阻均有电流通过而发热，所以在调速过程中应密切注意电阻的发热情况。电阻线不能发红，电阻线发红会导致表面氧化而逐渐剥落，使阻值发生变化。如果电阻线发红，除检查线路外，尚须核对电阻容量。

有些电阻是采用铁铬铝合金绕制的，这类合金的工作温度可达到 1 000 ℃以上，但高温时它的强度低，线膨胀系数大，调试时要观察，并防止变形短路。

3. 各挡数据的比较

将锚机各种工况下的电流值、转速值汇总并做比较，是评价锚机工作性能的重要方法。在空车试验时，除第一挡转速较低外，其余各挡转速都应大大高于第一挡转速，但相互之间的差距应该是不大的。在负载试验时，后面几挡转速的变化应该很明显。第一挡的电流始终是比较大的，后面几挡的电流应变化不大。带负荷运行时，电流比空车时要大一些。如果在试车过程中，发现转速和电流变化异常，需要检查凸轮控制器触头的闭合情况及电阻箱的内外接线，看是否有接错或短路现象。

【任务演示】

一、航行效用试验

①在完成锚机空载试验和负载试验后，可向检验部门提出“起锚系统装置电力拖动的码头报验”申请，向验收人员提交。

②航行效用试验在试航期间进行。

③按设计要求，在一定深度的海域做深水起锚、抛锚试验。

④试验中测量并记录下列数据：试验前、后的冷、热态绝缘电阻，各挡电流和转速值，锚破土时的电流与转速值。破土是锚机承受最大负荷的时候，把这一点数据记录在表 6－1、表 6－2 中。

表 6－1　试验前、后的冷、热绝缘电阻

绝缘电阻	试验前	试验后
冷态绝缘电阻		
热态绝缘电阻		
冷态绝缘电阻		
热态绝缘电阻		

表 6－2　各挡电流和转速值

	一挡	二挡	三挡
电流			
转速			

⑤通常在锚破土前，电动机应转入自然特性运行，如果锚破不了土，电动机负荷又超过 2.5 倍额定电流（或过流整定值）时，过电流保护装置应该及时动作，让电动机断电制动，依靠船舶移动的惯性力或推进器的推力使锚破土，也可另行处理。

⑥一般来讲，靠锚机本身的转矩是能够破土的。快速破土时，电流会有明显的上升，当转速有明显下降的现象出现时，应做好读数准备。

⑦操作时，在收松弛的锚链时，锚机可作高速运行，锚破土后也可做高速运行。但在收锚入孔时，应以低速运行。

⑧航行效用试验过程，也是提交报验的过程。

二、电磁制动器的调整

①圆盘式电磁制动的线圈是直流短时工作制的,必须在通电松闸后串入经济电阻 R_j 以及提供切断电源时的放电回路。

②因为直流制动器的线圈在断电瞬间,容易产生很高的反电势,有可能将线圈的绝缘击穿,或使接触器的触头拉弧烧坏。为了防止这种情况出现,往往在线圈两端并联一个阻值为线圈内阻 3 ~5 倍的电阻,构成放电回路。

③放电回路亦可用一只二极管来担任,利用二极管单向导电特性,使制动器松闸时基本上无分流,保持足够的吸力。制动时有一个续流放电回路,但放电时间仍不可调节。

三、各挡数据的比较

将锚机各种工况下的电流值、转速值汇总并做比较,是评价锚机工作性能的重要方法。在负载试验时,后面几挡转速的变化应该很明显。第一挡的电流始终是比较大的,后面几挡的电流值应变化不大。带负荷运行时,电流比空车时要大一些。如果在试车过程中,发现转速和电流变化异常,需要检查凸轮控制器触头的闭合情况及电阻箱的内外接线,看是否有接错或短路现象。

四、常见故障分析

1. 电动机发热严重

电动机发热严重除电动机本身故障外,主要由操作频繁、工作条件恶劣所造成。从控制线路来看,电动机可以在中速直接启动,启动电流较大,多次启动后,常会出现电动机过热现象。此外,由于锚机的工作特点,常常需进行高速制动,从而使制动器发热严重。

当锚机电动机发热严重时,热继电器动作,为了应急起锚,可以按下紧急开关 AN,强制起锚。

2. 只有中速和低速,无高速

这种故障常常由过流继电器误动作或主令控制器触头、接触器、继电器的触头接触不良造成,此外,若时间继电器延时整定过短,过流保护太早接入,在启动时也会无高速。

3. 制动器失效

若启动时吸合后即抱闸,说明经济电阻断路;若不能吸合,松闸,首先查 3SJ 是否正常动作,手柄在零位时,3SJ 是否吸合,若吸合,说明制动器电源和 3SJ 正常,应检查主令器触头、制动继电器 ZDC 和电磁制动器线圈是否开路。

【任务实施】

①说出电动起锚系绞机装置各类数据的记录与比较方法。

②写出提交报验的要求。

③操作电磁制动器的调整方法。

④分析起锚系绞机装置航行试验常见故障排除的方法。

任务二　舵机装置航行试验

【任务描述】

①能根据设计要求在匀速航行时,进行手动操舵、随动操舵、自动操舵试验。

②能根据要求在主机全速倒车时,检查倒车操舵。

③会正确检测和判断航行试验过程中的故障, 并能采用正确方法排除。

【培养目标】

①说出舵机装置航行试验中各类数据的记录与比较方法。

②列举提交报验的要求。

③简述操舵试验中的操舵顺序。

④说明舵机装置航行试验常见故障排除的方法。

【知识准备】

一、船舶舵机基本知识

船舶航行依靠主机的动力推进,依靠舵保持和改变航向。

用于操纵舵叶偏转的机械设备称为舵机。舵机是与主机同样重要的电力拖动机械。

舵机安装在船尾舵机舱内。一般是在驾驶室的操舵台上进行远距离操纵,应急情况下也可以在舵机舱进行本地操舵。舰船也可以在罗经平台或艉桥楼操舵。远距离操舵,驾驶员需要了解舵的偏转角度。舵机上有检测和显示舵角的设备,传送到驾驶室或其他操舵部位复示。

舵机动力机械有电动机械舵机和电动液压舵机两大类。电动机械舵机是电动机通过机械传动来带动舵叶偏转。电动液压舵机是用电动机驱动液压泵工作。用油液作为传递能量的介质。利用油液的不可压缩性,以及油液的流量、压力和流向的可控性来驱动舵叶转动。

船舶按既定的航向直线航行,舵叶保持正舵即“0”度位置。由于某种原因使船偏离航向,驾驶员根据偏航角度的大小,操作舵叶偏转一个相应的、适当的反向角度,纠正偏航, 随偏航角度减小,操作舵叶相应返回,直至消除偏航,舵叶回到正舵。改变航行,按同样的方法操舵。

二、舵机的操舵方式

操舵的基本方式有两种:非随动操舵和随动操舵。

非随动操舵是操舵者直接操纵舵角。随动操舵是操舵者给出舵角指令,舵叶自动跟随到指令的舵角。在随动操舵的基础上,操舵者给出航向指令,罗经测出实际航向,自动装置计算得出偏航角度,给出舵角指令,舵叶自动跟随到指令的舵角,随着偏航角减小,指令舵角相应减小、消除,舵叶自动跟随返回到正舵。

舵机控制系统一般设置三种操舵方式:非随动操舵、随动操舵和自动操舵。

1. 非随动操舵

非随动操舵也称为手柄操舵。将选择开关置于“应急”位,操舵者根据舵角指示器指示的舵角,操作操舵手柄,传动机构驱动舵叶转到所需要的位置,停止操舵,舵叶停留在该位置上。

2. 随动操舵

随动操舵也称为手轮操舵。将选择开关置于“正常”位、“随动”位,操舵者根据航向要求将手轮转到所需要的方向和舵角上,传动机构驱动舵叶转到所需要的位置,停止操舵。舵叶跟随手轮的位置转动。

3. 自动操舵

自动操舵是用自动装置模拟人工操舵。人工只参与初始给定航向,以后的操舵由系统自动进行。

驾驶员设定航向,罗经给出实际的航向,两个信号在自动控制装置中比较,不一致时产生误差信号,得出纠正偏航的舵角指令,舵叶转动到给出的舵角停止,随着偏航减小,纠偏指令舵角相应减小,偏航消除,舵叶回到正舵。

船舶在给定的航向上航行,由于外界因素例如水流、风向、风浪等使航向偏离,自动操舵自动纠正偏航。改变航向由驾驶员再设定。

在自动操舵的基础上,用各种测量设备实时向自动操舵系统提供操舵性能所需的数据,例如航速、吃水、风向、水深以及水流速等,系统得出所需的操舵性能数据,发出自动纠偏舵角指令。这种自动操舵称为“自适应操舵”。

另外,在自动操舵的基础上可以由外部“自动驾驶仪”按既定的航线自动驾驶船舶。这种由外部仪器操舵的方式称为“遥控操舵”。将选择开关置于“遥控操舵”位。自动驾驶仪由人工给出一条航线,根据各点航迹的航向,实时地提供给自动操舵系统作为给定航向,再与实际航向比较后发出自动纠偏舵角指令。

【任务演示】

舵机系统的通电与调试:

自动舵的通电调试可分为手柄操舵、随动操舵、自动操舵三个阶段。手柄操舵,由于它不涉及较为复杂的晶体管电路,由手柄开关直接控制电磁阀线圈电路的通断,因此先单独进行调试。只有在手柄操舵和舵角指示部分调试正确无误后,方可在驾驶室内进行随动操舵调试。

①首先做小角度随动操舵试验,然后再做大角度随动操舵试验。通电时,如出现系统不工作,或者跟踪角度不相符等静态故障现象时,可以将舵角反馈发送器 F3 拆到驾驶室与操舵台直接连接,可控硅的输出端用引线改接两只便于观察的临时负载(如白炽灯泡)。这样,在排除故障时,舵机装置就不再工作,可以比较安全又直观地进行调试。

检查时,可以先用手轮操某一偏舵角,假定操右 10°,那么通过系统的正常工作,应该使反映转右舵的外接白炽灯亮；再用手拨动舵角反馈发送器 F3 到相应的右 10°，此时刚才点量的白炽灯应该熄灭。在其他角度分别做上述试验，然后反方向操舵。如果系统工作正常，说明不正常原因不在操舵台的随动控制部分，而在其他设备或连接电缆。

如果临时负载——白炽灯亮得不正常，则故障在随动系统的内部。HQ－5GD 型自动舵的半导体元件分别安装三块备件。如果故障并确认在操舵台内部，可先用电路板的备件替换。若故障消失，可继续进行下一步调试。若仍有故障，这就需要到操舵台的其他部分及内部连接线上寻找原因。

为查找静态故障点，可用万用表逐点测试。

a. 当手轮给定的指令操舵角为零时，随动自整角机 F2 激磁绕组（554—555）两端的输出电压也应为零；如果不等于零，则首先应检查舵角反馈自整角机 F3 是否同时处在零位（可以发送器上的机械刻度为准）。当发现不在零位时，应设法纠正，然后再调整 F2 的机械位置，直到它的输出为零为止。

b. 用随动手轮改变航向 1°，将使 F2 转动 2°（左右相同，也可选其他度数），此时，可用万用表测 554—555 电压为交流 3 V 左右；171—126 电压为直流 2 V 左右；综合运算放大器 JC3 输出端 163—126 电压为直流 3 V 左右；空载时触发电路输出端 317—316（或 319—316）的电压为直流 4 V 左右；触发可控硅时，在 SCR1（或 SCR2）上的控制电压为直流 2 V 左右。

主变压器 1B 各点的电压：

（a）输入端 320—321 为 380 V；

（b）输出端 325—326 为 30～36 V，301—302 为 12 V；

（c）相敏电路中的各绕组电压均为 18 V；

（d）稳压电源输入电压：185—188 为 35 V，输出电压：191—126 为正负 15 V 左右，186—126 为－15 V 左右。

在自动操舵状态时，航向向左或向右偏 1°，分罗经 F0 就转动一圈（360°），经 1:90 传动比减速后带动发讯器 F1，使 F1 转动 4°。此时，除可测得随动状态中因 F2 转动 2°形成的上述各挡电压值外，在 541—542 的电压为交流 3 V 左右，122—126 电压为直流 2 V 左右。

c. 将舵角反馈自整角机 F3 拨到相对应的航向，此时 554—556 电压为零。

d. 如果用其他角度通电试验，最后结果应该与上述一致。

e. 当操舵角度大于 2°时，系统开始工作，调节灵敏度电位器的极性，使不灵敏区减小到 1°之内。

f. 考虑到稳压管参数的不一致性，为满足运算放大器电源电压为 ±15 V 的要求，可将前节的稳压电源调整在二倍稳压管的稳压值上。对于调试过程中出现的任何异常现象，均应做检查。常见故障为接插件松动、内线线断线或局部零件损坏等。

②在随动操舵调试过程中，如果出现系统振荡、冲舵太大等现象，这是随动系统动态质量不好的表现。要提高动态质量，排除振荡，应该使整个系统各有关环节联调。一般可先调灵敏度旋钮，将系统的灵敏度调低，有助于克服振荡，但必须核对不灵敏区是否控制在 ±1°之内，防止不灵敏区扩大。若在允许的不灵敏区内仍无法克服振荡，那么可检查零是否准确，线路是否两边对称。W4、W5 在出厂时都严格调整好，一般不要轻易动它。

随动操舵通电完成以后，可进行自动操舵调试。系统试验期间，可人为改变航向进行预调。预调的程序如下：

a. 用随动操舵方式将舵置于零位。

b. 将压舵旋钮放在零位，灵敏度旋钮处于任意位置，航向改变旋钮放到零位。

c. 将操纵方式选择开关1HK由“随动”转入“自动”位置，此时自动操舵仪发讯器F1的输出为零；如果不等于零，可通过齿轮调整其机械零位，直到它的输出电压等于零为止。

d. 进行手动压舵试验。旋转压舵电位器的旋钮、舵叶应向所需要的压舵方向偏转。压舵度数应能任意调节。

e. 进行航向改变试验。改变航向1°，舵应立即偏转，偏转的度数由比例调节开关8HK选择改变航向2°，偏舵角应增大一倍。当偏舵稳定后，再用手拨动分罗经自整角机，将航向转过相应的度数，舵叶应返回零位。如果改变航向若干度，并使舵叶在偏舵稳定位置上停留足够长的时间后，发现再用上述方法模拟回舵时，舵叶无法回到零位，而只有撤下航向改变正旋钮才能使舵叶迅速归零，说明积分校正环节的工作是正常的。

f. 进行微分效果试验。先把微分旋钮放在“0”位（对应无微分状态）做航向改变试验，然后将微分开关的旋钮放在“1”“2”“3”上，再做航向改变试验，通过舵角反馈指示器观察偏舵工况的前后变化。

以上的动作如果全部正确无误，可以认为自动操舵部分工作是正常的。

③在航行试验期间，除试验手柄操舵和随动操舵以外，尚需进行自动操舵的试验，试验内容为：

a. 任意改变航向试验。

(a)先将航向指令旋钮调节到所需要的航向上，然后用手柄或随动操舵的办法，使船舶的实际航向控制在给定航向值的±7°以内，当操纵方式选择开关被合到自动操舵位置时，船舶应很快地进入到给定航向上航行。

(b)可以先将航向旋钮调到船舶的实际航向上，然后将操纵方式开关转到自动操舵位置，再调节航向给定旋钮向所需的航向慢慢地转动，船舶应该跟着做相应的转动。当旋钮调到给定值时，观察是否也同样进入到给定的新航向上航行。必须注意，转动给定航向旋钮时，其航向值不得大于船舶实际航向值7°，否则将会产生失步，使系统不能正常工作。

b. 航向稳定性试验。

(a)手动压舵工况。在给定航向上，视海情和其他干扰因素，加上适当的固定压舵，航行一段时间后，观察船舶是否保持原来的航向不变。

(b)自动压舵工况。在给定航向上自动航行一段时间后，观察船舶是否能保持原航向不变。

c. 在船舶全速航行时所做的工作。

(a)启动1号泵（主配电板供电）用随动操舵。

（Ⅰ）正舵——右满舵35°，保持10 s。

（Ⅱ）右满舵——左满舵35°，保持10 s。

（Ⅲ）左满舵——右满舵35°，保持10 s。

（Ⅳ）右满舵——正舵，保持 10 s。

（Ⅴ）正舵——左满舵 35°，保持 10 s。

（Ⅵ）左满舵——正舵。

在此过程中，舵自一舷 35°转至另一舷 30°所需时间不大于 28 s。

（b）启动 2 号泵（应急电源供电）重复上述过程。

（c）两泵同时工作，重复上述过程。

（d）应急操舵。启动 2 号泵，关掉自动舵控制电源，根据舵机台上应急操舵说明进行操舵。

（Ⅰ）正舵——左舵 15°，保持 10 s。

（Ⅱ）左舵——右舵 15°，保持 10 s。

（Ⅲ）右舵——左舵 15°，保持 10 s。

（Ⅳ）左舵——正舵。

在航速小于 7 kn 时，使舵自一舷 15°转至另一舷 15°所需时间不超过 60 s。

（e）主机倒车时的操舵试验。主机以“后退一”倒车运转时操舵，逐渐增大到舵角 15°。在进行操舵试验时，电机及液压系统应无异常发热、无漏油现象。

（f）自动操舵检查。

（g）在每次偏舵时，记录电动机的电压，启动电流，工作电流，偏舵时间，系统试验前、后的绝缘电阻，并记录在表 6－3 中。

表 6－3　记录表（一）

	电压	启动电流	工作电流	偏舵时间
正舵——右满舵 35°				
右满舵——左满舵 35°				
左满舵——右满舵 35°				
右满舵——正舵				
正舵——左满舵 35°				
左满舵——正舵				

表 6－4　记录表（二）

	试验前的绝缘电阻	试验后的绝缘电阻
正舵——右满舵 35°		
右满舵——左满舵 35°		
左满舵——右满舵 35°		
右满舵——正舵		
正舵——左满舵 35°		
左满舵——正舵		

④常见故障的检修方法。

a. 自动操舵失败,舵叶不偏转。

(a)检查电源,包括电源开关,熔断器,变压器线路,工作直流电源。

(b)检查操舵仪的开关是否处于自动位置。

(c)检查各元件是否松脱,各插件是否接触良好。

(d)检查各元件是否有异常现象,如有无过热,焦煳痕迹;线头是否松动,掉落等现象。

(e)检查各传动齿轮是否啮合好,有无卡阻,止动销是否脱落。

b. 手轮在零位,舵叶偏离零位。

(a)舵叶反馈装置产生误差。

(b)手轮零位误差。

(c)相敏电路失去平衡。

(d)放大器误差。

c. 左、右舵角不对称。

检查施密特电路的发射极电阻 R_7 与 R_8 的参数是否一致,BG3、BG4、BG5、BG6 参数是否一致。

d. 随动操船时,不能跟踪。

应检查舵叶与 R_{18} 的连杆是否脱落;滑动触头是否脱开;反馈线路是否存在开路。

【任务实施】

①进行对舵机装置航行试验中各类数据的记录与比较方法。

②写出提交报验的要求。

③对操舵试验中的操舵顺序进行演示。

④分析舵机装置航行试验常见故障排除的方法。

习　　题

一、填空题

1. 船舶自锚泊状态启航前,收起________和________的作业过程称为正常起锚。

2. 用于操纵舵叶偏转的机械设备称为________。

3. 舵机动力机械有________和________两大类。

4. 操舵的基本方式有两种:________和________。

二、问答题

1. 锚机常见的故障有哪些?

2. 舵机的常见的故障有哪些? 如何检修?

答案